领导者必须掌握的

沟通方法

COMMUNICATION SKILLS

童良煊 童晓梅／编著

中国致公出版社

图书在版编目（CIP）数据

领导者必须掌握的沟通方法/童良煊，童晓梅编著．—北京：中国致公出版社，2011.6

ISBN 978－7－5145－0070－7

Ⅰ.①领…　Ⅱ.①童…②童…　Ⅲ.①领导学：公共关系学—通俗读物　Ⅳ.①C933.2－49

中国版本图书馆 CIP 数据核字（2011）第 066717 号

领导者必须掌握的沟通方法

编 著 者：童良煊　童晓梅
责任编辑：裘挹红

出版发行：中国致公出版社
（北京市西城区德胜门东滨河路 11 号西门　电话 66168543　邮编 100120）
经　　销：全国新华书店
印　　刷：香河宏润印刷有限公司

开　　本：710×1000mm　1/16 开
印　　张：20
字　　数：300 千字
印　　数：6000 册
版　　次：2012 年 1 月第 1 版　2012 年 1 月第 1 次印刷

ISBN 978－7－5145－0070－7　**定　价**：38.00 元

前言

PREFACE

沟通是一种技巧，更是领导者取得成功的秘诀。英国管理学家威尔德说："管理者应该具有多种能力，但最基本的能力是有效沟通。"沟通是领导者达到既定目标、满足生存需要、实现伟大抱负的重要工具之一。

对于中高层的领导者来说，在工作中，需要与上级、下属、相关部门、客户等进行各种不同层次的沟通。无论是决策调研与论证，还是计划制定、工作组织、人力资源管理、部门间协调，或者与外界的交流，都离不开沟通。领导者拥有了优秀的沟通能力，就能及时准确地了解下属的工作进展，提升团队执行力，而且能够融洽上下级关系，营造和谐的组织氛围，达到促进组织发展的目的。如果不能很好地沟通，不但会使个人丧失职场竞争力，更会导致组织整体业绩的下滑。

戴尔·卡耐基说过："一个管理者能否在职业发展中获得成功，70%以上靠的是其是否具备了良好的沟通能力。"一项对世界五百强企业领导人的调查显示，85%的人认为对领导者成功最关键的能力是沟通能力。因此可以说，领导者的真正工作就是沟通。不管到了什么时候，组织管理都离不开沟通。

成功领导者具有的一个显著特点，就是卓越的沟通能力。他们经常能尽情地发挥本身所特有的与人沟通的艺术和能力，巧妙地赢得别人的喜爱、尊敬、信任和合作，从而开创了人生的丰功伟业。

沟通，它是一种能力，并不是一种本能。它不是天生具备的，而是一种需要我们后天培养、努力学习的技巧。随着沟通时代的来临，对于领导者来说，掌握全方位沟通技巧就成了必修课。

作为领导者，既要学会正式沟通，也要学会非正式沟通；既要善于内部沟通，也要善于外部沟通。领导要主动与组织成员进行沟通，使组织成员相互信任、理解、协作，心往一处想，劲往一处使；也要积极与上级、下级、同级进行沟通，做到上情下达，下情上达，保证真实的信息在组织成员、上下级之间畅通地传递，把人心统一到实现组织目标上来，把力量凝聚到实现组织目标上来。作为组织的领导者，还必须与外界有良好、有效的沟通。领导者只有通过一定的手段和媒介与外界建立良好的关系，争取各界的支持，才能创造良好的发展氛围。

本书以“沟通”为主题，通过睿智精练的语言、发人深省的故事，对领导沟通工作中的沟通类型、沟通要素、沟通方式、沟通运用等方面进行阐述、剖析，教你如何选择恰当的沟通渠道和沟通方法，怎样依据沟通对象选择沟通策略，怎样克服沟通障碍，怎样化解危机及应对媒体等。

领导者本身成功与否，完全取决于沟通的能力和功夫。良好的沟通不仅能使领导者拥有号召力和凝聚力，更能够使领导者得心应手和卓有成效地开展工作。在生活与工作中注重沟通技巧的修炼，掌握沟通的方法，将创造意想不到的新局面。在竞争激烈的职场，沟通技巧的高低往往决定了一个领导者职业生涯最终能达到的境界。

编　者

目录

CONTENTS

第一章　领导沟通概述

“领导沟通”就是领导者在工作中的人际沟通。领导沟通是实现组织目标、作出正确决策、增进人际和谐的重要工具。领导沟通应遵循一定的原则，这是指领导的讲话要有一定的限度、尺寸，不能无原则地评价某些事情、某些人。坚持原则，是保证领导沟通顺畅的先决条件，也会为领导的工作表现加分。

第二章　领导沟通的基本类型

根据沟通所借用的媒介的不同，可分为语言沟通与非语言沟通。从沟通的系统来分，可分为内部沟通和外部沟通。从沟通的形式来分，可分为正式沟通和非正式沟通。作为一名领导者，既要学会正式沟通，也要学会非正式沟通；既要善于内部沟通，也要善于外部沟通。沟通的关键是如何用对方可以接受的类型来沟通。

第三章　领导沟通的要素

领导沟通的要素包括沟通的内容、沟通的方法、沟通的动作。就其影响力来说，沟通的内容占7%，沟通的动作占55%，沟通的方法占38%。因此，要产生最大的影响，必须通过自己的手势、身姿、语调和词汇，使用最为广泛的表达方式。你的一举一动和脸部表情比你所使用的词语威力更强，所以必须意识到它们的力量，并予以重视。

第四章　领导沟通要求

沟通中领导者的仪表非常重要，它反映出一个人的精神状态和礼仪素养，是沟通中的“第一形象”。领导者得体的服饰、落落大方的举止，幽默而又不失犀利的言谈将会使你无往而不利。另外，领导者要着力营造有利于沟通双方的氛围，使沟通能够有效进行并达到预期效果。

第五章　领导沟通的主要形式

领导者要想做到高效沟通，需要掌握好几种形式。能否善于倾听，是衡量领导水平的标志。沟通中的“提问”，对双方的良性互动有着重要的作用。出色的领导者总能在演讲开篇立即抓住听众的心。总之，沟通要以情动人、以理服人。领导者要善于利用不同的沟通形式，巧妙地赢得别人的尊敬、信任与合作，从而开创事业的新局面。

第六章　与上级领导沟通的技巧

学会和上级沟通，是当今职场领导的一门必修课。在沟通中，可以用恰如其分的赞美赢得领导的信任和好感。当有了意见、建议时，要巧妙地表达出来，使自己的想法付诸实施。有时候恰到好处的一句话，不仅能平息矛盾，还能让你与领导的关系更加融洽。总之，与领导沟通是一种技巧，你只有认真想，反复练，才能很好地掌握。

第七章　与同级沟通的技巧

对于领导者来说，平级之间的沟通能消除误解、增进情谊，使组织发挥更大的效能。同级关系具有直接、经常、密切、频繁的特点，因而在一些问题上容易产生分歧和矛盾。如果处理得当，同级之间就会融洽和谐，增加向心力和凝聚力，进而保证事业的成功。平级之间要想沟通好，必须开诚布公，相互尊重，相互扶持。

第八章　与下属沟通的技巧

领导本身成功与否，完全取决于与下属沟通的能力。领导者经常与下属有效地沟通，可以拉近双方的心理距离。沟通过程中，领导应对下属的优点适时巧妙地赞扬，要慎用批评。领导者应把教训和命令转为留心与倾听，鼓励和调动员工的积极性。良好的沟通不仅能使领导者拥有号召力和凝聚力，更能够使其卓有成效地开展工作。

第九章　团队中的沟通技巧

有效的沟通在团队的运作中起着重要的作用。良好的团队内部沟通，有助于使员工认清团队所面临的形势，理解上司的各种难处，激发团队成员的工作热情，从而使团队拧成一股绳，充满竞争力。对于领导者来说，如何与团队进行沟通，又如何教育员工互相进行沟通，将决定团队的工作效率和结果。

第十章 与客户沟通的技巧

要与客户建立良好的关系，最快捷的办法就是了解对方的兴趣爱好，然后有的放矢，讨论对方感兴趣的话题。这样常常会激发对方一吐为快的冲动，渐渐获得对方的好感。表达方式同样非常重要。同样的一句话，不同的人用不同的方法和语言表达出来，效果是不完全一样的。学会运用一些表达的技巧，才能使客户乐意答应自己的请求。

第十一章 领导沟通的障碍与克服策略

有调查表明，工作中70%以上的障碍是由沟通不畅引起的。例如，企业中执行力差、领导力不高等问题，归根到底，都与沟通能力的欠缺有关。作为一个领导，要充分认识影响有效沟通的因素，并找到克服沟通障碍的策略，最终实现与人的有效沟通，提升自身的领导力水平。

第十二章　领导沟通的危机化解

危机对于一个组织来说，可能是灾难，也可能是转机。当危机到来之时，领导者应当从容应对。这要求领导者具有多方面危机决策的素质与能力。作为组织的领导者，能否与媒体进行良好的沟通，对摆脱危机起着十分重要的作用。领导者必须自觉提升媒体素养，努力提高引导舆论的能力和水平，从而把危机有效地转变为工作的转机。

目录 CONTENTS

第一章

领导沟通概述

“领导沟通”就是领导者在工作中的人际沟通。领导沟通是实现组织目标、作出正确决策、增进人际和谐的重要工具。领导沟通应遵循一定的原则，这是指领导的讲话要有一定的限度、尺寸，不能无原则地评价某些事情、某些人。坚持原则，是保证领导沟通顺畅的先决条件，也会为领导的工作表现加分。

第一节 领导沟通的内涵

什么是领导沟通

领导沟通就是领导者在工作中的人际沟通。它是由领导者所发出的，通过一定的联络渠道，在上级和下级、同级和同级、组织与组织、组织与个人、个人与个人之间，传递和交流各方面的意见、观点、思想、感情、愿望、经验和做法的过程。

简单说来，领导沟通就是在领导层面上产生的沟通。它以领导者本人的性格和组织的价值观念为基础。它既是一种个人素养的表达，也是坦率、正直和诚实风气的体现。可以说，沟通能力体现在领导者行使权力的全过程中。沟通水平的高低，是领导能力的直接体现，也体现着领导魅力的强弱。

在2001年9月的一天，纽约市遭到恐怖袭击。数小时之内，总统和副总统由于受到特勤保护而不能公开露面，此时，纽约市市长朱利安尼成为事实上的美国领导人。他在世贸中心的废墟上，调度消防、警察和搜救人员，向遇难者家人志哀，与州政府和联邦政府官员会面，应对自如地回答问题，竭尽所能地向公众报告消息。他的表现堪称卓越。

朱利安尼相信，公开露面正是他的职责所在，他说："我必须露面，我是纽约市市长。我应对危机的方法就是亲临现场并掌控局面。如果我没在电视上出现，对这个城市将更加不利。"曾有谣言说，第一个塔楼坍塌时市长已经殉职，这使得他的公开露面尤为重要。

朱利安尼在世贸中心遭到攻击时的表现可谓是领导沟通的入门教

材。在他的著作《领导力》一书中，他一次次细致入微地阐述了沟通的重要性。他坚持让媒体也参与进来，并且保证他们随时都可以找到他。

在朱利安尼的描述中，在这命运攸关的一天中遇到的那些人的名字，他都不厌其烦地罗列出来。这不仅仅反映了一个政治家记名字的天赋，更是他沟通精神的体现。优秀的领导者都知道，一个人所期望的行动不会自动发生，而只能通过他人的行动来促成。如果你希望别人为你坚持工作，你就必须表明自己清楚他们是谁、他们做了什么以及他们做得有多好。

沟通拒绝真空的存在。当沟通存在真空时，我们可以想象这对领导和企业将是何等的灾难。我们经常会看到以下的情景：因为没有领导的言论，人们开始自己杜撰消息，特别是采用谣传、影射和闲话的形式，最终结果是使问题加剧。领导需要走到台前讲出实情，而不是让员工自己得出结论。你如果能及时沟通的话，问题就会向好的方向转化。

领导沟通有多种类型，每一种都由领导行为产生，而领导行为传达的是领导者的观念，即怎样做事才对组织和组织成员更有利。领导沟通对于主要的利益相关者如员工、顾客、战略伙伴、股东和媒体具有重大影响。它影响着组织的愿景、使命和改革。

领导沟通的特点

领导沟通有哪些特征呢？概括起来，主要有以下几点。

1. 目的性

领导沟通的目的在于吸引听众、获得支持，并最终在领导者和追随者之间建立起信任的纽带。实现组织目标是领导沟通的唯一目的。它既不是亲朋好友间的客套、寒暄，也不是旅途客栈中客人之间海阔天空、漫无边际的神侃瞎聊，而是有的放矢，围绕组织目标的实现进行的信息、思想和感情的沟通。

2. **权威性**

领导沟通的权威性，是由领导者所处的地位和所起的作用决定的。领导的讲话不管是否经过深思熟虑，都可能对下属和社会产生大的影响。所以，领导讲话必须非常注意原则性。

原则性是指领导不论在什么环境中，沟通都要有一定的限度、尺寸，不能脱离这个限度随心所欲地去阐述、说明、表现个人的思想观点。坚持原则是保证各项领导活动成功的先决条件。沟通不讲原则，会降低领导者的威信，影响集体战斗力的发挥，阻碍正常工作的开展。

3. **客观性**

也就是说，领导沟通的信息必须是客观、真实、准确的，而不是编造、夸大、歪曲的。否则，就会导致决策失误和思想混乱。

4. **多样性**

领导沟通没有固定的模式，诸如指示、会议、电话、信访、问卷、访谈等，都是常见的沟通形式，在不同的情况下起着不同的作用。采取哪种形式，应具体问题具体分析，哪种形式有利于实现组织目标，就采用哪种形式。

领导沟通的作用

企业的管理者实际上 70% 的时间都用在沟通上。开会、谈话、做报告是最常见的沟通形式，撰写报告实际上是一种书面的沟通方式，各种拜访、约见也都是沟通的表现形式，所以说，管理者 70% 的时间花在沟通上。

来自领导层的信息，在各种不同情况下需要反复阐述，这可以使雇员更好地理解领导者的期望和组织的需求，认识到自己在多大程度上符合这样的要求。这样，领导者与下属就可以相互尊重、团结一致。完成了这一步，领导者与下属将能够同心同德、相互信任，为实现组织目标而共同努力。具体说来，来自领导层的信息必须发挥以下几种作用。

1. 明确组织前进的方向

领导信息可以让人明确组织前进的方向和它的定位。例如，可以这样阐明团队的目标：“我们的任务是在年底之前完成这个项目。一旦完成，激动人心的新产品就会应客户要求而问世。新产品可以让客户提高工作效率，也可以让我们拓展业务并从中获利。”

2. 激发前进动力

领导信息要说明结果是怎么来的，并且铺就一条可以遵循的成功之路，还要描绘出成功带来的种种好处，比如更有吸引力的部门、更多的升职机会，或者更优厚的薪水。

哈雷·戴维森公司的前执行总裁提尔林克在任之时曾花了大量时间用于唤起经销商、股东和雇员们对公司的激情。激情的一部分来源正在于：必须把哈雷由一个过时的制造商转型为一个雇员们拥有共同的愿景的现代企业。

3. 吹响行动的号角

领导信息激励人们在一个共同目标下整装待发，并告诉他们该做什么和怎么去做。朱利安尼接管纽约的时候，市民对高犯罪率、糟糕的社会公益服务，以及市政官员的无能已经习以为常，把这些看作“社会契约”的一部分。通过与市政机关的日常会议、公开宣讲、督促人们各司其责，朱利安尼终于减少了犯罪，使社会机构重新振作起来，并提高了市民对于公职人员服务水准的信心。

4. 推广产品或服务

领导信息将产品置于公司的目标、文化和价值观之内。

美国通用电气公司总裁韦尔奇的继任者伊梅尔特在谈到怎样支配自己的有效工作时间时说：我差不多有30%～40%的时间跟人打交道，进行交流、沟通，在克劳顿村我们的领导发展中心里传播我们的企业文化，这是总裁非常重要的一个工作；还要用差不多20%的时间访问我们的客户，确保我们处理客户的方式非常令人满意，而且非常成功；另外用10% ~20%的时间来审查我们的业务计划、产品计划、财务计划；最后剩下的时间用来和外部沟通。

5. 增进团队的战斗力

领导信息强调的是团队的力量，并力图让人们心情愉快地为团队工作。一家领先的科技企业的总裁曾经这样阐述他的领导信息：“在我看来，领导者的角色就是为团队提供支持。我确信，每个人都认同我们共同的目标并愿意与别人精诚合作。如果你们遇到解决不了的困难，尽管来找我，我非常乐意提供帮助。”

领导工作主要是与人打交道。一个组织，如果成员之间缺乏有效的人际沟通，就会成为一盘散沙，就没有凝聚力、战斗力；一个领导者如果不善于把自己的思想、看法传递给其他成员或被领导者，就难以得到大家的理解和支持，任何美好的战略构想都难以实施。

第二节 领导沟通的重要性

沟通是实现组织目标的保证

领导者应该及时与下属进行沟通，帮助其制定个人目标，并促使员工理解个人目标与组织目标之间的关系以及取舍。目标能激发人的动机，人一旦有了明确的目标，就会产生责任感、紧迫感和内部动力，所以，领导者为员工制定目标可以促使员工产生强烈的工作热情，并且具有更高的积极性，这样组织目标的实现也就比较容易。

松下的重要经营谋略之一就是不断提出适合企业发展的目标，让员工对未来充满梦想。松下担任社长时，常找机会向员工畅谈自己对未来的设想，1955 年宣布了他的“五年计划”，计划用五年的时间，使松下电器公司的效益从 220 亿元增加至 800 亿元。这种做法不但让员工看到了光明的前景，也震惊了整个企业界，同行纷纷改变政策，向松下电器公司看齐。

松下之所以这样做，一方面是为了让员工有坚定的目标与期待，另一方面是由于他确信这是经营者的必备素质和应有做法。此后，他又陆续向员工提出了采用每周五天工作制，并把工资提高到西方发达国家的水平的目标，同时请大家共同努力去实现。这些做法，从经营策略上说，可能遭遇很多批评，在推动事业的同时，也多少有不利的一面，但松下认为，让员工彻底了解经营者的经营方针和信念，完全可以超越这种不利。五年后，松下在员工面前发表的“五年计划”以及实现与西方发达国家相等的薪资劳动条件的承诺，都一一得到实现，从此员工士气大振，与松下一道，筑起松下电器王国。

正确的组织目标代表着组织成员广泛的、根本的和长远的利益，一经确立，领导者就要不失时机地向组织成员做好认真的解释和广泛的沟通工作。通过沟通，使组织成员正确地了解领导决策的意图，做到心中有数，消除思想障碍，防止决策方案在执行中出现偏差；通过沟通，使组织成员了解决策方案在执行过程中可能会出现的问题，进而采取某些防范和应对措施。

无论是单位的一个部门，甚至一个单位，乃至更大范围的组织，成员之间的有效沟通是很重要的。有效沟通能够使组织的成员之间清晰了解组织的目标，并制定实现此目标的步骤，明确各自在其中的角色和定位，促进成员之间更好地理解和合作，从而实现组织的目标。

沟通是作出正确决策的前提

决策是领导者的主要职责。任何决策都会涉及干什么、怎么干、何时干等问题。每当遇到这些急需解决的问题，领导者就需要从广泛的企业内部的沟通中获取大量的信息情报，然后进行决策，或建议有关人员作出决策，以迅速解决问题。

没有沟通就很难作出正确决策。世界华人成功学大师陈安之在《如何做个赚钱的总裁》中写道：总裁最重要的工作就是“沟通员工”。你没有与领导者或是基层干部沟通的时候，你的讯息会不准确，公司就很难有一个流通的渠道把正确的信息传递到你那里，这时候你做的企业决策不少都会是错误的。

英美烟草中国公司总裁黄和祥说：“过去烟草行业显得缺乏透明度，在与有关方面的沟通中缺乏主动，往往是先决策、然后宣布和执行，由于沟通不够，相互理解不够，使烟草业有意无意给人造成了一些误解。我们应该转变观念，采用先对话、后决策、再执行的行动逻辑。

只有我们积极努力，诚心诚意地解决问题，才能像其他优秀的国际企业如宝洁公司等，成为人们信任的、负责任的公司。”

沟通有助于企业科学决策。在微软，由于人员分布在一百多个国家和地区，公司给每一个员工提供一个免费的网址，用于和公司内任何人进行交流，包括与最高层人物谈心。每当公司有重大的策略调整和重要事件发生时，盖茨和鲍尔默除了征求高级经理的意见外，还会通过电子邮件来和全体员工交流看法。他们在总部举行的相关会议也会在网上直播。这种网对网的交流，使微软在世界各地的决策都能做到集思广益，提高了决策的科学性。

一个好的决策，必定是领导者坚持群众观点、深入调查研究的结果；必定是领导者把上级指示的精神与本地具体情况圆满结合的结果；必定是领导者发扬民主，兼收并蓄，博采众长的结果。从某种意义上说，也都是人际沟通的结果。因为只有通过沟通，才能了解大家对决策的看法和建议，从而能够进一步修正、完善决策。可见，人际沟通的过程，既是调查研究、全面掌握信息的过程，也是统一认识、制定正确决策的过程。

沟通是增进人际和谐的润滑剂

干群之间的和谐是企业形成强大合力的关键。企业领导者要在企业内部营造上下顺气、团结协作、整体和谐的氛围，沟通是一座不可或缺的“桥梁”。要克服人与人、团队与团队的“心理障碍”，唯一的办法就是沟通。

在《圣经·旧约》中有一则故事。人类最初的祖先只是讲一种语言，同声同气，共同劳动，互相关爱，日子过得非常滋润。

有一次，为了显示团结的力量，大家决定建造一座可以通天的铁塔。由于大家沟通顺畅，心往一处想、劲往一处使，彰显了团结的力量，没多久铁塔便高耸入云。

上帝获悉此事后非常害怕，他怕人类团结起来，爬上云梯将天庭占了，因此决定搞破坏！

上帝发现，人类力量大的原因，就是讲一种语言。因此，他便将人类的语言变成很多种，又在很多种里面再变出很多种，成为千千万万种不同的语言。这样，大家语言不通，沟通不畅，造塔的事情就耽搁了，造不成了。不仅如此，由于语言的隔阂，逐步产生了矛盾，发生了争斗。可见，不和谐的根源在于缺乏沟通。

定期进行有效沟通，能及时化解企业内部各方面的矛盾。一个班子不团结、不协调，固然有多种因素，但一般说来，与互不沟通有关。如果企业管理者不信任自己的员工，不进行必要的沟通，轻则会打击员工的士气，造成部门效率低下；重则使企业管理者与员工之间形成相互不信任的敌意，产生严重隔阂，无法达成共识，有时候甚至会误解领导的意图而消极抵抗。领导通过定期与职工进行思想和感情上的沟通，可以增进彼此之间的了解，准确把握职工的心理需求和生活需要，在领导决策中尽可能考虑员工的合理要求，及时消除干群之间不必要的误解、隔阂和猜忌，做到互相谅解、互相信任、互相支持。

松下幸之助说："企业管理过去是沟通，现在是沟通，未来还是沟通。"石油大王洛克菲勒说："假如人际沟通能力也是同糖或咖啡一样的商品的话，我愿意付出比太阳底下任何东西都高昂的价格购买这种能力。"由此可见沟通的重要性。不管什么时候，管理者的真正工作是沟通，人与人之间最重要的工作也是沟通。

一个熟悉沟通的领导，能使自己在事业上左右逢源、如虎添翼。沃尔玛公司总裁沃尔顿说："如果你必须将沃尔玛管理体制浓缩成一种思想，那就是沟通。因为它是我们成功的真正关键之一。"

沟通是促进创新的动力源

一个科学的新方案的产生，一般都不可能一蹴而就。在创造性思考过程的前期，必须先通过多方向沟通，尽可能地利用各种重要信息，力求得出更多设想，通过从中筛选和再加工，得出高质量、高水平的新方案。这种集思广益的沟通方法在当代社会已被普遍应用，它能填补个人头脑中的知识空隙，通过互相激励、互相诱发产生连锁反应，扩大和增多创造性设想。

沟通有助于企业创名牌。松下电器公司的松下幸之助在自传中说，松下很多产品的开发都是在与用户及员工的交谈中获得灵感的。如果员工有新创意，松下甚至会拨一笔专款，让他去另办一个工厂，实现这种创意。被评为“美国百佳雇主”的CDW公司首席执行官每月要同25名员工共进午餐，每位员工还会收到五个用于寄给总裁的、粘贴了邮票的信封，以鼓励员工积极提供反馈意见。此外，为了使经营创出更多的新意，该公司每个季度还会寄信给员工家属，以便他们也参与到公司的经营工作中来。在这些交流中，公司不仅充分倾听员工的意见，解决了员工悬而未决的问题，更找准了经营思路，创出了品牌。

领导在方案抉择和优化时，在专家之间、不同部门之间，对某一方案常常会有不同的看法，有时甚至形成尖锐的意见对立。这种对立对于领导的正确决策是完全必要的。因为任何一项好的决策，都不是从“众口一词”中得来的，而是以互相冲突的意见为基础，在不同观点和不同判断的选择中才产生的。因此，领导决策不应当采取封闭的形式，而应当敞开大门，广泛搜集各种意见。这样，才能够激发领导者的想象力和创造力，促使各个方案的利弊得以显现，从而扬长避短，进一步优化方案。

著名的惠普公司有这样一个传统，就是设计师正在设计的东西，公司员工可以对其“百般挑剔”。惠普公司还鼓励每个员工在做好自己工作的同时，看看身边的人正在干些什么，如果他们遇到了困难，自己要尽力帮助他们解决这些困难。

领导者在处理比较复杂棘手的问题时，一定要深思熟虑，但一个人的思路毕竟有限，不妨听听来自各方面的意见，权衡利弊，综合判断，得出正确结论。集思广益，广泛地听取别人的议论，对于促进创新是大有裨益的。

第三节　领导有效沟通的原则

有效沟通，从“心”开始

提高沟通能力除了有效运用沟通艺术之外，关键是“从心开始沟通”，即先情感沟通，再进行认知和思想上的沟通。人们常说以心换心，要想赢得别人的信任，首先你要敞开自己的心扉。不分上下级的谈心式沟通方式，能保证相互之间的融洽关系，解决下级的思想问题。

林肯任总统期间，在一次视察途中与同船的船员们握手时，有一位工人却缩着手，面对总统腼腆地说：“总统，我的手太脏了，不便与您握手。”

林肯听后笑道：“把手伸过来吧，你的手是为联邦加煤弄黑的。”

这句听似极为平常的话，却高度概括了这位船员的工作性质和他为工作作出的贡献，而且充满了感情。试想，这样的话语从领导口中说出，即使是铁石心肠的人听后也会感动不已，谁又能不为这样的领导竭尽全力工作呢？

真诚，是通往人们心灵的桥梁。要想使你的表达与人产生共鸣，需要来自你内心深处的声音，先要感动自己然后感动别人，不为说话而说话，应以倾诉内在心灵，以心灵的沟通为主旨，即可动人以情，并产生强烈的共鸣。不要追求华丽的词藻和假装的深沉，朴实无华的语言会显得格外亲切，也就具备强大的感染力。

在实际生活中，影响对下沟通的主要因素就是领导没“心”，缺少热忱。一些企业领导人也经常与员工沟通，但是由于没有交心，隔靴搔痒，沟通的效果也就大打折扣。上级对下沟通，关键是要一个“诚”字，用心去沟通。

在当代的中国，吴士宏无疑是极富传奇色彩和个性魅力的成功女性。吴士宏从一个未受过正规高等教育，没有任何背景的普通年轻女子，到IBM、微软两个巨型跨国公司的地区负责人，她的成功除了拥有过人的胆识外，还与她有过人的好口才密切相关。

吴士宏初入微软时作简短致词：“各位，第一次见面，我不多讲，因为我以后会有很多机会讲和听大家讲。我本来准备的致词是谦虚的外交辞令，临时决定最好从开始就把真实的我交代给大家。我接受微软中国公司总经理的职位是为了一个理想：那就是想把微软中国做成中国微软。我和在座的大多数人一样，是土生土长的中国人，我希望能有更多的本地员工更快地成长起来。”

她接着谦虚地说道：“我前面十二年多的经验都是IBM的，我在微软的经验比在座任何一位都少。我会努力学习做一个真正的微软人，努力做一个合格的总经理。我需要大家的帮助，我不打算‘带自己人来’，想和大家一起做这番事业，拜托各位！”吴士宏的这番话言真意切，将自己的理想公布于众，令每一位在微软的中国人为之动容，报以一阵热烈的掌声。

真诚，不论对说话者还是对听话者来说都非常重要。如果你能够用得体的话语表达出你的真诚，你就赢得了他人的信任，对方就可能由信赖你这个人从而喜欢你说的话，进而喜欢你的一切。那么，听者的注意力便在我们的掌控之下，我们就掌握了开启对方心灵之门的钥匙。

美国著名的脱口秀主持人拉里·金的经验是“谈话时必须注入感情，表现你的热情，让人们能够真正地体验并分享你的真实感受”。对拉里·金来说，广播不只是一项沟通的事业，更是充实他精彩人生的第一要素，所以，他在书中一直告诉我们“投入你的情感，表现你对生活的热情，然后，你就会得到你想要的回报”。

在沟通过程中，要使对方感受到情感的真实，领导者的话语一定要受到发自内心的充沛情感的支配。具有真情实感，能够平等待人、虚怀若谷，这样的人说的一字一句就如滋润万物的甘露，点点滴入听众的心田。

站在对方的立场上说话

企业的员工与领导本身是两个不同利益的主体。对有的企业领导来说，因为承担的风险和压力都很巨大，认为根本无须与员工沟通，尽职尽责是其本分。而员工想的则截然不同，他看到的都是老板所享受的特权：吩咐下面的人做事，而自己可以不做；可以迟到早退；可以决定员工的生杀大权……因此，在双向沟通时一定要注意从对方的利益以及感受出发，即所谓换位思考。

沟通的要点是真诚、理解、平等、尊重、认同和适应。任何一个人都不要以自我为中心，要换位思考，通过换位思考，站在对方的角度考虑问题，可能忽然间发现“哦，原来是这样”。有了理解和认同作为沟通的基础，什么困难也就容易解决。正如《圣经》所言：“你愿意他人如何待你，你就应该如何待人。”事实证明，这条不论过去、现在或将来都适用的人生准则，对于领导者来说，是一条非常完善的管理行为准则。

某精密机械工厂将其生产的新产品的部分部件委托一家小工厂制造，当该小厂将零件的半成品呈示总厂时，不料全不符合该厂要求。由于迫在眉睫，总厂负责人只得令其尽快重新制造，但小厂负责人认为他是完全按总厂的规格制造的，不想再重新制造，双方僵持了许久。总厂的一位副厂长见了这种局面，便对小厂负责人说：“我想这件事完全是由于公司方面设计不周所致，今天幸好是由于你们帮忙，才让我们发现竟然有这样的缺点。只是事到如今，事情总是要完成的，你们不妨将它制造得更完美一点，这样对你我双方都是有好处的。”那位小厂负责人听完，欣然应允。

和他人说话的时候换位思考，能使他人感受到你对他的尊敬。如果想让他人信服你，那么你首先就要尽力站在对方的立场上去想问题，站在他人的立场上去说话。只有从关怀对方的角度出发，才能赢得对方的心。

站在他人的立场上分析问题，能给他人一种为他着想的感觉，常常具有极强的说服力。要做到这一点，知己知彼十分重要，惟有这样才能从对方立场上考虑问题。

著名人际关系专家戴尔·卡耐基每季度都要在纽约的某家大旅馆租用大礼堂20个晚上，用以讲授社交训练课程。有一个季度，他刚开始讲课时，忽然接到通知，房主要他付比原来多三倍的租金。而这个消息到来以前，入场券已经印好，而且早已发出去了，其他准备开课的事宜都已办妥。很自然，他要去交涉。

卡耐基找到经理，说：“我接到你们的通知时，有点震惊，不过，这不怪你。假如我处在你的位置，或许也会写出同样的通知。你是这家旅馆的经理，你的责任是让旅馆尽可能多盈利。你不这么做的话，你的经理职位难以保住，也不应该保得住。假如你坚持要增加租金，那么让我们来合计一下，这样对你有利还是不利。如果你把我撵跑了，我势必再找别的地方举办训练班。这个训练班将吸引成千上万的有文化、受过教育的中上层管理人员来听课，对房主来说，这难道不是起了不花钱的活广告作用了吗？事实上，假如你花5000元钱在报纸上登广告，你是不可能邀请到这么多人亲自来你的旅馆参观的，可我的训练班给你邀请来了。这难道不合算吗？”

讲完后，卡耐基告辞了：“请仔细考虑后再答复我。”

第二天卡耐基收到一封信，通知他租金只涨50%，而不是300%。

从对方的立场出发，为他分析事情的利弊，对方便会主动地按照你的思路走下去，从而达到你的目的。卡耐基之所以成功，在于当他说“如果我是你，我也会这样做”时，他已经完全站到了经理的角度。接着，他站在经理的角度上算了一笔账，抓住了经理的心理——赢利，使经理心甘情愿地把天平砝码加到卡耐基这边。

如果你提意见时，能够站在他人的角度，试着用真心帮助对方的诚意和语言来分析问题，提出解决问题的方法，你的意见往往会更容易被接受。在这种朋友式的融洽氛围中，也有利于保持双方融洽的感情沟通。

尊重对方，消除“距离感”

世界华人成功学大师陈安之在《领导力决定一切》中写道：“良好的人际关系来自于良好的沟通能力，亦即自我沟通的能力和与他人沟通的能力。领导者要建立良好的工作环境和气氛，就要让每一个人感觉到自己很优秀，让每一个人都觉得受到了肯定。”

尊重员工是人性化管理的必然要求，只有尊重、重视员工，他们干工作才会真正发自内心，从而激发出潜能，主动完成各项任务，心甘情愿地为组织目标付出。任何一个成功的领导，首先都是一个尊重别人的领导。尊重员工，就要尊重员工的人格、尊严、建议、要求等，只有尊重员工、信任员工，员工才能放手大胆地工作，才能拿出百分之百的积极性去工作。

美国SMZ公司的总经理玛丽女士是一位非常有个性的女能人。她工作上热情高，能力强，年轻漂亮，充满一种健康向上的力量，在事业上也是一位非常成功的企业家。综观她的优点，最大的长处是她总是那么谦虚，关心人，尊重人，对下属更是如此，从不刻意地表现自我。

有一位采访过她的记者曾这样生动地写道：“不论你来自何方，只要有机会与她相处，她总是把你当作她屋里惟一的重要客人。当你与她说话时，她的眼神、语言总会让你忘了面对的是一位赫赫有名的总经理，而是与你亲密相伴的朋友。她会认真地倾听你的意见，让你大胆发表自己的意见和观点。如果有别人在场，她并不会因为你仅是一名年轻的业务员、打字员或秘书而怠慢你，仍然把你当作她的朋友一样热情对待。”

这种与人为善的优点，将弥补玛丽身上的一些缺点，这也是她成功的诀窍所在。千万别对下属侧目或者不屑，应该主动给他们提供工作上的指导，向他们谈谈自己的心得和经验。这对于你而言，是易如反掌的，但却会令对方相当感动，并把它铭记在心，始终与你站在同一立场。

摩托罗拉公司始终把“肯定个人尊严”的人才理念作为指导企业发展的最高准则，强调企业要发展，首先必须尊重人性。他们非常注重与下属员工的沟通，令员工深切地感到彼此之间都是朋友。

公司总裁每周都会发一封信给员工，把他这一周会见的客户、所做的事情告诉员工，即使他这周带孩子去钓鱼这样的小事，也会在信中与员工交谈。总裁不是以高高在上的口气与员工对话，而是以一个普通人的身份，把自身的经历、经验写给员工，信中还经常提出希望员工们关心自己的家庭等等。

在沟通过程中，要更多地强调员工的重要性，强调员工的主体意识和岗位作用，使员工感到自己受到尊重。当员工感受到被赏识的时候，也是激励作用发挥最大的时候，从而产生与企业同甘苦的心态。同时，将尊重贯穿在企业中，体现了管理者的素养，也体现了企业的素养。

领导者有效沟通的关键在于对本身角色的认知和对员工的态度。管理者与被管理者是不同的岗位，有不同的岗位职责，但是，沟通必须把自己放在与员工对等的位置上，主动平衡因岗位而引起的心理状态差异，认真地听员工讲，“开诚布公”、“推心置腹”，让沟通的双方没有距离。

“尊重”这个词听起来、说起来容易，做到却很难。要真正尊重员工，请听从以下几个建议。

1. 随时肯定下属的成绩

在工作中，领导对下属应该肯定多于批评，下属在被肯定之后会有更多的工作热情及创新。有更多的自我期待，就会有更多的自我表现，因为人总是向被肯定的方向求发展。所以，尽量以建议来代替批评，效果会比较好。

2. 尊重下属的不同意见

领导不愿听取下属的意见，大致原因是认为下属能力不足，意见不具备参考价值，这实际上是个误区。下属能力较你弱或许是事实，但并非他的每个意见都不高明，有些意见可能对方案有补充作用，或者可以通过这些意见本身了解下级在执行中会有什么心态及要求。当你倾听员工的建议时，要专心致志，让他们觉得自己受到尊重与重视；千万不要立即拒绝员工的建议，即使你觉得这个建议一文不值；拒绝员工建议时，一定要将理由说清楚，措辞要委婉，并且要感谢他提出意见。

3. 让员工觉得自己重要

千万别让你的员工成为被人遗忘的角落，而应采取一些方式让他们觉得自己存在的价值。你可以在他们圆满完成任务时，说上一句“你真棒，我很欣赏你！”抑或是过节、生日时送上一件礼物……相信这些行动的效果吧，它们会使你的员工有上乘的表现，作出连他自己都无法相信的成绩！

沟通贵在坦诚

沟通贵在坦诚。作为领导者，只有你对别人光明磊落，别人才会对你开诚布公，才能建立起肝胆相照的关系。组织成员在一起共事，争论、分歧、误解是在所难免的，但只要从团结的愿望出发，以友善的态度对人，坦诚沟通，许多问题都不难解决。

在中国广东核电集团流传着一个“全世界最贵的清洁工”的故事。一个清洁工在例行清洁打扫时，看到一个机器的某个部位有些灰尘，就顺手用抹布擦了一下，无意中触到一个开关，而这个开关却启动了核反应堆停堆的指令，最后导致长达两天的停电。假如是在一般的企业里，等待这位清洁工的一定是严厉的惩罚。但该集团的领导却只是让清洁工讲清楚事情的原委，然后让他继续工作，甚至连工资和奖金都没有受到任何影响。让员工说出真话，让企业了解真实的信息，就成了该集团高层处理这起事故的根本原则。这个企业经营核心的成功要素就是——坦诚。

就企业中的沟通而言，无论行文修辞如何，其本质不外“坦诚”二字。中国广东核电集团的经营者以实际行动告诉我们，如何才能在企业中创造真正的坦诚精神。

沟通贵在坦诚。组织成员应相互信任，以诚相待，平等交流。看到下属有缺点和毛病，应心底无私地给予指正，真心实意地帮助其认识不足，总结经验，达到互帮互助的目的。这样才能真正做到沟通一次，增加一分感情，提高一步觉悟。

正如韦尔奇所说：“我一直都是‘坦诚’二字强有力的拥护者。实际上，这个话题我给通用的听众们宣讲了足足二十多年。但是直到自己从通用退休以后，我才意识到自己低估了‘坦诚精神’的罕见程度。”在信息经济时代，如何快速获得必要和有益的信息是企业获得快速成长和成功的核心要素。“坦诚”应该成为所有企业和领导人扎实倡导和身体力行的要事。

领导者要在团队内部营造一种开放坦诚的沟通气氛，使员工之间能够充分沟通意见，每个员工不仅能自由地发表个人的意见，还能倾听和接受其他员工的意见，通过相互沟通，消除隔阂，增进了解。当沟通达到一个高度时，就会产生这样的局面：一个机组团结如一人，与别的机组一争高低；一个部门团结如一人，与别的部门一争高低；一个公司团结如一人，与别的公司一争高低。

组织目标实现的每一环节，都离不开有效的人际沟通。因此，全面、客观地认识人际沟通，坦诚有效地进行人际沟通，对于各级领导者履行自己所肩负的责任，是十分重要的。

第二章

领导沟通的基本类型

根据沟通所借用的媒介的不同，可分为语言沟通与非语言沟通。从沟通的系统来分，可分为内部沟通和外部沟通。从沟通的形式来分，可分为正式沟通和非正式沟通。作为一名领导者，既要学会正式沟通，也要学会非正式沟通；既要善于内部沟通，也要善于外部沟通。沟通的关键是如何用对方可以接受的类型来沟通。

第一节　语言沟通和非语言沟通

语言沟通

根据沟通所借用的媒介的不同，可划分为语言沟通与非语言沟通。

语言沟通是指以语词符号为载体实现的沟通，主要包括口头沟通、书面沟通和电子沟通等。

口头沟通

口头沟通是指借助语言进行的信息传递与交流。口头语言沟通形式是人们最常用的一种沟通形式。按照它发生的不同方式，口头语言沟通形式又可细分为电话、会议、广播、对话等。

1. 电话沟通

“电话沟通”是个体沟通的一种方式，也是一种比较经济的沟通方式。一般来说，电话沟通的对象主要是企业外的人员，电话沟通所反映的应该是企业的风貌、精神、文化，甚至管理水平、经营状态等。

一个领导者接听、拨打电话的沟通技巧是否高明，关系到他是否能顺利实现本次沟通的目标，甚至也会直接影响到企业、公司的对外形象。因此，应多动脑筋，千方百计地让对方从声音中感受到你的热情友好。要想给对方留下诚实可信的良好印象，学习和掌握基本的电话沟通技巧是很有必要的。

（1）怎么给别人打电话

如果你有什么事需要给别人打电话，首先要选择合适的时间。倘若是公事，最好在上班时间打，除了急事，不要占用别人的休息时间；在别人快下班时打电话去也是不适当的。电话拨通后，应询问对方是否是你要找的单位，对方自报单位名称后，你也应迅速报出自己的单位、姓名和要谁接电话。注意，提到自己要找的人时，应称呼为××先生、××小姐或××同志，称呼职务也可，不宜直呼其名。如果你要找的人不在接电话的地方，则应客气地询问接电话的人能不能帮忙找一下，并应致谢。如果是对方主动提出帮你找，则更应道谢。

打电话时，声音要柔和有礼，适度控制音量，以免对方听不清楚、滋生误会，或因声音粗大，让人误解为盛气凌人。

通话完毕，应当道声再见，然后由你把电话挂上。但如果对方的身份、地位比自己高，则由对方挂断，以示礼貌。

（2）怎样接电话

现代领导业务繁忙，桌上往往会有两三部电话，听到电话铃声，应准确迅速地拿起听筒，接听电话，以长途电话为优先，最好在三声之内接听。接到外来电话，应首先说声“您好”，然后自报单位名称。

通电话过程中，要仔细聆听对方的讲话，为了表现自己听清了并已理解，应不时地用“嗯”、“对”、“是”等给对方积极的反馈。如果是对方发出邀请，或会议通知，应向对方致谢。如果是对方反映问题或顾客投诉，应当耐心倾听，回复对方时要十分注意语气和措辞，要显得热情、诚恳、友善和亲切。如需要查寻数据，应先估计可能耗用时间之长短，若查阅时间较长，最好不让对方久候，应改用另行回话的方式，并尽早回话。

如果对方谈及的是较重要的事，应用电话机旁预先准备好的记录本将它记录下来。记录要牢记5w1h技巧。所谓5w1h是指：①when（何时）；②who（何人）；③where（何地）；④what（何事）；⑤why（为什么）；⑥how（如何进行）。在工作中这些资料都是十分重要的。记录时，要重复对方的话，以验证是否准确无误。正事谈完，应等对方结束谈话。最后轻轻放下话筒。

电话沟通只闻其声不见其人，因此应特别注意，语气要委婉，要避免有生硬、冲撞性的言词。比如：“您的电话号码是多少?”这会被对方误认为刺探情报，而应该问：“对不起，您的电话号码是××××××吗?”

(3) 电话沟通的使用情境

如下几种情境宜采用电话沟通的方式进行：彼此之间的办公距离较远，但问题比较简单时（如两人在不同的办公室需要讨论一个报表数据的问题等)；彼此之间的距离很远，很难或无法当面沟通时；彼此之间已经采用了 E-mail 的沟通方式但问题尚未解决时。

2. 会议沟通

会议沟通，是一种成本较高的沟通方式，沟通的时间一般比较长，常用于解决较重大、较复杂的问题。无论是组织的内部活动还是外部活动，都要涉及到许多沟通性会议。比如，组织面临严重困难，需要发动全体职工和管理人员献计献策；组织内干群关系紧张，需召开职工会议，交换意见，消除矛盾等。沟通性会议既有纯内部人员参加的，也有以外来人员为主召开的，还有内外部公众联合参加的。

如下几种情境宜采用会议沟通的方式进行：需要统一思想或行动时(如项目建设思路的讨论、项目计划的讨论等)；需要当事人清楚、认可和接受时（如项目考核制度发布前的讨论等)；传达重要信息时（如项目总结活动等)；澄清一些谣传信息，而这些谣传信息将对团队产生较大影响时；讨论复杂问题的解决方案时。

(1) 召开会议的注意事项

要使一个沟通性会议开好，应注意：

会议的目的要明确。召开会议是要解决问题的，因此，究竟解决什么问题，在主持者的头脑中应十分明确，并尽可能使全体与会人员也清楚这一点。

议题要集中。一次会议要解决的问题不能太多，最好集中于几个议题上，以获得充分的认识。议题太多，容易分散注意力。

会议次数宜少，开会时间要短。召开会议确实有其优点，可以在很短时间内解决问题，而且可以很快地鼓舞士气。但如果不断地召开会议，就会使大家疲惫不堪，甚至会影响每个人的本职工作。

时间要合适。选择会议时间应当便利大多数与会者。不宜在节假日召开工作会议，也不宜在关键人物缺席的情况下开会。所谓关键人物，指的是对会议效果有重要影响的人物，比如，预定的会议报告人、企业主管领导等。在关键人物缺席的情况下召开会议，达不到预期效果。

（2）会议的结束语

主持人的结束语同样对会议的成败有着重要意义。主持人引导得当，问题会得到解决，并巩固会议所取得的成果，为实施会议的决议增加动力。如果主持人把握不当，会议取得的成果会轻易丧失或被埋没。一个成功的结束语应当包括：

①最后回顾讨论中的一致看法，清楚地表述会议的决定。

②明确指出分歧，加以评价。解释分歧要设法使人人满意，尤其是少数人。因为会议的决议要靠所有与会者遵守执行，存在误解、抵触、隔阂，将会妨碍会议决议的执行。但对存在的分歧不宜多讲。

③点明以后的对策，说明会议的决议如何付诸实施，讲明是否有必要再开一次会。

注意，宣布会议的结论时要简明扼要，语气果断有力，使大家不再有任何疑虑；鼓动大家行动时，要充满热情、充满信赖，使与会者意识到自身责任的重大。

书面沟通

书面沟通是指借助文字进行的信息传递与交流。书面沟通的形式也有很多，例如，通知、文件、通信、布告、报刊、备忘录、书面总结、汇报等等。

书面沟通给人留下的印象与口头沟通不同。书面语言容易给人留下较深的印象，而口头说明因为有面部表情的帮助，会分散对方的精力，冲淡内容的严肃性，还容易让对方遗忘。因此，当你准备发布信息时，你首先应该确定采用哪种沟通方式。与口头沟通相比，书面沟通具有以下特点：更正式；保存时间更长；更能选择恰当的词语；保密性差。

1. 通信

信件是一种在两个人之间沟通信息的私人方式，这也正是信件的作用所在。如果你只是与一名员工进行沟通，那么信件是最合适的方式了。如果你要说的事情需要保密，那么信件比备忘录更正式，也更具私密性，而且还表明你对该事件已经经过了认真的考虑。

有时候，有些信息需要通过口头传达，但是需要用信件加以确认。如果你拒绝了增加人手或增加预算的申请，那么你最好亲口解释这件事，事后给相关人员写一封信确认这项决定，以此表明，你已经认真考虑过他们的请求，而且他们可以将这封信作为记录保存起来。

书信沟通为间接沟通。此种沟通形式的优点是比较冷静理智，沟通交流观点比较系统、相对比较委婉，不太容易受感情和氛围因素的影响，缺点是缺少情感交流，适合于正式方案类、决策类的沟通。

2. 传字条

认知心理学告诉我们：一个人接受信息的感官渠道不同，其接受程度和效果也会有所不同。如果领导直接找下属谈话，对方的听觉将起决定性的作用。对于大脑来说，听觉器官传递信息的能力却不如视觉。相比之下，传字条是更为可靠的信息传递“使者”，它可以更大程度地调动大脑的思维能力，进而形成“默读”的效果，增强对信息的理解程度。这是因为声音和形象（或符号）、听觉和视觉刺激大脑的部位不同。当对方读字条的时候，他不是听，而是看和思考，这会给其留下更深刻的印象。

更重要的是，人们在谈话中运用的语言是日常交流的口语。口语虽然具有灵活、生动、亲切的优点，但对于表达深邃的思想和情感却有很大的难度，而这些话写在纸上就很自然。

从另一个方面说，使用现代化通讯工具已经成为职场人士的工作习惯，认认真真、一笔一画地写信的人却越来越少。当下属接到上司的信时，肯定会有这样的感受：这位上司重视我。领导在此成功地建立了一个让对方感到备受尊重的心理平台——在这个平台上谈问题，会顺利地消解对方心中可能存在的敌意、疑虑，从而达到良好的结果。

从信息传递的速度来看，传字条绝不是一个好办法。事实上，事情紧急时，谁也不会慢条斯理地采用这种方法，但事情不紧急时，却十分有效，尤其是需要与员工进行心与心之间的沟通时，这种看似最笨的方法会成为最巧妙、最快捷的解决之道。

传字条窍门：你在字条里写的内容一定要真诚，否则努力就会白费；注意需要沟通的事情之性质及重要程度；字条不要太短，也不要太长；不要用信封，这样会让人觉得你太正式；不要在背面有字的纸上写，也不要弄得皱皱巴巴。

3. **备忘录**

备忘录是说明某一问题的事实经过的外交文件。备忘录写在普通纸上，不用机关用纸，不签名，不盖章。备忘录可以当面递交，可以作为独立的文件送出。现在备忘录的使用范围逐渐扩大，有的国际会议用备忘录作为会议决议、公报的附件。

备忘录在某种程度上似乎没有信件那么正式，因为它是在很多员工之间传阅的。备忘录给人的印象是，所涉及的事情不是特别有分量(虽然这件事可能很重要)。这就给你提供了这样一个机会：既公布了一个相对而言不那么正式的布告，同时又传达了需要用书面方式沟通的信息。例如，你也许想公布即将召开的会议或即将发生的重大事件的日期，那么，备忘录看上去就是一种友好、非正式的方式，但是你要用印刷体把这些日期写下来。

如果你想要通过传阅备忘录的方式传达信息，那么你还要记住下面这几点：

人们在读完备忘录、记住那些重要信息（例如日期）之后往往就把它们扔掉了。因此，不要用备忘录传达你希望人们保留的信息。

备忘录往往被认为是一种相对公开的沟通方式，因此，你永远不应该用备忘录来传达机密信息。

虽然在几个人之间传阅的备忘录看上去是非正式的，但是，仅发给一个人的备忘录则会产生正式对话的效果。

不应该用备忘录来发布坏消息。首先，信件或电子邮件更保密。其次，由于备忘录很不正式，因此会令人不愉快。如果要传达的是坏消息，那么你至少应该写封信，当然，通常应该通过面对面的方式传达坏消息。即使要发布的消息仅有少许令人失望，备忘录这一方式仍然会给人留下轻率、无礼的印象。

4. **布告栏**

在应用公司布告栏时，你要非常小心。适合在公司布告栏发布的信息少之又少。最大的问题是，很多人根本不会，或者很少去注意这些信息，以至于他们完全忽视了某些信息。没有多少信息适合用这类方式发布。

布告栏最好交给员工自己来管理，由某位细心的员工负责，保证不会出现任何不合适的信息。布告栏上可以公布公司足球队的成员名单和比赛日期，有人赞助的自行车比赛的消息，以及人力资源主管刚刚出生的婴儿的照片。如果你希望雇员有生活在一个大家庭的感觉，那么，布告栏就能够发挥很大的作用。但是，管理人员如果想向同事或下属传达工作方面的指令，这种方式则不适合。

电子沟通

电子沟通是以计算机技术与电子通信技术组合而产生的信息交流技术为基础的沟通。它是随着电子信息技术的兴起而新发展起来的一种沟通形式，包括传真、闭路电视、计算机网络、电子邮件等。

与传统的沟通模式相比，电子沟通具有下述特点：

从表现方式上看，电子沟通主要采用视屏会议、电子报纸、互联网及组织内部网等进行沟通，它使组织内的电子化书面沟通形式多于口头沟通形式。

从信息传递速度上看，电子沟通加强了企业即时输出和即时回收信息的能力，实现了书面信息能以面对面或电话式的口头信息一样的快捷速度传递。

从沟通的范围看，电子沟通实现了远距离、跨地域的即时沟通，方便跨国公司、集团公司的沟通运作，并大大降低了成本。

从沟通的网络来看，电子沟通使员工在组织内可以跨越纵向层级工作，从而实现了在组织内全通道开放式的沟通网络，模糊了组织内的地位等级界限，对中层管理人员的地位造成挑战。

从沟通造成的影响来看，电子沟通使员工可以在家里或其他地方工作，并使员工可以方便地与其他组织的员工交流。

电子沟通除了具备书面沟通的某些优点外，还具有传递快捷、信息容量大、成本低和效率高等优点。电子沟通的缺点是看不到对方的表情。在网络上的某些交流中，甚至搞不清对方的真实身份。

1. **电子邮件**

电子邮件简称 E-mail，又称电子信箱，它是一种用电子手段提供信息交换的通信方式，是 Internet 应用最广的服务：通过网络的电子邮件系统，用户可以用非常低廉的价格，以非常快速的方式，与世界上任何一个角落的网络用户联系，这些电子邮件可以是文字、图像、声音等各种方式。同时，用户可以得到大量免费的新闻、专题邮件，并实现轻松的信息搜索。这是任何传统的方式也无法相比的。

电子邮件与信件很相似，因为它们都是一种私人的、两个人之间的沟通方式。但是，它们之间有一些非常重要的差别：人们往往认为电子邮件不如信件正式；电子邮件被打印出来，并永久保存的可能性更小。

因为电子邮件极具私人性，你可以通过有效地利用这种方式，使公开的沟通看上去具有私人性质。例如，有些企业的领导常常给员工发送电子邮件，让他们知道自己应该做什么。如果你通过电子邮件向每个人通报诸如业务进展情况等重要消息，那么这种方法就不太有效，你应该通过团队会议的方式通报那些重要消息。但是，如果企业领导通过电子邮件把他们最近商业考察的情况通报给每个人，告诉他们亲眼看到日本人处理商业事务是多么吸引人的一件事，并且欢迎所有人通过电子邮件对此发表评论，那么这种方式就会使员工更容易接受。世界著名的微软公司的总裁比尔·盖茨坚持利用电子邮件来加强与部属和员工的联系，他每天上班的第一件事就是检查电子信箱。

2. **传真**

在某种程度上，传真也具有私人性质，而且具有电子邮件的非正式性。传真与电子邮件的区别在于：传真不具有保密性；传真可以作为永久记录，而电子邮件虽然也可以打印出来，但人们通常并不这样做。

如果你希望将事务性信息写成文本，希望确认或澄清某些事实或安排，或者想要散发新闻剪报，那么传真就是最好的方式。但是，传真不适用于发布人们闻所未闻的信息，或者发布令人失望的消息。

3. **网络沟通**

具体地说，它是人与人之间思想、感情、观念、态度的交流过程，是情报相互交换的过程。网络沟通是指通过基于信息技术（IT）的计算机网络来实现信息沟通活动。网络沟通的优势：大大降低了沟通成本；使语音沟通立体直观化；使工作便利化。网络沟通存在的问题：沟通信息呈超负荷；口头沟通受到极大的限制；纵向沟通弱化，横向沟通扩张。

网络沟通的主要形式有以下几种。

（1）网络电话

网络电话的系统软件运用独特的编程技术，具有强大的 IP 寻址功能，可穿透一切私网和层层防火墙。无论你身处何地，双方通话时完全免费；也可通过你的电脑拨打全国的固定电话、小灵通和手机，其语音清晰、流畅。

（2）网络传真

网络传真是基于 PSTN（电话交换网）和互联网络的传真存储转发，也称电子传真。它整合了电话网、智能网和互联网技术，原理是通过互联网将文件传送到传真服务器上，由服务器转换成传真机接收的通用图形格式后，再通过 PSTN 发送到全球各地的普通传真机或任何电子传真号码上。

（3）网络新闻发布

网络新闻是突破传统的新闻传播概念，在视、听、感方面给受众全新的体验。它将无序化的新闻进行有序的整合，并且大大压缩了信息的厚度，让人们在最短的时间内获得最有效的新闻信息。网络新闻的发布可省去平面媒体的印刷、出版，电子媒体的信号传输、采集声音图像等。

（4）即时通信

即时通信是指能够即时发送和接收互联网消息等的业务。自1998年面世以来，特别是随着近几年的迅速发展，即时通信的功能日益丰富，逐渐集成了电子邮件、博客、音乐、电视、游戏和搜索等多种功能。即时通信不再是一个单纯的聊天工具，它已经发展成集交流、资讯、娱乐、搜索、电子商务、办公协作和企业客户服务等为一体的综合化信息平台。

非语言沟通

非语言沟通形式是指通过某些媒介而非语言文字来传递管理性质的信息，具体是指通过身体动作、体态、语气语调、空间距离等方式交流信息、进行沟通的过程。

非语言又经常被人们称为“身体语言”、“体态语言”或者“动作语言”和“肢体语言”等。它是口头交流之外的又一种沟通方式，这种沟通需要借助表情、动作或体态等工具来进行，比如眼神的交流和手势传递的信息。有了身体语言的配合，整个沟通过程才显得更加充实和活跃。

在沟通过程中，信息的内容部分往往通过语言来表达，而非语言则作为提供解释内容的框架，来表达信息的相关部分。因此，非语言沟通常被错误地认为是辅助性或支持性角色。其实，根据专家的估计，在沟通中非语言信息占了65%。这充分说明了非语言沟通在沟通和传播中的重要性。显然，如果我们单纯重视语言沟通，将无法保证沟通的全面性和正确性。

总体来说，在传播和沟通中，非语言沟通起着其他沟通方式所不能代替的作用，非语言沟通既补充和支持语言沟通的作用，又体现了自身的魅力所在。

非语言沟通的特点

1. 无意识性

例如，与自己不喜欢的人站在一起时，保持的距离比与自己喜欢的人站在一起时要远些；有心事时，不自觉地就给人忧心忡忡的感觉。

正如弗洛伊德所说，没有人可以隐藏秘密，假如他的嘴唇不说话，则他会用指尖说话。一个人的非言语行为更多的是一种对外界刺激的直接反应，基本上都是无意识的反应。

2. 情境性

与语言沟通一样，非语言沟通也展开于特定的语境中，情境左右着非语言符号的含义。相同的非语言符号，在不同的情境中，会有不同的意义。同样是拍桌子，可能是“拍案而起”，表示怒不可遏；也可能是“拍案叫绝”，表示赞赏至极。

3. 可信性

当某人说他毫不畏惧的时候，他的手却在发抖，那么我们更相信他是在害怕。根据英国心理学家阿盖依尔等人的研究，当语言信号与非语言信号所代表的意义不一样时，人们相信的是非语言所代表的意义。

由于语言信息受理性意识的控制，容易作假，人体语言则不同，人体语言大都发自内心深处，极难压抑和掩盖。

4. 个性化

一个人的肢体语言，同说话人的性格、气质是紧密相关的。每个人都有自己独特的肢体语言，它体现了个性特征，人们时常从一个人的形体表现来解读他的个性。

非语言沟通的形式

非语言沟通的形式主要包括身体语言沟通形式、副语言沟通形式和道具沟通形式三种。

1. 身体语言沟通

身体语言沟通形式是指通过动态的目光、表情、手势等身体运动，姿势、空间距离、衣着打扮等人体形式来传递信息的沟通形式。

身体语言是人际交往中一种传情达意的方式。在日常人际交往中，体态语言是有一定规律可循的。了解这一点，不仅有助于理解别人的意图，而且能够使自己的表达方式更加丰富，表达效果更加直接，进而使人与人之间更和谐。

2. 副语言沟通

副语言沟通是通过非语词的声音，如重音、声调的变化，以及哭、笑、停顿来实现的。心理学家称非语词的声音信号为副语言。心理学的最新研究结果表明，副语言在沟通过程中起着十分重要的作用。一句话的含义不仅取决于其字面意思，还取决于它的弦外之音。语音表达方式的变化，尤其是语调的变化，可以使字面相同的一句话具有完全不同的含义。

3. 道具沟通

道具沟通即物体操纵，是指人们通过物体的运用、环境布置等方式来传递信息的沟通形式。

第二节 内部沟通和外部沟通

内部沟通

从沟通的系统来分，沟通分内部沟通和外部沟通，内部沟通是指组织内部各部室、各班组之间的各种信息的传递。

一个组织的沟通效果决定了组织的管理效率，在企业的经营管理过程中，如果能做好组织沟通，对促进企业绩效目标的实现起到事半功倍的效果。畅通而有效的组织沟通，有利于信息在组织内部的充分流动和共享，有利于提高组织工作效率，有利于增强民主管理，促进组织决策的科学性与合理性。

有效的组织沟通制度能够规范组织沟通规则，增强全方位的组织沟通频次与途径，同时，通过对沟通中不良行为的约束，促进员工行为的一致性，提高组织沟通效率与效果。

优良的组织沟通是全体人员的共同责任，但关键责任在公司的中高层管理者，因为他们在组织沟通中起到重要的影响力作用。因此，加强中高层管理者沟通意识和沟通技能的提高，是促进企业沟通效果的关键。

内部沟通的原则

1. 等距离沟通

高质量的内部沟通应建立在平等的基础上。如果沟通者之间无法做到等距离，期间所进行的沟通就将难以产生理想的效果。得到上司青睐的员工心花怒放，怨言渐少，但与此同时，其他的员工便会产生对抗、猜疑和放弃沟通的消极情绪，沟通工作将会遭遇很大阻力。因此，保持同等的距离，是沟通平等化、公开化的重点所在。

2. 双向沟通

企业与员工的立场难免会有差异，只有善于运用沟通技巧，及时调整双方的利益目标，才能使双方步调一致，互为推动。如果一个企业内部缺乏双向沟通的氛围，其领导者是有很大责任的。沟通是领导的基本素质，是管理工作的基本内容。

3. 规范化沟通

企业内部沟通要有一个沟通的规范，也就是说，什么样的事情用什么样的方式、什么样的格式、什么样的语言要有一个规范，这样就不会因不同的沟通方式而产生信息差别。通常可以通过正式的沟通渠道，如月会、周会、座谈会，或通过非正式的沟通渠道，如电子邮件、周末旅游、小型聚会等来沟通不同的事情。如：合理化建议就需要形成一种制度，让其成为一种制度化、规范化的企业内部沟通渠道，使广大员工能够直接参与管理，下情上达，与管理者保持实质性的沟通，提高企业内部信息沟通的管理水平。

如何改善内部沟通

面对市场日益复杂多变的竞争环境，顺畅的沟通是组织保持活力的有效保障。提升组织沟通效率既需要外部的力量，比如商学院的教育水平、职业化的人力资源供给等，更需要企业从内部改善沟通的环境及机制。

1. 建立沟通标准

任何沟通只有在有了标准的情况下才有意义，那么企业内部的沟通标准何在？作为营利性的组织，企业的存在就是以经营业绩为依归。衡量任何沟通活动的意义，都会最终追溯到业绩目标。领导的话可以被下属揣摩，但这种揣摩的导向应该是为了实现经营目标，而不是领导的好恶。从这个方面来说，企业组织必须首先构建好自身的业绩管理体系，通过设置明确、科学的业绩目标，用以指导企业行为，包括沟通行为。

2. 强化内部培训

强化培训是为了在企业内部构建一种统一的沟通风格和行为模式，减少因沟通形式不一而造成的摩擦。通过培训可以将一些概念性的东西固定下来，形成大家一说出口就能被理解的企业话语，而不必再挖空心思地去琢磨上司的话。

3. 改变沟通风格

最高领导者如果是自上而下的强势沟通风格或是自由无序的沟通风格，就需要改变自己的沟通风格，使更多成员参与组织沟通，并通过有效的沟通管理，促进好的沟通效果的实现。

管理其实很简单：只要与员工保持良好的沟通，让员工参与进来，自下而上，而不是自上而下，在企业内部形成运行的机制，就可实现真正的管理。

外部沟通

企业内部沟通的重要性毋庸置疑，它是贯穿于管理诸多职能的一条主线，但外部沟通同样不可忽视。所谓外部沟通指的是组织与主管部门、周边邻居等之间所进行的相关信息传递。

企业并非生存在商业真空中，而是生存在与客户、顾客、供应商、经销商、政府、竞争对手、金融机构、社会公众等共同组成的社会大环境中。企业的资源必须来自外界，而企业的产出必须输出到外界，才能实现企业配置和取得利润的经济目标。从更深层的意义上来讲，企业是为满足外部需要而存在的，如果企业生产的产品或服务不能满足外界市场和顾客的需要，企业的生存就会产生危机。因此，最终是顾客和市场决定企业的生死，而不是企业自己。因此，企业必须与外界有良好有效的沟通。企业管理者只有通过一定手段和媒介与外界建立良好关系，争取各界的支持，才能创造良好的发展氛围。

外部沟通的重要性

英美烟草中国公司总裁黄和祥说："企业内部的沟通很重要，企业与外部的沟通也十分重要。英美烟草公司成功的重要因素就是内部良好的沟通，这是我们企业文化的精髓。如何更好地与社会沟通、与政府沟通、与新闻界沟通、与同行沟通、与消费者沟通，当然也包括与反烟组织的沟通等等，是我们必须关注的问题。"

1. 做好与政府的沟通

政府是企业游戏规则的制定者和监督者，同时也是某些企业的顾客。与政府部门的沟通相当重要。只有经常沟通，与政府建立良好的关系，企业才能获得政府必要的支持，才能及时了解行业的相关政策，及时改变战略，避免损失。在企业与外部的联系中，与政府的沟通首当其冲。

2. 做好与商业群体的沟通

企业与供应商、经销商等商业群体的关系，直接左右企业的生存、发展和效益，与它们的沟通如何，直接影响到企业的当期经营现状，并连续影响企业的长远利益。

3. 做好与对手的沟通

搞好与竞争对手的关系，可以避免恶性竞争，形成产业联盟。与竞争对手的沟通已构成了商业情报学科。

4. 做好与消费者的沟通

同消费者进行良好沟通，可以在消费者心中树立良好的企业形象，从而促进产品的销售。与顾客的沟通已经构成了一门新管理学科——客户关系管理学。

5. 做好与社会公众的沟通

企业并非只是与自己产品的顾客或潜在顾客打交道，互相传达信息，企业还要与社区、顾客的相关群体，即一般公众进行沟通交流。这是因为，一方面，其他群体的意见和态度会影响企业的顾客购买企业产品；另一方面，企业在经营管理过程中，过程与结果会影响到一般公众的利益，如噪声、水污、气污、垃圾处理等环保问题，等等。企业如果与公众沟通不好、不足，就会危及企业的生存、发展。当今许多企业在公共关系方面愿意下大工夫，如捐赠、打公益广告，都是在进行必要的公众沟通。与其他企事业单位和社会团体的良好沟通，可以扩大社会的影响力，增加企业的知名度和美誉度。

总之，企业作为一种社会存在，是社会总的大系统中的一员和一个部分，部分只有与总体进行沟通，达成协调一致，才能生存、发展、提升。

第三节　正式沟通和非正式沟通

正式沟通

从沟通的场合来分，可以分为正式沟通和非正式沟通。

正式沟通，一般指在组织系统内，依据组织明文规定的原则进行的信息传递与交流。它和组织的结构密切相关，主要包括按正式组织系统发布的命令、指示、文件；组织召开的正式会议；组织正式颁布的法令、规章、手册、简报、公告；组织内部上下级之间、同事之间因工作需要而进行的正式接触。

正式沟通一般有明确的任务，气氛严肃，时间与地点的选择严格，形成的选择一般以文字或者公开的面谈为主，一般双方都有较好的沟通准备。比如各种形式的会议、正式的宴会以及领导和下属之间约见式的谈话等。

正式沟通的优点是沟通效果好，比较严肃，而且约束力强，易于保密，可以使信息沟通保持权威性。组织中的重要信息和文件等的传递一般都采用这种形式。正式沟通的缺点是信息传递速度较慢，信息在逐级传递过程中会出现失真或扭曲的可能。

正式沟通的形式

1. 定期的书面报告

员工可以通过文字的形式向上司报告工作进展，反映发现的问题，主要有：周报、月报、季报、年报。如果员工与上司不在同一地点办公或经常在外地工作，可通过电子邮件进行传送。书面报告可培养员工理性、系统地考虑问题，提高逻辑思维和书面表达的能力。但应注意简洁明了，只保留必要的报告内容，避免繁琐。

2. 一对一正式面谈

正式面谈对于及早发现问题，找到和推行解决问题的方法是非常有效的。它可以使管理者和员工进行比较深入的探讨，可以讨论不易公开的观点；使员工有一种被尊重的感觉，有利于建立管理者和员工之间的融洽关系。但面谈的重点应放在具体的工作任务和标准上，鼓励员工多谈自己的想法，以一种开放、坦诚的方式进行谈话和交流。

3. 定期的会议沟通

会议沟通可以满足团队交流的需要；定期参加会议的人员相互之间能掌握工作的进展情况；通过会议沟通，往往能获取公司战略或价值导向的信息。但应注意明确会议重点；注意会议的频率，避免召开不必要的会议。

正式沟通的种类

根据相关研究，以五个人为一群体为例，正式沟通基本上可有五种沟通形态，即：

链式（Chain）；

环式（Circle）；

Y 式（Y）；

轮式（Wheel）；

全通道式（All Channel）。

1. 链式沟通

它是指信息在五个层次中逐级传递，只有上行沟通和下行沟通，居于两端的人只能与其相邻的一个成员联系，而居中的人则可以分别与两端的人沟通信息。在这种沟通形态中，信息经层层传递、筛选，容易失真，各个信息传递者所接收的信息差异很大，平均满意程度有较大差距。此外，这种网络还可表示组织中主管人员和下级部属之间的组织系统，属控制型结构。

在管理中，如果某一组织系统过于庞大，需要实行分权授权管理，那么，链式沟通网络是一种行之有效的方法。

2. 环式沟通

它是五个人之间的沟通，管理者对两个下级进行沟通，而两个下级再分别与各自的下级进行沟通，基层再相互进行沟通。其中，每个人都同时与两侧的人沟通。在这种方式中，组织的集中化程度和领导人的预测程度都较低，畅通渠道不多；组织中成员具有比较一致的满意度，组织士气高昂。如果在组织中需要创造出一种高昂的士气来实现组织目标，环式沟通是一种行之有效的措施。

3. Y 式沟通

这是一个纵向沟通网络，其中只有一个成员位于沟通内的中心，成为沟通的媒介。在组织中，这一网络大体相当于组织领导、秘书班子再到下级主管人员或一般成员之间的纵向关系。这种网络集中化程度高，解决问题速度快，组织中领导人员预测程度较高，但组织中成员的平均满意程度较低。

此方式适用于主管人员的工作任务十分繁重，需要有人选择信息，提供决策依据，节省时间，而又要对组织实行有效的控制。但此网络易导致信息曲解或失真，影响组织中成员的士气，阻碍组织提高工作效率。

4. 轮式沟通

它是一个管理者与四个下级进行的沟通，而四个下级之间不相互沟通。这种沟通属于控制型网络沟通，其中只有一个成员是各种信息的汇集点与传递中心。它的优点是集中化程度高，解决问题的速度快，中心人员的预测程度高。其缺点是沟通的渠道少，组织成员的满意程度低，员工士气不高。

轮式沟通是加强组织控制、争时间、抢速度的一个有效方法。如果组织接受紧急攻关任务，要求进行严密控制，则可采取这种网络。

5. 全通道式沟通

它是每个人与其他四个人都自由地相互沟通，并无明显的中心人物。这是一种开放的网络系统，其中每个成员之间都有一定的联系，彼此了解。这种沟通的速度最快，是一种全方位的团体沟通结构。

著名的惠普公司的办公室布局采用美国少见的“敞开式大房间”，惠普公司的每个人，包括最高主管，都是在没有隔墙、没有门户的大办公室里工作的。尽管这种随时可以见到的做法也有其缺点，但是惠普公司发现这种做法的好处远远超过其不利之处。

“开放式管理”政策是惠普管理哲学的不可分割的一部分，而且这一做法鼓励并保证了沟通交流不仅是自上而下的，而且是自下而上的。同时，为了打消企业内部因等级差异而产生的沟通障碍，惠普公司要求对内不称头衔，即使对董事长也直呼其名。这样有利于沟通，创造无拘束和合作的气氛。

此方式由于沟通渠道很多，组织成员的平均满意程度高且差异小，所以士气高昂，合作气氛浓厚。这对于解决复杂问题，增强组织合作精神，提高士气均有很大作用。但是，由于这种网络沟通渠道太多，易造成混乱，信息传递费时，易影响工作效率。

上述种种沟通形态，都有其优缺点。作为一名主管人员，在管理工作实践中，要进行有效的人际沟通，就需发挥其优点，避免其缺点，使组织的管理工作水平逐步提高。

非正式沟通

非正式沟通是以社会关系为基础，与组织内部的规章制度无关的沟通方式。它的沟通对象、时间以及内容等都是未经计划的，随机性较大。非正式沟通一般不确定主题，主要是以双方情感分享和交流为主，即使涉及到彼此关注的问题，一般也采取谦让和回避的态度，选择的时间和地点一般都比较随意，氛围轻松，常见的有一起娱乐、一起运动等。

非正式沟通对组织具有重要的影响，它是形成良好组织氛围的必要条件，所以，管理者必须重视非正式沟通的作用。在很多情况下，来自非正式沟通的信息更易于引起接收者的重视。由于这种沟通一般是以口头方式进行，不留证据，不负责任，有许多在正式沟通中不便于传递的信息却可以在非正式沟通中透露。

非正式沟通的特点

非正式沟通具有如下几个特征：

（1）非正式沟通的信息往往不是完整的，有些是牵强附会的，因此无规律可循。

（2）非正式沟通主要是有关情感的问题，虽然有些与工作也有关，但常常会带上感情色彩。

（3）非正式沟通的表现形式具有多变性和动态性，因此它传递的信息不但随个体的差异而变化，而且也会随环境的变化而变化。

（4）非正式沟通并不需要遵循组织结构原则，因此传递有时较快，而且一旦这种信息与其本人或亲朋好友有关，则传递得更快。

（5）非正式沟通大多数在无意中进行，其传递信息的内容也无限定，在任何时间和任何地点都可能发生。

非正式沟通的形式

非正式沟通是未经计划的，其沟通主要是通过组织内的各种社会关系。其形式有非正式的会议、闲聊、走动式交谈、吃饭时进行的交谈等。一般将其分为四种类型：

（1）单串型。它是指信息在非正式渠道中依次传递，即一个人转告另一个人，后者也再只转告一个人。

（2）饶舌型。它是指信息由一个人告诉其他所有的人，这个发出信息的人是非正式组织渠道的关键人物。

（3）集合型。在沟通渠道中有几个中心人物（A、B、C、D），由他们转告其他若干人，即A将信息传递给特定的B、C、D，再由他们传递出去。

（4）随机型。它是指信息由一个人传递给某些人，这些人再随机地传递给另一些人，即想告诉什么人就告诉什么人，并无一定的中心人物或选择性。

非正式沟通的优缺点

1. 非正式沟通的优点

非正式沟通的优点是：沟通不拘形式，直接明了；形式多样、灵活，不需要刻意准备；传递速度快，容易及时了解正式沟通难以提供的内幕新闻；沟通及时，问题发生后，马上就可以进行简短的交谈，从而使问题很快得到解决；容易拉近主管与员工之间的距离。

2. 非正式沟通的缺点

非正式沟通的缺点是：难以控制；传递的信息不确切，容易失真；可能导致小集体的产生，影响组织的凝聚力和人心稳定。所以，管理者应该予以充分注意，以杜绝起消极作用的小道消息，并利用非正式沟通为组织目标服务。

第三章

领导沟通的要素

领导沟通的要素包括沟通的内容、沟通的方法、沟通的动作。就其影响力来说，沟通的内容占7%，沟通的动作占55%，沟通的方法占38%。因此，要产生最大的影响，必须通过自己的手势、身姿、语调和词汇，使用最为广泛的表达方式。你的一举一动和脸部表情比你所使用的词语威力更强，所以必须意识到它们的力量，并予以重视。

第一节 沟通的内容

作为一般沟通，沟通的内容几乎是无所不包。作为管理沟通，又会包括那些内容呢？按照管理沟通内容的性质、大小和重要程度，以及沟通覆盖范围的大小，可以将管理沟通的内容分为以下几类。

情感沟通

人与人之间的沟通离不开人的喜恶，必须具备一定的情感基础。情感沟通是在实际管理中的一种极其基础但十分重要的沟通。人是管理者手中的智慧型资源，是企业综合竞争力和核心竞争力的决定因素，因为信息、知识、技术以及其他任何资源的发挥，全都要依靠人的有效工作。而人因为有情绪、情感，具有个人局限和偏好，所以在工作中并不总是理智的，因此，了解和疏导、调节人的情感必然是管理沟通的重要工作。

在管理沟通中，向他人致以友好的微笑，轻轻地拥抱或拍打同事的肩膀，等等，都是一种情感沟通。情感沟通表面上似乎与企业管理的职能和目标没有关联，但实践表明，情感沟通的威力是巨大的，管理者要学习的首项管理沟通技能，应该是情感沟通技能。没有这项技能，就不会成为合格的管理者。

沃尔玛公司的股东大会是全美最大的股东大会，每次大会公司都尽可能让更多的商店经理和员工参加，让他们看到公司全貌，做到心中有数。萨姆·沃尔顿在每次股东大会结束后，都和妻子邀请所有出席会议的员工约2500人到自己的家里举办野餐会，在野餐会上与众多员工聊天，大家一起畅所欲言，讨论公司的现在和未来。

萨姆·沃尔顿认为，让员工们了解公司业务的进展情况，与员工共享信息，是让员工最大限度地干好其本职工作的重要途径，是与员工沟通和联络感情的核心。而沃尔玛也正是通过共享信息和分担责任，满足了员工的沟通与交流需求，达到了自己的目的：使员工产生责任感和参与感，感觉自己得到了公司的尊重和信任，积极主动地努力争取更好的成绩。

在企业中，优良的情绪、情感，如信任感、愉快感等正面感觉和情感，有助于发挥企业员工的最大潜能，从而间接地改善和提高其生产效率和效益。企业中的领导者首先应该学会进行自我情绪、情感的沟通，不断鼓励自己培养正面的、积极的态度和情感，消除和化解负面的、消极的情绪和感觉，从而引导员工保持优良状态，奇迹般地创造工作绩效。

操作性业务信息沟通

在管理沟通中，除了存在大量的情感沟通之外，在业务或者说工作层面上，还大量存在着另一种重要的管理沟通。我们可以把它叫作操作性业务信息沟通。此类沟通指的是：在企业管理过程中，主要发生在一般员工、基层管理者、中层管理者日常业务工作范围内的沟通行为过程。

操作性业务信息沟通其实是最基本的沟通，企业每天日常的运行，要依靠它来正常有效地维持。这类管理沟通，按照其内容指向不同，又可细分为工作指令、工作意见和工作建议等三种不同内容的沟通。

1. **工作指令**

首先，领导必须对下属清晰地发布工作指令，没有清晰的工作指令，下属就会混乱和迷茫，工作分不清先后主次，空耗资源，降低产出。

2. **工作意见**

企业各层员工对各自接受的工作指令并非没有意见和想法。尤其是在执行工作指令的过程中，可能出现新问题需要向上反映，或者工作执行情况也应该及时向上反馈，所有这些意见、想法、进展汇报、问题反映，构成了工作意见沟通。

3. **工作建议**

企业各级员工在执行工作指令时，同时还会有自己独立的业务思考，往往还能根据自己的实践、观察及思考，对自己和别人的工作，甚至企业的局部、全局工作，形成自己独特，甚至是有创造性的新想法和合理化建议。这就构成了工作建议沟通。

事实上，工作建议作为一种带有创造性质的工作改进意见的沟通，已经广泛发生在各种企业的管理过程中，并确实对许多企业的经营管理业绩提升产生了积极和巨大的推动。比如：日本松下公司一年内员工提出的合理化建议多达数万条，其中近半数被采纳实施，为企业的管理和综合绩效作出了巨大贡献。

决策性业务信息沟通

对企业管理者来讲，企业还存在着另一种业务信息沟通——决策性业务信息沟通，这也是非常重要的，它们左右着企业的发展方向、速度、规模，影响企业最终产出的效果。企业决策性业务信息沟通在企业中大量、大范围存在，只是它们发生的频次比操作性业务信息沟通少。

决策事关企业一个部门或整个企业的前途，因其需要信息量大，牵涉范围广，有一定深度和难度，要求决策者必须具备必要的权力、能力和眼光，因此仍然只能由企业的中高层管理者个人或集体作出。

但这并不表示中高层决策者不需要基层员工、基层管理者的信息支持和帮助。有效的决策应以相互冲突的意见为基础，从不同的观点中与不同的判断中选择。决策者必须广泛收集一切能够收集到的相关信息，征求具体操作者、协作者的意见，几经反复，才能保证决策的质量，并获得广大管理者和执行者的支持。

另一方面，对于部门或者企业的决策，具体执行者并不一定总是能理解或理解透。因此，不仅在作出决策时需要大量沟通，而且在决策作出后，也需要解释和分解决策，将其转化为所有决策执行者都能够深入理解的业务信息，清晰地传达给应该传达的人员和部门。只有当所有决策执行者深入领会了决策信息时，决策的执行才能有真实可靠的保证。

因此，在企业管理沟通中，决策沟通的重要性必须引起企业最高领导者的高度重视，决策不仅需要一锤定音，决策更需要决策前沟通、决策中沟通和决策后沟通等大量沟通，确保决策的执行，尽量减少人为的失误。

绩效沟通

绩效沟通是绩效管理的核心，是指上下级之间就绩效目标的设定及实现而进行的持续不断的双向沟通的一个过程，在这一过程中，管理者与被管理者从绩效目标的设定开始，一直到最后的绩效考评，都必须保持持续不断的沟通，任何单方面的决定都将影响绩效管理的有效开展，降低绩效管理体系效用的发挥。

绩效沟通在整个人力资源管理中占据着相当重要的地位。如果企业的绩效管理缺乏有效的绩效沟通，企业的绩效管理就不能称为绩效管理，至少在某种程度上讲是不完整的绩效管理。妥善、有效的绩效沟通有助于及时了解企业内外部管理上存在的问题，并可为之采取应对之策，防患于未然，降低企业的管理风险。同时也有助于帮助员工优化后一阶段的工作绩效，提高工作满意度，从中推动企业整体战略目标的实现。此外，和谐的企业文化的构建、优秀的人力资源品牌也离不开妥善、有效的绩效沟通的助推作用。

一个完备的绩效沟通全过程主要是由沟通前的准备阶段、沟通过程中的操纵阶段和沟通后的跟踪阶段三部分构成，而且这三部分紧密相连，互为作用，共同构成了一个具有较强逻辑性的循环圈。

1. 准备工作阶段

取得理想效果的绩效沟通是离不开前阶段的周密准备工作的。可以说，离开了周密的准备，整个绩效沟通就失去了开展沟通的稳固基础。具体来讲，准备阶段的工作主要有如下几方面：

（1）沟通对象的分类。实施沟通的人员第一步就应依据考评表和考评结果所反映出的信息将被考核者实施分类。可将同一部门的考评表集中在一起，然后又从同一部门的考评表中依据考评结果分为好、中、差三类。这样做既有利于从全局了解和把握企业的整体绩效状况，也便于对员工进行有针对性的分门别类的沟通，从而提高沟通的效率。

（2）绩效沟通的总目标和分目标的定位。任何沟通都离不开目标的导向，只有在正确的沟通目标的引导下，才能使沟通真正产生效果。就绩效沟通来讲，绩效沟通的总目标是通过与员工开展沟通来提高员工的工作绩效，从而带动企业战略目标的实现。我们在确定了这个绩效沟通的总目标后，当然也不能忽视支持总目标的分目标的确立。确立绩效管理的分目标实际上也就是针对每次具体沟通所拟定的一个沟通期望，比如通过这次沟通要向员工传递什么信息，沟通之后要达到怎样的沟通效果等一些较为具体详细的目标。但要注意的是，分目标的确立一定要有针对性，要从评估表和工作分析表中提炼出依据性信息。

（3）全面解读绩效考评结果。只有认真、全面地解读绩效考评结果，真正获取结果所反映出的信息，才具有与沟通对象展开沟通的"共同语言"基础，否则，彼此之间的沟通将会存在不同程度的隔膜。解读绩效考评结果应完成四个问题：沟通对象应该做什么？沟通对象已经做了什么？沟通对象为什么会得到这样的考评结果？沟通对象应该朝什么方向改进?

(4) 合适的场所和时间的选择。所谓合适的场所和时间就是指进行绩效沟通时要注意时机和场所环境的选择。毕竟在不同的时间和沟通场所所进行的沟通产生的效果是不一样的。恰当的时机和愉悦的沟通环境将有助于使沟通达到“事半功倍”的效果。

那么何谓恰当的沟通时机呢?企业的绩效沟通最好安排在绩效考评结果公布的第一时刻进行。例如，一家外资企业的董事长习惯性的做法就是在考评结果公布后，其本人立刻亲自邀请考评成绩靠后的20名员工共进晚餐，共同开展绩效沟通。这种做法颇得企业员工的称赞，沟通效果也较为明显。

至于愉悦的沟通环境，它应具备两个特征，即正规性和权威性。一般可以选择在会议室或专门的办公室进行，让沟通对象意识到企业对本次沟通的重视。

2. 沟通操纵阶段

有了周密的准备，整个绩效沟通就成功了一半。但绩效沟通的实质性操纵阶段也不容忽视，否则会造成前功尽弃的局面出现。在沟通过程中应注意以下几方面的问题:

(1) 站稳自己正确的立场。在绩效沟通中，有些员工可能对绩效结果的公正性、公平性持有怀疑甚至对抗的态度，根本就不认同绩效管理人员的观点和立场。面对这种情况，作为企业的一方一方面要认真倾听员工的言论并认真记录，使员工感觉到企业对其重视；另一方面要稳住自己正确的立场，切忌出现立场不坚定或混乱，从而保证此次沟通的有序性。

(2) 灵活应对突发事件。在任何活动进行的过程中都有可能出现突发事件，绩效沟通当然也不例外。如企业一方由于某种原因使沟通演变成了说教，员工完全成为一个“忠实”的听众。面对这些突发事件，作为代表企业一方的人员首先要摆正心态，快速冷静思考，找出应对之策。应及时将自己转换为倾听者，并适当延长原定的沟通时间，以避免由此带来的负面效果产生。其次，企业也可以主动地向员工“道歉”，拉近彼此之间的距离，防止突发危机扩大化。

(3) 重在探讨解决问题的应对之策。如果说改善员工及企业的绩效是沟通的出发点，那么探讨解决问题的对策则是沟通的落脚点。与员工展开绩效沟通若是未能探讨出解决问题的对策，那么，从根本上说绩效沟通是失败的或“无意义”的。因此，在进行绩效沟通时，应重在探讨解决问题的对策。

3. 沟通跟踪阶段

一个完善的绩效沟通机制当然也离不开沟通后的跟踪观察阶段。在完成了绩效沟通后，绩效管理人员应对沟通对象进行跟踪观察，及时了解沟通对象的工作动态，并从中提炼出沟通效果和沟通目标实现程度的信息，为后阶段“调试”企业沟通机制和绩效管理机制提供参考依据。具体可请求沟通对象所在的相关部门和人员给予帮助和配合。

总之，绩效沟通在人力资源管理活动中既是一项重要的活动，又是一项不易把握、较为复杂的活动。管理者必须摆正心态，认真准备，灵活操控，妥善对待，以免陷入绩效沟通的恶性循环的怪圈中。

制度沟通

一个组织要实现组织目标，形成组织管理，制度是有力的措施和手段之一。管理制度是对组织机构正常运行的基本方面规定活动框架，调节集体协作行为的制度。

在企业中，业务运行及管理的各项规章制度共同构成了企业内部运行的一套完整的规则，这套制度明确而清晰地规定了企业中各个员工的权利、利益和工作职责，也规定了企业中人与人、部门与部门间协作的关系，是关于企业组织架构、人事、财务、业务等方面的权威的文字表述，在企业管理中起着职责划分、行为指导和业务规范、安全运行的重要作用。无论在任何时代背景，其作用都有增无减，不可忽视。

与企业决策一样，企业制度在制定前、中、后都需要良好沟通。制定前沟通保证制度的针对性和可操作性，即现实性；制定中沟通保证制度的全面与完整及与其他制度的配套性，即制度的科学性；制定后沟通保证制度的准确理解、及时执行、效果监测，即制度的实效性。在所有制度沟通中，都必须有反馈，以便对制度制定、执行过程中的偏差进行及时、必要的调整。制度的价值和意义的最终体现，在于制度执行，并产生了预期生产性积极效果。制度沟通的最终目标是企业成员人人知所当知，并为当所为。

制度有好有坏，制度规定和适应的情形变了，制度本身也应该变。因此，制度的制定还应该是一个动态发展的过程，以防制度变成桎梏。再好的规章制度也是从出台的那一天就开始老化的，因为一个单位和它的员工是随着时间不断发展变化的。作为一套规章制度，必须适应这个变化，才能发挥好作用。领导者必须时时检查企业订立的各项规章制度，发现不切实际或不合情理的要及时纠正，不断改革。这样的规则是活的规则，只有活的规则才有意义。

责任、权利、利益沟通

企业是营利性的经济组织。企业中的任何一个员工，在任何一个较长时段内，都要有比较明确的权利、责任和利益划分。员工在企业中的利益，主要是经济利益和组织地位，这是企业吸引、激励员工为企业目标奋斗的必要条件和关键因素。

权利、责任和利益一般需要用书面的文字形式固定、确认下来，即一般都要以书面形式进行正式管理沟通。但由于企业员工和员工之间的责、权、利范围划分在企业内部是动态发展和交互作用的，所以并非总能清晰地划分。因此，在企业管理中，不仅正常的、已能确定的责、权、利关系需要沟通，而且当它们发生变化，一些员工对其认识开始模糊和难以把握时，尤其需要及时进行深入的管理沟通。

企业和员工都是为了获取利益而工作的。责任和权利则是为了便于促使员工完成其岗位工作，实现企业目标而匹配设置的。责任不明，或权利不清，或利益分享结构不确定，都会产生影响，最终造成企业员工无法发挥积极性，高效率、高效益地工作。在企业中，当某位员工向你谈职业发展和他应有的待遇问题时，你们进行的，是典型的权利、责任、利益沟通。

在企业中，利益驱动是企业生存发展及员工努力工作的根本动力，没有权利、责任、利益这些根本内容的良好、内在的沟通，就不可能有其他管理沟通的成功：操作性业务信息沟通会受阻；决策和制度往往得不到认真理解和执行；员工不认同企业的使命和宗旨，对企业也没有归属感和荣誉感；在对外交往时，也不考虑公司利益和形象，与外界进行的是对企业有破坏性的沟通，等等。

所以说，良好、有效的责、权、利的管理沟通是企业一切管理和沟通得以进行的基础之一。

企业战略沟通

在现代企业管理理论中，企业战略管理，即确定企业未来的目标和发展方向与发展模式的科学设计，已经成为关注热点。对应于企业战略管理的沟通，就是企业战略管理沟通。从业务角度看，企业战略可以理解为企业长期的、全局的、整体的、最高的、最重大的业务决策。从企业经营管理的层次上看，企业战略管理是企业的最高管理层次，指导和规范企业决策管理和日常操作管理，支持企业的当今及未来发展。其作用时间点可能长达三年、五年，甚至十年、百年。

战略必须沟通，战略管理必须沟通，而且特别需要强大的沟通。战略管理作为企业管理的大脑，是企业经营管理理性能力的最高综合体现，而其他管理如制度、操作、情感等，是管理的身体、感官和神经、工具，受管理的大脑指挥和制约。决策管理的作用虽然仅次于战略管理，也是企业大脑的一些重要活动，但只有战略管理才能高瞻远瞩、统揽全局、运筹帷幄、决胜千里。显然，管理大脑的最高决策不是凭空编造的，大脑的最高决策也必须通过神经、感觉及操作系统进行传达和执行。解释、传达、深入企业成员的内心的过程，就是战略沟通的过程。

战略沟通可以按其制定、执行过程细分为战略制定前沟通、制定中沟通和制定后沟通三部分。

1. 战略制定前沟通

战略制定前沟通主要是指战略制定前的准备，包括总体经济、政治环境信息及预测信息、行业发展状态及趋势预测信息，以及企业内部产品、设备、资金、技术、人力资源等信息的收集、分析，有关人员的报告、访谈、会议、建议，内外部各类管理专家的咨询商议，战略制定小组团队的建立，等等。

2. 战略制定中沟通

战略制定中沟通主要是战略小组的会议和报告书写及反复修改工作。制定中一般要有相关人员和有关专家的沟通参与。

3. 战略制定后沟通

战略制定后沟通则主要是对战略文件的发放、解释工作。一般包括文件传阅、会议报告说明、部门研讨学习、细化融入日常工作、新的调整意见反馈等一些战略沟通工作。

总之，所有沟通工作都是战略管理本身的工作，战略管理尤其需要良好有效的战略沟通，才能如愿执行。

企业文化沟通

企业文化是组织文化的一种，是社会文化在具体企业中的个性化和具体化。企业文化是企业经营管理过程中提倡或形成的独特价值观和行为规范，其最重要的核心内容包括企业成立的宗旨或企业使命、企业精神、企业经营哲学、企业人文氛围等。

企业的使命和宗旨是指本企业存在的根本目标、理由和原因，即表明企业追求什么。好的宗旨使命会对员工产生极大的感召力量，促使员工为企业美好和远大的目标辛勤工作。宗旨、使命必须借助于沟通获得广大员工的深刻理解，进而达成赞赏和认同。没有沟通，使命只是几句空话，转化不了生产力。

企业精神集中体现了企业所倡导的价值观，即表明企业赞成什么，反对什么。企业精神的形成需要漫长的过程，坚持不懈和卓有成效的沟通在企业精神的形成和传播中发挥重要作用。只有沟通才有理解，只有理解才有认同，只有认同才能赞成，只有赞成才能喜爱，只有喜爱才能实行。如团队精神就是一种企业精神，创新精神和道德诚信又是另外两种企业精神。显然，这些精神的培养和巩固，只有通过有效沟通才能实现。

企业文化还包括了企业形象系统。企业形象其实是企业文化的外在表现系统，而企业使命、企业精神、企业经营哲学才是企业文化的内容。形象需要塑造和传播，而塑造和传播的各个环节都离不开沟通。

在企业中，文化对企业经营管理的影响十分多样和广泛。如整个企业赞不赞成创新，重不重视团队和合作，等等。企业文化的重要性体现在它显性或隐性地存在于员工的思想和内心，并逐渐变成了行为习惯，潜意识地左右人们对于具体事情、人物的观念、看法和感情，进而影响企业的经营管理进程。

文化最需要也适合沟通。企业文化的形成和发展，既是沟通的手段、目标和结果，又是沟通的环境和背景。我们所用的任何一种沟通方式和工具，都是文化的一部分。同样，在企业中，我们的沟通工具和方式也是企业文化的重要部分之一。在公司同事面前应该采取什么态度，对新入公司者应该如何对待，都是企业文化问题。在企业文化熏陶之下，员工个体的个性受到了某些同化和改造，其目的也是为了更轻易地达成管理沟通，提高资源产出效率、效益。我们的任何沟通都离不开我们所处的企业和社会文化背景。

企业文化沟通是企业内部管理沟通的最高层次。文化的内涵无所不包，虽然它主要是向内的，但它其实也是向外的，即也是企业外部沟通的重要内容。

第二节 沟通的方法

如果按照沟通的方法来划分，领导工作中的人际沟通又可以分为纵向沟通、横向沟通和斜向沟通三种。这几种形式，其信息的流向不同，所起的作用也不尽相同。

纵向沟通

所谓纵向沟通，指的是上下级之间的沟通，如销售经理与区域主管之间的沟通、营销总监与销售经理之间的沟通、区域主管与业务代表之间的沟通等。它包括上行沟通和下行沟通。从上至下进行的下行沟通是纵向沟通的主体，而自下而上的上行沟通是纵向沟通的关键。纵向沟通在一定程度上体现了法定性、权威性和民主性，是组织内部沟通的主要形式。

1. 上行沟通

上行沟通是指在组织中信息从较低的层次流向较高的层次的一种沟通。它主要是下属依照规定向上级提出的正式书面或口头报告，以及组织为了实行民主化管理采取某些措施鼓励向上沟通，如征求意见座谈会、建议或意见箱等。

上行沟通是管理者了解组织成员的需要，掌握组织各项命令、指示执行情况的重要方法。通过上行沟通，既可以使上级了解下情，也可以让下级和职工得到反映自己意见、表达自己愿望的机会，进而营造民主管理的氛围，提高企业创新能力。

2. 下行沟通

下行沟通是指组织中信息从较高的层次流向较低层次的一种沟通。

它是传统组织中最主要的沟通方式，一般以命令方式逐级传达上级组织所决定的政策、计划、规划等信息。其形式包括管理政策宣示、备忘录、任务指派、下达指示等。

下行沟通的目的和作用体现为：让员工明确企业的目标；为有关工作下指示；使下属了解工作任务与其他任务的关系；对下属提供关于工作程序和实务的资料；对下属反馈其工作绩效。只有下行沟通畅通，才能使下级和职工了解上级的意图和思路，明确奋斗目标和行动步骤，上级也才能与职工取得共识，从而使职工以积极的态度去完成各项工作任务。

有效的下行沟通并不只是传送命令而已，应能让员工了解公司之政策、计划之内容，并获得员工的信赖、支持，因而得以有效的期待，同时有助于组织决策和计划的控制，达到组织之目标。

但是，由于纵向沟通较容易形成一种权力气氛，而一旦有了这种权力气氛，会使下级产生被驱使的感受，从而被动接收。另外，当资讯自一方传至另一方时，有些资料会被忽略掉。当资讯传经许多人后，甚至遭扭曲误解。因此精简组织，减少组织层次，能使沟通有效进行。

横向沟通

横向沟通又称平行沟通，是指发生在组织内部同级、同层次成员之间相互的信息沟通，以谋求相互之间的了解和工作上的协作配合。这种沟通具有非命令性、协商性和双向性。

横向沟通是企业实现团队精神的必要环境和保证。其形式包括部门会议、协调会议、员工面谈、备忘录、主题报告、例行的培训等。

横向沟通的优点：横向沟通可以采取正式沟通的形式，也可以采取非正式沟通的形式。通常是以后一种方式居多，尤其是在正式的或事先拟定的信息沟通计划难以实现时，非正式沟通往往是一种极为有效的补救方式。

1. 横向沟通的优点

横向沟通具有很多优点：

（1）横向沟通可以使办事程序简化，节省时间，提高工作效率。

（2）横向沟通可以使企业各个部门之间相互了解，有助于培养整体观念和合作精神，克服本位主义倾向。

（3）横向沟通可以增加职工之间的互谅互让，培养员工之间的友谊，满足职工的社会需要，使职工提高工作兴趣，改善工作态度。

2. 横向沟通的缺点

横向沟通的缺点表现在：由于横向沟通大多发生在工作的求助上，所以相互推诿的情况就特别多，以致沟通困难；横向沟通头绪过多，信息量大，易于造成混乱；此外，横向沟通尤其是个体之间的沟通也可能成为职工发牢骚、传播小道消息的一条途径，造成涣散团体士气的消极影响。

斜向沟通

所谓斜向沟通又称越级沟通、交叉沟通，是指发生在组织内部既不属于同一隶属系列，又不属于同一等级层次之间的信息沟通。

斜向沟通的目的

斜向沟通的目的是为了加快信息的交流，谋求相互之间必要的通报、合作和支持。这种沟通具有协商性和主动性。在企业变革出现扁平化和团队管理的趋势时，尤显重要。

斜向沟通的优点

相对上行沟通和下行沟通而言，斜向沟通具有以下优点：信息传递环节少，成本低，快速、便捷和高效。斜向沟通能为企业减少管理层次、弱化中层管理人员职能、提高管理效率起到积极作用。

斜向沟通跨越了不同部门，脱离了正式的指挥系统，但只要在沟通前得到直接领导的允许，并在沟通后把任何值得肯定的结果及时向直接领导汇报即可进行。

第三节　沟通的动作

破译他人的肢体语言

在人际沟通中，身体语言有着口头语言所不能替代的作用。身体语言比口头语言能够表达更多的信息，因此，理解别人的身体语言是理解别人的一个重要途径。从他人的目光、表情、身体运动与姿势中，我们都能够感知到对方的心理状态。了解了对方的喜怒哀乐，我们就能够有的放矢地调整我们的交往行为。

当然，对于身体语言的解读，必须结合具体的沟通情境、不同的风俗习惯以及人物的性格特点等进行具体分析。同样一种表情、动作或神态，在不同的沟通情境、不同的地域特点中所反映的意义可能会大相径庭，而不同性格的人在传递信息时展示出的身体语言也各不相同。具体地说，按照不同的身体部位划分，身体语言可以分为表情语、手势语和肢体动作语三大类。

1. 表情语

人们经常通过面部表情互相传递信息，像眼神动作和微笑、愤怒、悲伤等表情都可以起到传递信息的作用。眼神的动作和变化尤其能反映人们内心的思想和情绪等，因此，我们一定要学会通过眼睛这扇窗户来观察对方的内心想法，同时也要学会利用眼神的交流向他人传递你的真诚和关心等。

心理学家认为，眼睛是心灵的“窗户”，它能作为武器来运用，使人胆怯、恐惧。常见的瞳孔语言为，在表示反感和仇恨时，瞳孔缩小，还露出刺人的目光。相反，睁大眼睛则表示具有同情心和怀有极大的兴趣，还表明赞同和好感。目光中除了能看出上级与下级，权力与依赖的关系外，还能揭示出更多的东西。

上司说话时，不看着你，这是个坏迹象，他想用不重视来惩罚你，说明他不想评价你；上司从上到下看了你一眼，则表明其优势和支配，还意味着自负；上司久久不眨眼盯着你看，表明他想知道更多的情况；上司友好、坦率地看着你，甚至偶尔眨眨眼睛，则表明他同情你，对你评价比较高或他想鼓励你，甚至准备请求你原谅他的过错；上司用锐利的眼光目不转睛地盯着你，则表明他在显示自己的权力和优势；上司只偶尔看你，并且当他的目光与你相遇后即马上躲避，这种情形连续发生几次，表明面对你，这位上司缺乏自信心。

体态语言专家们认为，和眼睛一样，嘴的闭合也会泄露真情。在“哈哈”大笑时，意味着放松和大胆，“嘻嘻”的嗤笑，是幸灾乐祸的表现，而“嘿嘿”笑时，则意味着讥讽、阴险或者蔑视，这样笑的人多数为狂妄自大、自恃才高的人。

狄德罗在他的《绘画论》一书中说过：“一个人心灵的每一个活动都表现在他的脸上，刻画得很清晰、很明显。”如下这些“脸语”是比较容易读懂的：蹙额皱眉表示关怀、专注、不满、愤怒或受到挫折等情绪；双眉上扬、双目张大，可能是表现惊奇、惊讶的神情；皱鼻，一般表示不高兴、遇到麻烦、不满等。

2. 手势语

顾名思义，手势语主要指包括人的手指、手掌、手臂及双手发出的各种动作。比如伸出某个手指的具体含义、相互握手时传递的信息等。很多时候，人们还可以通过自己手部的特定动作向交流的另一方表达特定的意义，比如把手轻轻地搭在对方肩上或胳膊上表示亲密，伸开双臂拥抱表示喜欢或安慰对方等。

如果谈话对方双手交叉地抱在胸前，又翘起二郎腿，说明此人内心紧张和不愿袒露心迹。如果在谈判场合看到这种姿势，则说明对方对你缺乏信任。在这种场合只有表示坦诚和信任的手势能帮助你。你不妨手掌朝上地摊开双手，那意思是说："我不会对你有坏心眼。"在谈话的时候你还可以把一只或一双手都伸向对方，这多少可以消除他的警惕心理。

3. **肢体动作语**

肢体动作语包括人们在行走、站立和坐卧过程中的所有动作姿态。比如行走时的速度是快还是慢，是蹦蹦跳跳还是一步一步地向前挪动；又如站立时双臂是交叉于胸前还是放在背后，坐在椅子上时是双腿平放还是翘起二郎腿等。

虽然不同的人在不同情况下的肢体动作各有不同，而且同样的动作反映的信息也不尽相同，但是，通过认真观察和分析，还是可以发现一定的规律。了解这些规律，不仅有助于理解别人的意图，而且能够使自己的表达方式更加丰富，表达效果更加直接，进而使人际关系更和谐。

模仿对方的肢体动作，建立亲切感

沟通过程中，如果你想博取对方的好感，"镜子连环"是一个有效的商务战术。在心理学上，两个以上的人做同一个姿势叫作"镜子连环"。例如，当一个人把胳膊抱在胸前时，另一个人也把胳膊抱在胸前；一个人靠在墙上，另一个人也跟着靠到墙上。这种对一个姿势的模仿动作，就好像从镜子里照出来的一样，所以被称作"镜子连环"。也就是说，如果你想给对方留下良好印象，不妨模仿对方的姿势。这样，不仅能引起对方强烈的共鸣，还能获得对方的信任，是一个很奇妙的战术。

肢体动作的模仿与使用，是最能帮助你进入他人频道及建立亲切感的有效方式。当你和他人谈话、沟通时，有人在交谈时惯用某些手势，你也要使用这些对方惯用的手势来表达。他耸肩伸颈，你也耸肩伸颈；他吸气你也吸气。当你能模仿得惟妙惟肖时，对方就会莫名地喜欢你，接纳你，他会自动地将注意力集中在你身上，而且觉得和你一见如故。

一位非常成功的推销员讲过这样一段经历：

一次，在乘地铁的时候，我发现对面坐着一个和我年龄相仿的男子。我看了他一眼，他也看我一下；他对我微笑，我也对他微笑；他把他的右腿放在左腿上，我也模仿他做同样的动作。等他快下车的时候，他走到我面前对我说："我们好像在哪儿见过？"其实我根本不认识他，只是因为我的肢体动作和他一致，在潜意识中产生了一致感，而他却没有察觉。

还有一次，我到一家保健品公司谈业务。公司的老总是一个身材魁梧、豪爽热情的人，他一边说话一边挥舞着他的手臂，还大笑着拍我的肩膀。我也和他一样，挥动手臂，并不断地拍着他的手臂说："没有问题，相信我们的合作会非常成功。"一个三个月的合作约定，在十分钟左右的时间里就确定了。事后这位老总对我讲，他也不知道为什么就这么匆忙地作出了决定。

一个人的肢体动作是一个人下意识的行为，很多人都无法察觉，如果你在这些方面做到和对方一致，非常容易引导对方的思维和行为。

比如在沟通中，对方十分亲切地轻轻拍了拍自家小狗的头，那么你也要十分自然地缕一缕小狗的毛，表示亲切。当对方谈到拳击时表现出情绪高涨，谈话中加上手势、表演，那么你的语调也要相应地提高，同时高谈阔论，从而使你与顾客的言谈、举止、心境惊人的相似，达到状态同步。让对方看到你就像看到镜子中的他自己一样亲切，怎么还能对你说"不"呢？

同步行为会使交谈在不经意间变得和谐愉快，从而促发相互间的好感。当下属显得拘谨时，上司可以作出与下属相应的形体动作或姿势以缓解下属的紧张情绪。同样，要想和其他人合得来，只需作出与他们相同的举动便可。

当请求或劝说得不到回应，或者谈判进展不尽如人意时，可以有意地利用同步行为赢得对方的好感。比如对方在谈判间隙拿起饮料，则自己也作喝水状；如果对方脱下外套，则自己也脱下外衣；如果对方将视线投向窗外，则自己也掉过头欣赏窗外景色。如此不露痕迹地反复效仿对方的举止，看起来似乎没什么意义，却能在不知不觉中引发对方的好感，消除紧张氛围，缓和矛盾，使对方乐于接受自己的意见和劝说。

希望你能从现在开始，训练自己在肢体语言方面运用仿效的方式来进入他人的频道，与他人做有效的沟通。用他人的频道和他人沟通是对他人的尊重和重视的一种表现。你能和他人沟通，你便能发挥影响力，成为一个好的领导者。

模拟对方说话的声音，赢得认同

领导者在日常沟通中，通过人为地制造“同步行为”，可以赢得对方的好感，让双方的交谈在不经意间变得和谐愉快。所谓“同步行为”乃是通过一种对映或临摹对方的方式，让自己无论在文字、声音、语调等方面都能和对方达成共同的沟通模式，换句话说，当二人所使用的文字、说话的语气、音调、说话态度都处于一种共同的状态时，自然会产生一种共鸣，会直觉地认为，对方与自己个性相近，并且产生一种亲切和信赖感。催眠大师爱瑞克森博士就是通过这种方式，借助模仿别人的语气和音调等，便能在短短的几分钟内，让对方无条件地信任或接受他。

那么如何与人实现语言同步呢？这就要快速地掌握对方所用的“词汇”、“术语”、“口头语”、“流行语”等，把握他的语言特点，然后用特点相同或相似的语言与之沟通，从而产生较好的语言感召力。例如，对方提到“……射击造型很酷”，我们就可以使用“十分酷的……射击表演……”来找到共同的语言。

在与他人沟通时，除了要认真想好每句话，在表达时更要注意自己说话的语气和语调，因为你说话的声音不同，给对方的感觉也会不一样。

有这么一个故事：

有一次，波兰的一位明星到美国演出时，一位观众请求她用波兰语讲台词，于是她站起来，开始用流畅的口气念出台词。

观众都觉得她念的台词非常流畅，但不了解其意义，只觉得听起来非常令人愉快。

她接着往下念，语调渐渐转为热情，最后慷慨激昂，悲怆万分时戛然而止。台下的观众鸦雀无声，同她一样沉浸在悲伤之中。

突然台下传来一阵男人的笑声，因为这位明星，也就是他的夫人，刚刚用波兰语背诵的是九九乘法表。

从这个故事中我们可以看到，会说话的人竟然有如此不可思议的魅力。即使不明白其意义，也可以使人感动，甚至可完全控制对方的情绪。所以，遇到重要的部分或须强调的部分，就要以缓慢有力的口气说出。若是平仄抑扬不分，对方的印象就不深。

第四章

领导沟通要求

沟通中领导者的仪表非常重要，它反映出一个人的精神状态和礼仪素养，是沟通中的“第一形象”。领导者得体的服饰、落落大方的举止，幽默而又不失犀利的言谈将会使你无往而不利。另外，领导者要着力营造有利于沟通双方的氛围，使沟通能够有效进行并达到预期效果。

第一节　注意沟通时的仪表

以难忘的第一印象深入人心

人与人之间能否建立良好的关系，建立信任与合作，就在于初次见面的印象。为什么第一印象如此重要？因为第一印象会给人一种直觉，使他确信面前的这个人是否可信。如果你不能在初次见面的关键时刻，消除别人对你的疑惑和警戒心理，将很难继续开展工作，达到理想的结果。

“好的开始就是成功的一半”。作为一名领导，必须注重修饰仪容仪表，使言行、服饰适合职业身份，通过外表形象向人们展示自己独特的人格魅力、成熟的气质和非凡的领导能力。

假如你在与人初次见面时就通过你的装束、仪表和言行举止传达、呈现良好的第一印象，绝对有助于你人际关系上的和谐，接下来开展工作定然也会取得事半功倍的效果。

要想给人留下难忘的第一印象，就要事前把给对方的印象设计出来，写在一张纸上，每天反复看，并且问自己：“我每一天可以做哪些事情才能符合这样一个印象？”这就需要你加强在谈吐、举止、修养、礼节等各方面的素质。

专家研究发现，外表是第一印象形成因素中的重要部分，占一半以上比例。这里的外表不仅是指漂亮的脸蛋，还指衣着、神情、气质等。

声音是影响第一印象形成的第二大因素，占大约40%的比例。声音因素包括音调、语气、语速、节奏等。

言语举止占少于10%的比例。

在形成第一印象的因素中，重要性仅次于外表吸引力的就是身体语言。有研究表明，在人际交往中，身体语言的信息要比有声语言信息的内涵多数倍。为了建立良好的第一印象，心理学家建议，在人际交往中，假如能维持良好的眼神交流、规范的姿势，在恰当之际展现一个微笑，可以让人觉得你是一个自信且可亲近的人。

第一印象一旦形成，便很难改变，因此我们要珍惜这仅有的一次机会。在平时要留意自我修炼，勤于观察自己，适时展现自己的气质和风貌。只要能准确地把握它，定能给自己的事业营造良好的人际关系氛围。

讲究服饰，展示良好的外在形象

俗语说："佛靠金装，人靠衣裳。"作为一名领导，必须在日常着装上讲究一点形象艺术。

一般来讲，一个领导者无论从事什么工作，在穿着方面都要有起码的要求，第一是整洁，第二是得体。服饰的种类、式样、花色千差万别，因场合与季节的变化、个人爱好的不同而使穿着显示出多样性。服饰协调、搭配文雅往往会给人留下很深的美好印象，如果着装不当，最容易令人反感，甚至会降低个人的身份，自然也就会影响组织的整体形象。

虽然我们平常强调不能以貌取人，不能以衣着判断品行，但是，在社会交往的过程中，衣着无疑是别人对你印象好坏的关键。

被誉为"经营管理之神"的松下电器公司总裁松下幸之助早年不修边幅，衣服脏兮兮的，并且有许多皱褶，皮鞋也不亮，像一个邋遢的老头。有一次他去理发馆理发，当理发师得知他就是大名鼎鼎的松下公司总裁时，先是惊讶得不知该说什么，过了一会儿就严肃地对松下先生说："您作为一个有名气的公司的老板，还这样不注意自己的外表，别人会怎么说呢？从这一点可以看到贵公司的形象，有损于公司的名气。"松下听了，顿时悟出理发师话中的真谛。从此，他的衣服总是整整齐齐，头发梳得油光光的。外人与他打交道时，看到他整齐的装束与整洁的外貌，顿感有一种压力，不由得肃然起敬。

衣着虽然是一个人外在的因素，但它又是一个人内在修养的重要表现。它反映出一个人的修养、情操、文化底蕴等，因此，得体的衣着是每个领导应该着重注意的。

着装艺术不仅能给人以好感，同时还能直接反映出一个人的修养、气质与情操，它往往能在别人尚未认识你或你的才华之前，向别人透露出你是何种人物。意大利影星索菲亚·罗兰说："你的衣服往往表明你是哪一类型，它代表你的个性，一个与你会面的人往往自觉地根据你的衣着来判断你的为人。"因此，作为领导的你，也应在着装上稍下点功夫。

1. 穿出身份

一个领导者的气质首先表现在他的外在气质上，也就是他的行为。他的行为又在很大程度上受到服饰的影响，服饰反映出一个人的修养、情操、文化底蕴等。安德鲁·卡弗里克在认真地研究了衣着对人的气质的影响后，写成了《成功与衣着》这本书。书中的主要论点是：衣着适合领导特定的职业身份，就会促进他的成功；反之，衣着不适合领导的身份，将会有损领导的形象，从而不利于领导气质的培养。

被《时代》杂志誉为全美第一位服装工程师的约翰·莫莱认为，在衣着方面，成功人士的保守、不逾越身份，并尽可能符合公司的要求，是通向成功的重要保证。

2. 穿出自信

职场中很多公司领导的工作是通过人与人之间的沟通和交流来完成的，而不论你交流的对象是客户、上司、下属，还是一般的同事，你的着装风格和化妆、发型不仅要体现出对对方的尊重，也要表现出成熟的气质和高度的自信。

要知道你的外表造型会在你开口说话之前向他人展示和介绍你的情况，包括你的性格品位、生活情趣甚至职业素质都会被对方读到。试想，一个连穿衣服都搞得一团糟的人，怎么能够带领一个团队呢？

3. **穿出品位**

一个对衣着缺乏品位的人，必然在社会上难以脱颖而出，而在商业活动中，更存在着一套不成文的穿着规则。尤其是作为基层管理者，可供选择的服饰并不很多，也没有人敢标新立异，一旦穿得离谱，肯定会遭受来自公司上层方面的压力。

你不妨拥有三至五套西装，穿着时要按规矩打领带、配衬衫。领带要系端正，不可松懈和歪斜，颜色不要太花，以庄重为宜。衬衫仍以白色为主，浅蓝色也不差，但不可选太炫目和太俗气的颜色。

衣裤要熨烫，显出裤缝，下衣口袋内尤其不要放东西，以免显得鼓鼓囊囊，影响形象。皮鞋要每日擦拭，保持光亮。

郭沫若曾说过："衣裳是名利的象征，衣裳是思想的形象。"领导者只需在穿着上费些心思，就能穿出品位和气质，展示自己良好的外在形象。

把形象打造成个人品牌

形象力不仅仅指英俊的外表、美丽的容貌，还包括优雅的风度、得体的谈吐、高贵的气质，也包括深厚的底蕴与学识等。一样的领导，站在公众中间，对人们的影响是不同的，形象好的领导会更受欢迎。

英国的相关调查表明：49%的领袖认为，领导者形象的好坏决定了企业形象的好坏。德国的《商业周刊》也曾经做过一项这样的调查，结果显示，64%的公司员工深信企业形象主要来自企业领导者形象。由此足以推断，领导者形象对企业形象的贡献度至少高达50%左右。

良好的形象在交往中可以对人产生强烈的吸引。领导必须注重自身形象，把握好外表形象装饰，更重要的是提高自身的内涵，从整体上将自己的形象提升到一个新的高度，才能为成功奠定一个良好的基础。

1960 年在尼克松与肯尼迪之争中，老牌政治家尼克松似乎在资历上占有绝对的优势，但是却忽略了对自己外表的包装，以至于贵族家庭出身的肯尼迪这样评价他："这家伙真没有品位!"受到家族的影响，肯尼迪懂得如何利用自己的外在优势获取选民的信任。在他与尼克松的电视辩论中，年轻、英俊、风流倜傥的肯尼迪浑身散发着领袖的魅力，看起来坚定、自信、沉着，不仅能够主宰美国的政坛，而且能平衡世界的局面。从电视节目中的一个握手动作上，就使得一位政治评论家宣称"肯尼迪已经获胜"。当他提出"不要问国家能为你做什么，问一问你能为国家做什么"的口号时，激起美国人民上下一片的爱国热潮。他是美国人理想的领袖形象。几十年过去了，他的形象一直让人难以忘怀，是世界领袖的标准形象。

成功的领导往往具有与众不同的魅力。他们在出入种种场合，与各种人打交道时，似乎总能保持自己的优势地位，总能吸引无数双眼睛，这不仅是由于他们是公司的领导者，更重要的是他们懂得如何从服饰、举止、言谈等方面恰到好处地展现自己的风采。

对于一个领导来讲，更要注意其外在的形象与内在之美相结合。一个人的人品可以从其眼神、笑容、言语、热忱、态度等显示出来。所以，你应该多强调自己的内在之美，并懂得如何发挥这些内在优点。

要想拥有自己独特的魅力，除了发挥自己的智能本事外，还必须通过某些特定的方法塑造一个成功的自我形象，从而升华你在团队中的影响力，为你的人生和事业增添色彩。

心理学家研究认为，形象可以使人的心理产生极其微妙的变化，从而改变领导的一生。具体而言，塑造良好的形象可以产生如下的影响。

1. 改善凝聚力

提高凝聚力对于领导而言非常重要，它直接关系到员工是不是具有团队精神，能不能与领导患难与共，上下同心。可以说，没有凝聚力便没有企业活力。领导如何增强凝聚力？重要的一点是通过塑造良好的形象来赢得员工的好感，赢得员工的尊敬、爱戴。

2. 增强敬畏力

心理学研究表明，人之所以产生敬畏的感觉，一方面来源于对人或事物的理性认识，另一方面也来源于对敬畏形象的理解。领导确立良好的形象，可以增强下属对自己的敬畏感。己身正，不令而行；己身不正，有令不行。确立令人敬畏的形象，对于确立领导的权威、强化管理、贯彻计划都是非常必要的。

3. 增强亲和力

对于领导而言，社交是必不可少的。社交质量如何，将对领导和企业造成直接的影响。良好的形象可以增强领导的亲和力，使领导“人见人爱”，获得好的人缘，从而为成功打下良好的基础。

对于领导者来说，在形象上不仅仅要做到通常标准上的大方得体，更要和你的职业有机结合起来，而且在找到自己的风格后就要好好保持，把形象打造成你个人品牌的一部分。这样你就不仅是在第一眼被人注意，且会在以后的无数瞬间都被人记住。

第二节　掌握沟通的言谈举止

姿态是无声的语言

领导处于一个团体的中心地位，是公众人物，他的一言一行、一举一动都或明或暗地处于别人的关注之中，在任何场合都应该全力以赴地扮演好自己的领导形象。请记住，姿态是无声的语言，它在你开口说话之前就传递出了信息，使人对你产生印象。

一般来讲，姿态语言是指人的动作和举止，包括姿态、体态、手势及面部表情。良好的仪态能够展示自信和成功，作为一名领导，仪态上应大方、雅正、自然、得体。具体来说，应从以下几个方面注意约束自己。

1.“站”出青松之势

萎靡不振的站姿表明你缺乏信心，使你看上去疲惫、漫不经心或者冷漠，这是领导者的大忌。如果站直了，你不仅看起来更有精神，而且显得更有信心。可以设想一下，在你的腹部有一根丝线，让它穿过头顶把你拉直。

站立时，保持两脚分开约 10 厘米 ~ 20 厘米，与髋同宽，和肩膀平行，将全部重量落在脚趾上。肩膀保持放松，把双手置于身体两侧。

2.“走”出将帅之气

心理学研究表明：走路拖沓的人办事可能也同样拖沓；走路利落的人，办事可能也同样利落。

领导者应意识到走姿对塑造自身形象的重要作用。走路的姿态应该自然有力一些，稳健帅气一些。试想，那些将帅之才，哪个不是气宇轩昂，阔步向前？作为一名领导，你如果以坚定的步伐和稳健的姿态走上讲台或会议室，你就会感受到更多的力量和信心，你的下属或同事也会在潜意识中受到你有益的影响。

3. “坐”出大家之风

作为一名领导，如果你想塑造职业化的形象，并避免被人认为是卑躬屈膝、轻薄草率的人，就座时要挺直并降低身体，不要弯腰躬背或松懈下垂。

观察别人或对镜自照，你会毫不困难地看到，身体对称或不对称地坐着是多么不同。为了使自己的坐姿给人留下良好的印象，要像安置两臂那样调整双脚。

4. 手势，最好有点领袖之感

一个人的手势就像语言一样，使用得恰当，就会收到意想不到的效果，特别是领导者开会作指示的时候。要注意动作自然，使手势与讲话内容一致。

要避免使用令人不快的手势。双手背在身后，挥动拳头或双臂抱胸表示生气，而用手指点则意味着指责。手插在口袋里玩弄小物件是不礼貌的，也是注意力分散和烦躁的表现。绞动双手说明你很紧张。这些手势都有其隐含的意义。

一般来讲，使用手势时手的动作要在腰部以上。面对一大群听众时，手势的动作幅度要大些；面对少量听众时，这样的手势可能过于强烈。同时，还要注意变换手势，以免重复。总之，手势也是语言的一种形式，尽管未发一言，但仍然能有成效、有礼貌地与人进行交流。

5. 面部，最好有点师者之尊

领导者要懂得怎样才能充分用好自己的面部表情。比如一般来说，头部要常保持平直，这样看起来才更有信心和精力、更有修养和尊严。见人多带微笑，微笑可以把愉悦的气氛传播出去，让周围的人对自己、对工作感到舒服和满意。

无论你是微笑或保持头部平直，都要有一种轻松自如的表情和有效的视线接触。在小事上练习可以使你有准备地去控制或维持大局面。要相信成熟的面部表情更能赢得周围人的尊重。

微笑越多，沟通的效果越好

“曼狄诺定律”是关于微笑效应的一个理论。微笑的力量是巨大的，它能照亮所有看到它的人，像穿过乌云的太阳，带给人们温暖。可以说，微笑是世界上最美的行为语言，虽然无声，但最能打动人；微笑是人际关系中最佳的“润滑剂”，无须解释，就能拉近人们之间的心理距离。

领导者对群众的微笑，可以拉近与下级和群众的距离，增加亲密感和信任感，甚至会因此赢得威信和好的口碑；在某些场合，还可以稳定军心、鼓舞士气、增强斗志、强化战胜困难的信心。

人际关系大师卡耐基曾为我们举了这样一个例子：

威廉·史坦哈是纽约证券市场成功的一员，他说他年轻的时候是个讨人嫌的家伙，他脸上没有微笑，不受人们的欢迎。

后来他决心在脸上展现开朗的、快乐的微笑。于是，在第二天早上梳头时，他对着镜子中满面愁容的自己下令说：“你得微笑，把脸上的愁容一扫而光；现在立刻开始，微笑。”于是，史坦哈转过身来，跟他的太太打招呼：“早安，亲爱的。”同时对她微笑，她怔住了，惊诧不已。史坦哈说：“从此以后你不用惊愕，我的微笑将成为寻常的事。”

过了两个月，史坦哈每天早上都对妻子微笑。微笑改变了他的生活，两个月中他的家所得的幸福比以往一年还要多。

现在，史坦哈对大楼的电梯管理员微笑；对木楼门廊里的警卫微笑；对地铁的出纳小姐微笑。当他在交易所时，对那些从未见过他的人微笑。于是他发现每一个人都对他报以微笑。

史坦哈带着一种轻松愉悦的心情去同一些满腹牢骚的人交谈，一面微笑，一面恭听。过去很讨人嫌的家伙，变成了一个受人欢迎的人；过去很棘手的问题，现在变得容易解决了。

毫无疑问，微笑给史坦哈带来了许多的方便和更多的收入。从此他快乐、富有，拥有友谊与幸福。

令人感到温暖而又愉快的笑容会带来明显的效益，因为微笑可以拉近彼此之间的距离，增强亲和力，解除对方的抗拒。笑可以使你随和，可以使人喜欢你，所以，一流的领导者都是经常面带微笑。

一颗懂得感恩的心，一个甜美的笑容，一句简短的问候，尽管都是最细微不过的表现，但日久天长，它们所带给你的回报会远远超出你的想象。

第三节　营造良好的沟通氛围

一语勾心，迅速形成融洽的局面

有的领导有这样的本领：与人交谈，一句话就抓住了对方的心，让对方愿意听乐意说，或者一下子就征服对方，对其产生特别的好感，从而迅速形成融洽、热烈的交谈局面，让双方谈得很投机、很倾心，顺利达到沟通、交流的目的。

要想在短暂的时间内与人达到心灵上的共鸣，说好第一句话至关重要。初次见面的第一句话是叩开对方心扉的敲门砖，也是使人一见如故的秘诀。对于每一个人来说，说好第一句话的关键是要给人亲热、友善、贴心的感觉，消除彼此间的陌生感。常见的方式有以下三种。

1. 问候式的谈话让人产生亲切感

“您好”是向对方问候致意的常用语，如能因对象、时间的不同而使用不同的问候语，效果则更好。对德高望重的领导者，宜说“您老人家好”，以示敬意；对年龄跟自己相仿者，称“张总（职务称呼），你好”，显得亲切；节日期间，说“节日好”、“新年好”，给人以祝贺节日之感；早晨说“您早”、“早上好”则比“您好”更得体。

一句问候语往往包含了三种含义：我把尊重送给您、我把亲切感送给您、我十分珍惜与您交谈的机会。而当我们把这三样礼物通过一句问候语送给对方的同时，也表现出自己的热情、风度以及涵养。

2. 敬慕式的谈话给人贴心的感觉

对他人表示敬重、仰慕，这是热情有礼的表现。用这种方式说话时，内容要因时因地而异。例如：“您的专题讲座我曾经听过多遍，受益匪浅。想不到今天竟能在这里一睹您的风采!”

谁都希望别人关心自己，如果你根据对方的爱好选择话题，对方就会倍感兴趣。与人交谈，别过分以“我”为中心，话题跳不开一个“我”字。如果你谈谈对方的各种情况，对方一定会有一肚子的话被你勾起。

在一个会议上，科长小王与小丁搭起话来：“小丁，你的文章棒极了，我同你是老乡啊，我经常读你的文章，你堪称我们家乡的才子噢!”小丁听了这样的话备受鼓舞，对小王感到特别亲切，也更加发奋写作。

对人尊重、敬慕会引起对方的好感，但用这种方式必须注意：要掌握分寸，恰到好处，不能乱吹捧，不要说“久闻大名，如雷贯耳”一类的过头话；表示敬慕的内容应因人、因时、因地而异，应恰到好处，让听者感到自然。为此你要多了解对方，多读点心理学，尽可能打动对方的心灵，为对方所欢迎。

3. 以攀认式拉近彼此的距离

比如：初次见面，可以说：“我同您是校友。”“我是您亲属的朋友。”等等，短短一句话，就缩短了与他人之间的距离。

其实，任何两个人，只要彼此留意，就不难发现双方有着这样或那样的“亲”、“友”关系。比如：“你是北京大学的毕业生，我曾在北大进修过两年。说起来，我们还是校友呢!”

“您来自皖南，我出生在皖北，两地相隔咫尺。今天得遇同乡，令人欣慰!”这种初次见面互相攀认式的谈话方式很容易让人在短时间内产生一见如故的印象。

曾有报道说，1984 年 5 月，美国里根总统访问上海复旦大学。在一间大教室内，里根总统面对一百多位初次见面的复旦学生，他的开场白就紧紧抓住彼此之间还算“亲近”的关系：“其实，我和你们学校有着密切的关系。你们的谢希德校长同我的夫人南希，都是美国史密斯学院的校友呢。照此看来，我和各位自然也就都是朋友了!”此话一出，全场鼓掌。短短的两句话就使一百多位黑发黄肤的中国大学生把这位碧眼高鼻的洋总统当作十分亲近的朋友。接下去的交谈自然十分热烈，气氛极为融洽。

一般来说，对任何一个人，只要事前作一番认真的调查研究，你都可以找到或明或隐、或近或远的亲友关系。而当你在见面时及时拉上这层关系，就能缩短心理距离，使对方产生亲切感。

适度的寒暄营造良好的交谈气氛

寒暄，也就是人们见面时打个招呼，以示礼貌和关心。寒暄是交谈的润滑剂，它能在两个谈话者之间架起一座友谊的桥梁。因此，寒暄是人际交往中必不可少的一部分。

当我们要和领导商谈某事，或在一个非正式会议上遇上别的公司的董事、经理，或是为了缓解正式场合的紧张气氛时，我们可以先谈一些与正事无关的彼此熟知的话题，如天气、社会风气等。虽然这些寒暄语大部分并不重要，然而，正是这些话才使初次交谈免于陷入尴尬的沉默。此外，与人谈话时语气要轻松柔和，就像在家中茶余饭后的闲谈，充满感情，让对方彻底放松。在这种气氛下听者不可能不被你的态度所感染。

20 世纪 80 年代，意大利著名女记者法拉奇打算到中国对邓小平进行一次专门采访。为此法拉奇翻阅了许多有关邓小平的书籍。在看到一本传记时，她注意到邓小平的生日是 1904 年 8 月 22 日。于是，她脑海中有了一些想法。

1980 年的 8 月 22 日，邓小平接受了法拉奇的专访。

“邓小平先生，首先我谨代表我们意大利人民祝福您，祝您生日快乐！”法拉奇十分谦逊有礼地说道。

“我的生日？我的生日不是明天吗？”邓小平分辩道。或许是工作太繁忙了，邓小平已经忘记了自己的生日。法拉奇这么一说，邓小平自己也搞糊涂了。

“不错的，邓小平先生，今天确实是您的生日。我是从您的传记中知道的。”法拉奇信心十足地说。

“噢！既然你这样说，就算是吧！我从来也不知道什么时候是我的生日。就算明天是我的生日，我也已经76岁了。76岁啊，早就是衰退的年龄了！这也值得祝贺？”显然，法拉奇的问候已经让邓小平对她有了好感，所以邓小平不禁和她开了个小小的玩笑。

“邓小平先生，我父亲也是76岁了。如果我对他说那是一个衰退的年龄，他会给我一巴掌呢！”法拉奇也和邓小平开起了玩笑。

邓小平听后，哈哈大笑。“他做的也许对。不过，我相信你肯定不会对你父亲这样说的，对吧？”

采访气氛就这样十分融洽而轻松地形成了，接下来便是法拉奇此行的真正目的，她将谈话引入正题。“邓小平先生，我想请教您几个大家都十分关心的问题，不知您能否给我一个圆满的解答。”

“我尽自己所能吧，尽量不让你感到失望。我总不能让远道而来的客人空手而回吧！要知道我们中国可是个礼仪之邦。”

由于法拉奇在采访开始前用得体的寒暄营造了一个良好的气氛，所以她的问题都得到了满意的答复。

寒暄是冲破戒备障碍的有效方法。如果你在寒暄中能有意、无意地插入一些吸引对方的话题，或是谈一些对方比较了解的事，由此展开交谈，那么，寒暄就不仅仅是形式上的客套了。如果运用得巧妙得法，彼此的距离很快就会拉近。

寒暄并没有固定的模式，一般来说须注意以下几点。

1. 要保持愉快的情绪

在与人相遇的瞬间，要迅速培养自己的愉快情绪；要争取主动，充分体现自己的良好愿望和真诚；要使对方感觉到你的问候是发自内心的；要使对方从你的言行反应中感受到自己的存在，使其受人尊重的心理需求得到完全满足。

2. 要选择一个恰当的时机

寒暄时要选择一个恰当的时机。先要分析对方当时的心情，然后决定打招呼的方式和表情。比如对方家里刚发生不愉快的事，你从其面部表情上就可以判断出来，此种情况下打招呼，声音不要太大，语言也不要太热情，要低调；或用询问式的语言，同时用安慰的语气来打招呼。

如果对方脸上喜气洋洋，你便可热情地打招呼，使对方感觉到温暖，进而展开话题。

3. 要注意内容的恰当

与人见面后的几分钟内，一般只有两三个问答的回合，最好作一般性的寒暄，如问候，谈论一些无关紧要的话题等；应避免使对方感到尴尬，触及对方隐痛，引发对方不愉快回忆及易于引起争议的话题，但是也不可漫无边际。

寒暄内容可触景生情。与人初次交谈，如果总离不开籍贯、住址、身世等，会让人认为你在查户口，而且容易出现冷场的现象。因此，要善于睹物生情，看到什么谈什么，这样既显灵活又可增进友谊。

寒暄言语的长短、内容的繁简、往复的次数多少要与交谈双方关系的亲密程度成正比。

总之，初次见面，寒暄要适度，既要热情亲切，温和有礼，又不能阿谀奉承，这样才能使人乐于接受你，从而对你另眼相看。

话精而语妙，让人“一听难忘”

一见如故，这是成功交谈的理想境界。能与人一见如故的领导，做事就会左右逢源；反之，如果不善于与人交谈，就会在职场中处处受阻，事业也就难以成功。当今时代，对于我们来说，与人一见如故的交谈才能越来越显出其重要性。

说好第一句话，仅仅是良好的开端。要谈得有味，谈得投机，谈得其乐融融，双方就必须确立共同感兴趣的话题。有人认为，与对方初次见面，哪里有什么共同感兴趣的话题？这就要在讲话时仔细观察对方，洞幽烛微，由细微处见品性，从他的兴趣、爱好、个性特点和心情入手，找到共同的话题。

一次，在李莲英的保荐下，醇王特地在宣武门内太平湖的府邸接见盛宣怀。盛宣怀以前没有见过醇王，但与醇王的门客“张师爷”过从甚密，从他那里了解到醇王两个方面的情况：一、醇王跟恭王不同，恭王认为中国要跟西洋学，醇王则不认为中国人比洋人差；二、醇王虽然好武，但自认为书读得不少，颇具文采。盛宣怀了解情况后，就到身为帝师的工部尚书那里抄了些醇王的诗稿，背熟了好几首，以备“不时之需”。毕竟“文如其人”，盛宣怀还从醇王的诗中悟出了醇王的些许心思，胸有成竹之后，盛宣怀前来谒见醇王。

当他们谈到电报这一名词的时候，醇王问：“那电报到底是怎么回事？”“回王爷的话，电报本身并没有什么了不起，全靠活用，所谓‘运用之妙，存乎一心’，如此而已。”醇王听他能引用岳武穆的话，不免另眼相看，随即问道：“你也读过兵书？”“在王爷面前，怎么敢说读过兵书？不过英法内犯，文宗显皇帝西狩，忧国忧民，竟至于驾崩。那时如果不是王爷神武，力擒三凶，大局真不堪设想了。”盛宣怀略停了一下又说：“那时有血气的人，谁不想洗雪国耻？宣怀也就是在那时候，自不量力，看过一两部兵书。”盛宣怀真是三句话不离醇王的“本行”。他接着又把电报的作用描绘得神乎其神，醇王也感觉飘飘然。后来醇王干脆把督办电报业的事托付给盛宣怀。

当一个领导特意要去拜见一个从未打过交道的人时，应当把这一过程当成一次人生的挑战，事先做好充分的准备。可以通过多种渠道了解对方的背景、经历、性格、喜恶，在对对方基本情况了如指掌的前提下，设想有可能出现的问题，做好以不变应万变的心理准备。然后，在交往之中针对对方的特点有的放矢、投其所好，令其产生“相见恨晚”之感，从而赢得对方信任。

要想让你的谈话深入人心，一般应从以下几个方面入手。

1. **用话语进行试探，找出共同点**

生活在同一时代、同一国土，只要善于寻找，就不难发现彼此对某一问题有相同的观点，在某一方面有共同的兴趣爱好，或者共同关心的事情。

一次，张源在拜访一位领导时，见其墙上挂有“制怒”二字，便知对方有克服易怒缺点的要求。于是他问道：“您平时很爱发脾气吗?”对方答：“我很容易冲动，但明知自己有这个毛病，有时却控制不了，为了提醒自己，就写下来挂到墙上，时刻告诫自己。”张源由此话题谈开，先是表示非常理解，继而谈出自己的看法，对方也就同一问题谈出感想，两个人谈得非常投缘，这样就缩短了与对方的距离，两人颇有“相见恨晚”之感。

2. **抓住时机，适时切入**

与人交谈，除了了解对方，让对方多开口，还要看准情势，不放过说话的机会，适时插入交谈，让对方充分了解自己。对方如能从你切入式的谈话中引起共鸣，双方会更亲近。

和人谈话的开场白结束之后，要特别注意话题的选择。那些容易引起争论的问题，要尽量避免。为此，当你选择某种话题时，要特别留神对方的眼神和小动作，一旦发现对方有厌倦、冷淡的情绪时，就应立即转移话题。

3. **好的告别语给人留下永久的记忆**

能给人留下深刻印象的告别语，会使对方感到意犹未尽，希冀下一次的交谈。如：

“祝您成功，恭候佳音!”——良好的祝愿会使对方受到鼓舞；

“今天有幸见到您，愿从此常来拜访!”——热情洋溢的语言会使对方获得充分的肯定；

“什么时候路过这里，请到我家做客，再见。”——邀请式的结束语使对方感受到尊重，同时为以后的交往打下了伏笔；

说好结束语的关键是：满腔热情，直率真诚；措辞得当，出言有礼。情热而语妙，自然使人对你的话“一听难忘”。

第五章

领导沟通的主要形式

领导者要想做到高效沟通，需要掌握好几种形式。能否善于倾听，是衡量领导水平的标志。沟通中的“提问”，对双方的良性互动有着重要的作用。出色的领导者总能在演讲开篇立即抓住听众的心。总之，沟通要以情动人、以理服人。领导者要善于利用不同的沟通形式，巧妙地赢得别人的尊敬、信任与合作，从而开创事业的新局面。

第一节　倾听

倾听的内涵

倾听别人说话可以说是有效沟通的一个重要技巧。能否善于倾听，是衡量一个领导者领导水平的标志。听人说话之所以备受重视，不仅是因为其有助于对事物的了解以及对说话内容的掌握，更因为倾听是与他人个性契合、心灵沟通的根源。倾听别人说话表示敞开自己的心扉，坦诚地接受对方，宽容对方，体贴对方，因而导致彼此心灵融通。最成功的领导者，通常也是最佳的倾听者。

日本松下电器的创始人松下幸之助把自己的全部经营秘诀归结为一句话：首先要细心倾听他人的意见。松下先生是用自己的实践来证实倾听的重要性的。在商品批量生产前，他要充分倾听各方面人员的设想和意见，在此基础上确立下一步经营的目标。由于他能充分认真地听取各个层次的意见，所以处理问题时胸有成竹，当机立断，表现出敏锐的判断力。

豪斯先生曾是威尔逊总统在位时的副总统，工作非常出色。他的一位朋友曾经这样评价道："豪斯先生一向是一名好听众。他之所以能够出任威尔逊的副总统，可能多半是出于他对人恭听的态度。因为豪斯和威尔逊首次在纽约会面时，他就以他恭听的策略获得了威尔逊的好感，同时也引起了威尔逊对他的注意。"

善于倾听无形中起到了褒奖下属的作用，这就等于在告诉他，"你说的东西很有价值”，“你是一个值得我信任的人”。这样，下属的自尊心在很大程度上得到了的满足，对领导就会产生一个感情上的信任，他会想，“他能理解我”，“他对我还是比较器重的”，彼此间感情的距离缩短了许多。

《语言的突破》一书的作者戴尔·卡耐基曾经说过：“当对方尚未言尽时，你说什么都无济于事。”这句话告诉我们，无论是想和他人进行良好的沟通，还是想有力地说服他人，首先我们要学会积极地倾听别人的话语。积极的倾听，是促进理解的金色桥梁，是人际交往的一种艺术，体现了一个人的品德和修养。

互动式沟通是使双方的理解、认识达成一致，交谈的双方都要有说有听。这就要求领导者要了解对方的意图和接受能力等具体情况，得体地表达自己的意见。领导要认真倾听并作出有见解的反馈，形成双向沟通。只有这样，才能使人际沟通产生思想上的融会，达到心有灵犀一点通的境界。

倾听的技巧

倾听，是一个渴望成功的人必须掌握的技能。企业的中高层领导尤其要注重倾听技巧的修炼，这样才能收获更多宝贵的经验，从而更加稳妥地迈向成功。

1. 听取关键词

所谓的关键词，指的是描绘具体事实的字眼，这些字眼透露出某些信息，同时也显示出对方的兴趣和情绪。通过关键词，可以看出对方喜欢的话题，以及说话者对人的信任。

此外，找出对方话中的关键词，也可以帮助我们决定如何响应对方的说法。我们只要在自己提出来的问题或感想中，加入对方说过的关键内容，对方就可以感觉到你对他所说的话很感兴趣或者很关心。

2. 及时地用动作和表情给予呼应

倾听时，要注视对方，表现出全神贯注的神情。身体要向对方微微前倾，适当地运用对方能理解的动作与表情，如微笑、皱眉、迷惑不解等，表示自己的理解，给讲话人提供准确的反馈信息，以利于及时调整，还应通过动作与表情，表示自己的感情，表示自己对谈话和谈话者的兴趣。

3. 适当地提问

适当地提问可以表明你正在用心地听，这可以满足对方的虚荣心，使其更有兴致谈下去。若做“永远”的听众，而不发一言，不仅与欢愉的气氛格格不入，也会使说话者失去交谈的兴致。倾听者不要机械地“竖起耳朵”，在听的过程中脑子要转，不但要跟上倾诉者的故事、思想内涵，还要跟得上对方的情感深度，在适当的时机提问、解释，使得会谈能够步步深入下去。

在沟通中，领导者要做好引导工作，当对方默不作声或欲言又止的时候，领导者可用询问的方式引出对方真正的想法，了解其立场、需求、愿望、意见与感受，这样一方面可以为要说的话铺路，另一方面还可以营造比较自然的谈话氛围。提问时应注意以下几点：

（1）建立在理解的基础上。作为领导者，设身处地地理解下属，是必备素质之一，以理解的态度交谈，就能认真倾听，就能诚恳而准确地提出一些双方都能接受的问题，从而更有利于双方的沟通。

（2）注意提问的时机。倾听中提问的时机十分重要，交谈中遇到某种问题未能理解，应在对方充分表达的基础上再提出问题。过早提问会打断对方思路，而且显得十分不礼貌；过晚提问会被认为精神不够集中或者没有理解信息，也会产生误解。

（3）注意提问内容。提问是为了获得某种信息，问什么要在倾听者总目标的控制掌握下，把讲话人的讲话引入自己需要的信息范围。

（4）注意提问的语速。提问时话说得太急，易使对方感到咄咄逼人，引起负面效应；说得太慢，易使对方心里着急，不耐烦。

4. 暗中回顾并整理出重点

当领导者倾听他人谈话的时候，必须删去无关紧要的细节，把注意力集中在对方想说的重点和对方主要的想法上，并且在心中熟记这些重点和想法。暗中回顾并整理出重点，可以帮助我们继续提出问题。

如果我们能指出对方有些地方话只说到一半或者语意不明，对方就会知道我们一直都在听他讲话，而且我们也很努力地想完全了解他的话。如果我们不太确定对方比较重视哪些观点或想法，就可以利用询问的方式，让对方讲得更明确。

总之，领导者积极倾听，能给予他人表现自我、成就自我的机会，可使他人产生一定的归属感，其配合意识和参与沟通的积极性便会明显增强。

消除倾听中的障碍

领导者要想真正做到有效倾听，就要先了解哪些障碍会干扰倾听，进而找出解决的办法。影响倾听的因素很多，按其来源可以分为主观障碍和客观障碍。客观障碍指的是非人为因素的障碍，如受环境的干扰等。

主观障碍

在沟通的过程中，造成沟通效率低下的最大原因在于倾听者本身。研究表明，信息的失真主要是在理解和传播阶段，归根到底在于倾听者的以下主观因素。

1. 自我为中心

人们习惯于关注自我，总认为自己才是对的。在倾听过程中，过于注意自己的观点，喜欢听与自己观点一致的意见，对不同的意见往往是置若罔闻，这样往往错过了聆听他人观点的机会。

2. 先入为主的偏见

先入为主具有巨大的影响力。如果你臆断某人愚蠢或无能，或者对其怀有不好的印象，你就不会对他说的话给予关注。

3. 急于表达自己的观点

许多人认为只有说话才是表白自己、说服对方的唯一有效方式，若要掌握主动，便只有说。在这种思维习惯下，人们容易在他人还未说完时就迫不及待地打断对方。

4. 心不在焉，转移话题

如果注意力不集中，那么你只会把一部分注意力放在倾听上；如果你觉得对方的话无聊或让你感到不自在，可能会改变话题或者讲笑话，终止对方谈话的思路。

倾听障碍的克服

认识到倾听过程中的主客观障碍后，要主动采取措施予以克服。

1. 创造有利的倾听环境

创造有利的倾听环境，尽量选择安静、平和的环境，使说话者处于身心放松的状态。

2. 注意力集中在对方身上

在沟通中，把注意力集中在对方身上，这样能帮助你聆听，这也是让对方相信你在聆听的最好方式。

3. 保持平和的心态

保持平和的心态，倾听中只针对信息而不是传递信息的人。要诚实面对、承认自己的偏见，并能够容忍对方的偏见。

4. 抑制争论的念头

学习控制自己，抑制自己争论的冲动，放松心情。你们只是在交流信息，而非辩论赛，争论对沟通没有好处，只会引起不必要的冲突。那些不轻易开口的人，常常愿意虚心听取别人的看法，他把大部分的时间用来比较、斟酌别人的观点，这种人在关键时刻一旦开口，就会吸引他人的注意。

5. 不要过早作出论断

不要过早作出结论或判断，因为当你心中对某事已作出判断时，就不会再倾听他人的意见，沟通也就被迫停止。

6. 随时做笔记

做笔记不但有助于聆听，而且能集中话题，并使对方觉得受到重视。

第二节 提问

提问的概述

沟通中的“提问”，对了解真实情况，以及与对方良性互动，有着重要的作用。“提问”是一门学问，问得不好，就会造成沟通障碍，甚至使沟通中断；问得好，可以让沟通更加有效。

在社会交往中，即使你不能应付自如，但总会提问题。问话，是使对方开口的万能钥匙；问话，是打开对方话匣的最好方法。问话虽是小事，但提问技巧却值得考虑和研究。

对话的人总是要提出巧妙的问题才能使对方有兴趣回答。一个善于提问的人往往能够用一个巧妙的问题掏空对方大脑中的“财富”。

与人刚开始交谈时，应让对方回答一些较容易回答的问题，然后渐渐地提出一些不能用“是”或“不是”回答的问题，如：“你喜欢什么？”“为什么喜欢呢？”对方即使很厌烦，也仍然必须以自己的话来回答，这样就能较具体地把对方内心的想法挖掘出来。在社交中特别想知道对方的意图时，这个方法可以有效地达到目的。

第二次世界大战中期，东条英机出任日本首相。此事是秘密决定的，各报记者都很想探得秘密，他们竭力追逐参加会议的大臣进行采访，却一无所获。这时候，有位记者用心研究了大臣们的心理定势：大臣们不会说出是谁出任首相，假如问题提得巧妙，对方会不自觉地露出某种迹象。于是，他向一位参加会议的大臣提了一个问题：此次出任首相的人是不是秃子？因为当时的三名候选人中，一是秃子，一是满头白发，一是半秃顶，这个半秃顶就是东条英机。在这看似无意的闲谈中，这位大臣虽然没有直接回答出具体的答案，但聪明的记者从大臣思考的瞬间，推断出最后的答案，因为大臣在听到问题之后，一直在思考半秃顶是否属于秃子的问题。记者从随意的闲聊中套出了他需要的独家新闻。

要从语言的密码中破译对方的心态，闲谈是了解对方的一种最好方式，整个氛围显得轻松愉快，又让对方心理上没有防线。

许多时候，你与领导共处一室，而你不得不说些话以避免冷清尴尬的局面。不过，这也是你赢得高层青睐的绝佳时机。此时，最恰当的莫过于提出一个与公司前景有关而又发人深省的话题。问一个领导关心又熟知的问题，在他滔滔不绝地述说心得的时候，你不仅获益良多，也会让他对你的求知上进之心刮目相看。

问话是表示虚心，表示谦逊，同时也是表示尊重对方的意思。通常，在沟通中运用的问话，最重要的是语气要温和，态度要谦恭。有些问话不可自己先存有成见，与其问“你很讨厌他吗”，或“你很喜欢他吗”，不如问“你对他的印象怎样”。但有时却不妨先装作有成见，比如对一个40岁的女人问“你今年总有30岁了吧?”比问“你今年芳龄几许?”要好得多。

与别人交往时，总离不开“问”。有时候该问的，要明知故问，比如：“听说你最近又出了一本新书，一定很畅销吧!”这可能是你知道的，但你明知故问，对方会认为你很关心他，这样，你就可以赢得别人的好感，增进彼此之间的友谊。

但日常交际中，有些不该问的东西，即使你想问，也不要去问。我们与别人交谈时，为了避免引起别人的不快，一定要避免问对方的隐私。在你打算问对方某个问题的时候，最好先在脑中想一想，这个问题是否会涉及对方的个人隐私，如果涉及了，要尽可能地避免，这样对方不仅会乐意接受你，还会因你在应酬中得体的问话与轻松的交谈而对你产生好印象，为继续交往打下良好的基础。

提问的类型

1. **封闭式提问**

是指提出答案有唯一性、范围较小、有限制的问题，对回答的内容有一定限制，提问时，给对方一个框架，让对方在可选的几个答案中进行选择。这样的提问能够让回答者按照指定的思路去回答问题，而不至于跑题。

封闭式提问的问题比较具体，对方用简短、确切的语言即可作出回答，如“是”或“不是”、“好”或“不好”、“5年”、“40岁”等。适用于收集简明的事实性资料。

2. **开放式提问**

是指提出比较概括、广泛、范围较大的问题，对回答的内容限制不严格，给对方以充分自由发挥的余地。开放式提问的问题比较笼统，旨在诱发对方说出自己的感觉、认识、态度和想法，适用于了解对方真实的情况。

开放式提问要求大家在问题的设置上不是只用简单的“是”或“不是”就可以回答。比如你问别人“你喜欢这座城市吗?”对方肯定会回答“喜欢”或“不喜欢”，这是封闭式的提问方法，从中你得不到更多的信息。而如果你问的是“为什么喜欢这座城市或不喜欢它的哪些方面”，你就可以从对方口中获取更多相关的信息。这就是开放式提问的基本要领。

开放式提问常用于访谈的开头，可缩短双方心理、感情距离，但由于松散和自由，难以深挖。

3. **探索式提问**

又称探究式提问。探索式提问的问题为探索究竟、追究原因的问题，如：“你在这个事情中具体充当了什么角色?”适用于对某一问题的深入了解。

4. **偏向式提问**

又称诱导式提问。偏向式提问的问题中包含提问者的观点，以暗示对方作出提问者想要得到的答案，如：“你今天感觉好多了吧?”适用于提示对方注意某事的场合。

5. **复合式提问**

复合式提问的问题为两种或两种以上类型结合在一起的问题，如：“你是在哪里做的检查？检查结果如何?”此种提问易使回答者感到困惑，不知如何回答，故应避免使用。

提问的技巧

任何事情都有一定的适用范围，如果超出了这个范围，事情就会变质。提问也不例外。如果你的提问超出了一定的限度，不但容易使对方产生反感，而且还会影响到你的沟通效果。所以，在提问时需要掌握一些技巧。

1. **选择好提问的方式**

提问有两种基本方式：一种是开放式提问，另一种是封闭式提问。开放式提问给对方回答的空间比较大，能得到比较多的信息，但回答所需的时间也比较长；明显不同的是，封闭式提问只用简单的“是”与“否”就能回答，得到的答案比较明确，回答的时间也比较短。因此，在提问时要依据具体需要和时间安排来确定哪一种是你最需要的提问方式，也可以将两种提问方式结合起来一起使用，充分利用两种提问方式的独特优势，分别弥补各自的不足。

赵东升是上海电视台的一名记者。在他刚开始做记者时，曾采访过一名华裔英国女运动员，由于了解到她的老家在北京，所以在采访时赵东升连续问道：

“您父亲是北京人吗？”

“您这次打算去北京吗？”

“您准备去看望在北京的亲戚吗？”

面对记者提出的一连串问题，运动员只简单地回答了“是”或“不”。

为了能了解更多的信息，他不得不转换提问方式，问道：“您准备怎样把北京亲戚的问候带到英国呢？”面对这个问题，运动员滔滔不绝地谈了起来。赵东升这才如愿地了解到了她的很多想法，对这名运动员有了一个比较全面的认识，这次采访也因后一种恰当的提问方式而获得了成功。

2. 问题必须围绕谈话的主题

提问需要结合对方的谈话内容。如果你提出的问题和对方的谈话内容无关，或者关系不大，对方会认为你没有认真倾听，从而对你产生不好的印象或者某种误解，对双方的有效沟通和人际关系也会有负面影响。即使对方不介意这些，一些漫无边际的问题也会大大延长沟通时间，且毫无沟通效果。

3. 提问要把握好恰当的时机

当你理解了对方的谈话内容，明确了你要提出的问题时，一定要等对方充分表达完后，再提出来。这样可以表示你对对方的尊重，同时也避免打断对方谈话的思路。提问的时机也不可太迟，如果某个话题已经说过很长时间了，你再反过来提问，对方的思路会重新被打断，认为你没有认真倾听，并且也会延长沟通的时间，势必对你的沟通产生不好的影响。

4. 提问的数量要适度

提问的数量不可过多，如果你提出的问题没完没了，肯定会使对方厌烦；与此同时，问题也不可以太少，如果没有什么问题，对方因得不到相关的信息反馈，同样会对你的倾听效果和态度产生疑问。因此，提问时如果疑问过多，可以依据问题的相关内容和逻辑关系把它们整合在一起；如果没有疑问，为了配合对方，也可以把自己理解的意思用问题的形式表达出来，以得到对方的确认。

5. 提问的速度要适度

提问的速度也会影响沟通的效果，如果速度过快，对方很可能听不清你的问题，来不及对问题作出及时反应，还会营造一种紧张的氛围；如果速度过慢，会让对方觉得不耐烦，失去和你沟通的兴趣和信心。因此，提问的速度要保证能让对方听清楚你提出的问题，依据沟通的场所和特定的情境及提问的对象加以调整。

6. 提问的语气要适度

说话的语气也能传递一些重要的信息，所以提问时语气的合适与否同样会影响到沟通的效果。语气的轻重缓急能表达出你当时的心情与感受，无形中传递给对方更多的信息，所以提问时一定要注意自己的语气要和想要表达的感情相吻合，这样会使提问更加有效。

第三节　演讲

演讲概述

演讲又叫作讲演或演说，是指在公众场所，以有声语言为主要手段，以体态语言为辅助手段，针对某个具体问题，鲜明、完整地发表自己的见解和主张，阐明事理或抒发情感，进行宣传鼓动的一种语言交际活动。

演讲一般可以区分为以下两种。

（1）陈述型演讲——是为了面向大众陈述一个事件、过程、计划或其他。一般指汇报演讲等。

（2）说服型演讲——是为了某一种或多种目的通过演讲渲染一种气氛，通过逻辑性的演讲达到演讲要说服的行为等目的。

演讲的语言不仅要阐明演讲者的见解和主张，同时还要在听众的心中引起共鸣。这就要抓住演讲语言的主要特点来进行。一般而言，演讲语言须具备以下几个特点。

1. 严密准确

遣词造句要能够确切地表情达意，如实地反映客观事物的真实面貌。演讲要有科学性，离开了准确的语言，科学性就是一句空话。所以，演讲语言的第一个要点就是准确地阐述事物，表情达意。这一点在各种类型的演讲中都有深刻的体现。当演讲者面对成百上千的观众时，倘若讲出的话毫无科学性，词不达意，那么，演讲不到一半，听众就跑得差不多了。

2. **平易通俗**

语言要平顺、通俗、易懂。演讲是讲给一定对象听的，听众听不明白，必然影响信息的传递和思想的交流，演讲也就失去了原有的意义和价值。即使是专业性很强的学术演讲也是如此。如果尽是些晦涩、难懂的语言，无论谁都是不喜欢听的，而且通俗、易懂的语言也并不损害学术演讲的严肃性。当然，平易绝非浅薄庸俗，而要浅中见深，平中见奇，用浅显易懂的语言，表达深刻的道理。

3. **简洁精炼**

演讲要简洁明了，言简意赅，用最短的时间说明最重要的道理，用最少的语言表达最多的信息。抓住关键的要点，最重要的就是说出你要谈论的主题，也就是开章明义，其余的客套话尽量少说或不说，这样你的听众才不会感到心烦意乱。

美国前总统尼克松是一位杰出的演讲家，他从政 28 年，做过无数次成功的演讲，他成功的秘诀之一是每次演讲都做充分的准备，认真写演讲稿。1954 年，为了欢迎英国首相丘吉尔，他花费了一个多小时的时间准备了一份只讲一分钟的欢迎词。

演讲者面对公众发表演讲，其目的在于发表自己的意见，陈述自己的观点和主张，所以演讲者必须有“自我”思想的闪光，以影响和感染他人。很显然，个人的语言风格的形成是长期积累、锻炼的结果，尤其重要的是，说自己的话，少说一些套话。

4. **善用修辞**

演讲中运用各种修辞方法，目的在于使语言表达得准确、鲜明、生动、活泼，避免因语言平淡无奇、晦涩沉闷而使听众感到索然无味、昏昏欲睡。

清代梁启超曾写过一篇《少年中国说》的文章。在文章中，他大量运用了排比，充分说明了重视青少年发展的重要性，教育才是强国之道：

“少年智则国智，少年富则国富，少年强则国强，少年独立则国独立，少年胜于欧洲则国胜于欧洲，少年雄于地球则国雄于地球。”

寥寥数言却寄托着巨大的爱国之情，在那个被人欺凌的年代里，民富国强是每一位中国人梦寐以求的理想。这几句话既是国人们的热切期盼，也是他们坚定的信念——中国一定要雄于地球。几句排比用在这里恰到好处。

演讲的开场白技巧

作演讲开场白不易把握，要想三言两语抓住听众的心，并非易事。因此，运用匠心独运的开场白，才能在瞬间集中听众的注意力，演讲才能成功。

讲话的开头，是吸引听众的最佳时机。如果你一开始就没有抓住听众的兴趣，接下来的时间你将非常尴尬，也许再用三分钟的时间也无法弥补听众对你的信心，因为人们的兴奋点不会持续很久。口才出色的领导总是在开篇便一鸣惊人，他们会立即抓住听众的心。具体来说，下面几种技巧值得借鉴。

1. 奇论妙语，石破天惊

听众一般对平庸普通的论调不屑一顾，倘若演讲者用别人意想不到的话语引出话题，造成“此言一出，举座皆惊”的艺术效果，就能达到吸引听众的目的。

多年以前，伟大的建筑学家弗朗克·赖特在匹兹堡曾做过一个演讲。他的开场白非常奇特：“这是我所见过的最为丑陋的城市。”此言一出，顿时令在场的每一位匹兹堡市民大吃一惊——他们从头到尾都认认真真地听赖特道出个中缘由。据说，当时所做的一项社会调查显示，匹兹堡市是全美最有吸引力的城市之一。赖特深知，如果循规蹈矩地像他人一样开场，或者仅仅为了幽默而以一个不相干的玩笑开场，都不会引起听众的注意。他这种不拘一格的开场，一开始就将自己置于所有听众的对立面，但的确收到了立竿见影的效果。

2. 注满诚意，以情动人

滔滔不绝、一泻千里的演讲虽然流畅优美，但是如果缺少诚意，就失去了吸引力，如同一束没有生命力的绢花，很美丽但不鲜活动人，缺少魅力。因此，演讲者首先应想到的是如何把你的真诚注入演讲之中，如何将自己的心意传递给对方。只有当听者感受到你的诚意时，他才会打开心门，接收你讲的内容，彼此之间才能够充分地沟通和共鸣。

印尼前总统苏加诺是个外交老手，有一次他访问中国，在广州的青年为他举行的欢迎会上，他说了这样一番话："今天，我和大家见面，感到非常幸福，你们青年人，是民族的希望，未来的建设者，未来的主人翁。

"青年人是多么幸福啊！印度有很多神话，其中有一篇说到一棵神树，这棵树叫'愿望之树'，谁要是站到神树的下面，说出他自己的愿望，那么，他的愿望就能够立即实现。假如现在我能够站到这棵神树下，来了一个神仙问我说：'喂，苏加诺，你想要什么？你有什么要求？'那我就要告诉他：'我希望恢复我的青春。'"

苏加诺针对青年听众，热情歌颂他们拥有的宝贵青春。这些诚挚的肺腑之言，一方面激起了听众的自豪感，另一方面使听众认为这个演讲者和蔼可亲、值得信任，拉近了感情，增进了友谊。

3. 即景生题，巧妙过渡

一上台就开始正正经经地演讲，会给人生硬突兀的感觉，令听众难以接受。不妨以眼前的人、事、景为话题，加以引申，把听众不知不觉地引入演讲之中。

1863年，美国葛底斯堡国家烈士公墓竣工。落成典礼那天，国务卿埃弗雷特站在主席台上，只见人群、麦田、牧场、果园、连绵的丘陵和高远的山峰历历在目，他心潮起伏，感慨万千，立即改变了原先想好的开头，从此情此景谈起："站在明净的长天之下，从这片经过人们终年耕耘而今已安静憩息的辽阔田野放眼望去，那雄伟的阿勒格尼山隐隐约约地耸立在我们的前方，兄弟们的坟墓就在我们脚下，我真不敢用我这微不足道的声音打破上帝和大自然所安排的这意味无穷的平静。但是我必须完成你们交给我的责任，我祈求你们，祈求你们的宽容和同情……”

这段开场白语言优美，节奏舒缓，感情深沉，人、景、物、情是那么完美而又自然地融合在一起。据记载，埃弗雷特刚刚讲完这段话，不少听众已泪水盈眶。但即景生题不是故意绕圈子，不能离题万里、漫无边际地东拉西扯。演讲者必须心中有数，还应注意点染的内容必须与主题互相辉映，浑然一体。

4. 讲述故事，顺水推舟

用形象性的语言讲述一个故事作为开场白会引起听众的莫大兴趣。选择故事要遵循这样几个原则：要短小，不然成了故事会；要有意味，促人深思；要与演讲内容有关。

1962年，82岁高龄的麦克阿瑟回到母校——西点军校。一草一木令他眷恋不已，浮想联翩，仿佛又回到了青春时光。在授勋仪式上，他即席发表演讲，他这样开的头：“今天早上，我走出旅馆的时候，看门人问道：‘将军，您上哪儿去？’一听说我到西点时，他说：‘那是个好地方，您从前去过吗？’”这个故事情节极为简单，叙述也朴实无华，但饱含的感情却是深沉的、丰富的，既说明了西点军校在人们心中非同寻常的地位，从而唤起听众强烈的自豪感，也表达了麦克阿瑟深深的眷恋之情。接着，麦克阿瑟不露痕迹地过渡到“责任——荣誉——国家”这个主题上来，水到渠成，自然妥帖。

即兴发言的技巧

即兴发言，是指在特定场合，由他人提议或自认为有必要而临时进行的发言。即兴发言是领导者常遇到的事情。领导者在参加各种讨论会、茶话会、欢迎会以及欢送会时，经常要即兴发言。它要求边想边说、边说边想，所以很能体现人的思维应变能力和口语表达水平。领导者很有必要提高自己即兴发言的语言技巧，以便在这种场合下临阵不慌、应对自如。

1. 提炼主题

主题是即兴讲话最重要、最关键的内容，是整个表达的根本依据。讲话时每一层次、每一段落、每一句子、每一个词都反映着一个意思，这些意思都要统帅于主题之下。因此，即兴讲话要寻找触点，临场发挥，及时提炼新颖而典型的主题。

（1）临场发挥。着眼于临场某一客观事物的特点和本质，进行主观联想，立即闪现出一种思想，然后把它表现出来。

（2）内心孕育。当开展调研或检查工作时，从别人讲话中得到启发，萌发一个新的观点，这时就成了孕育主题的素材。

（3）角度更新。对同一个问题从不同角度进行表达，使之更加新颖，表达出众。

2. 把握中心

说话不是照本宣科，难免带有水分，有时会插入一些题外话，有时会发现已讲过的某个问题有点遗漏需要临时补充，这样就容易杂乱。作为一个高明的说话者，应时刻把主题牢记在心，不管怎样加插，不管转了多少个话题，都不偏离说话的中心。

3. 言之有序

说话不能靠材料堆积吸引人，而要靠内在的逻辑力量吸引人，这样才有深度。与写作相比，说话是口耳相传的语言活动，没有过多的时间让听众思考，所以逻辑关系要更为清晰、严密。话语的结构要求明了，善于提出问题、分析问题、解决问题。观点和材料的排列，要便于理解、记忆和思考，所以要较多地采用由近及远、由浅入深、由已知到未知的顺序安排。当然，时间顺序最好按过去、现在、未来进行安排，这样容易被听者记住。

4. 连贯一致

开场白非常重要，它直接影响到所讲内容的展开，不能一开口就“噌”地冒出一句让人摸不着边际的话；多层意思之间的过渡要灵活自然；结尾要进行归纳，简明扼要地突出主题，加深听话者的印象。

掌握好演讲的语速

演讲中当然也存在语速问题。凭借语速变化这种技巧，你可以让听众的喜怒随着你的好恶而变化，即使是平铺直叙的枯燥沉闷的内容，经过你的处理，也会变得异常吸引人。

梁启超自谓“笔锋常带情感”，其实在他的言谈讲演中所带的情感不知还要强多少倍。有一次梁启超做演讲，题目是《中国韵文里表现的情感》。他讲演到了高潮处，便成为表演了，手之舞之，足之蹈之，有时掩面，有时顿足，有时狂笑，有时叹息。当他讲到最喜爱的《桃花扇》中“高皇帝，在九天，不管……”那一段时，他悲从心中来，竟痛哭流涕而不能自已。掏巾拭泪时，台下听众也大多是泣下沾巾了。

演讲过程中，语速的变化应当是自然的、顺畅的。只有语速适宜，快慢有致，才能有效地传达情意，让听众感到优美悦耳。正像人走路有快有慢一样，人的说话声音也有个速度问题，有时快一点，有时慢一点，快慢相间，变化有致，给人以一种变化的美感。那么，演讲中的语速应如何把握呢？

1. 语速适中

当表达一般的内容时，语速要适中，既不要太快，也不要太慢。

2. 语速加快

当要表达热烈、兴奋、愤怒、紧急、呼吁等的思想感情时，语速应尽量要快。

3. **陡然加快**

当内容达到精彩的高潮时，或为制造结尾“戛然而止”的效果而蓄势时，语速有一个陡然加快的过程。但要注意，加快语速并不意味着一口气说完，如果句子较长，喘不过气来，反而会影响效果，得不偿失。

4. **减慢语速**

当内容涉及极为严肃的事情，想要给人一种警醒、撞击心灵的作用时；当表达怀念、悲伤、失落、失望的思想感情，特别需要唤起听众注意时；演讲者在自己的讲述中欲作特别强调时；有关数字或统计、人名或地名的交代之处；故设疑问引人思考之时，都需要减慢语速，给听众一定的思考时间。

5. **暂时停顿**

停顿就是指一句话、一段话中，演讲者有意换气或进行长短不等的时间间隔。这种停顿既是人的生理上的需要，也是表达思想感情的需要，因为它可以把某种相对独立的意思同另一种意思分开。从听众的角度讲，听话时也是非常需要停顿的，因为从耳到心，总要有个传递的时间，总要在头脑中“转一转”才能心领神会。假如说话时没有停顿，像“连珠炮”一样，无论对演讲者还是对听者都难以忍受。

一般来说，停顿有三种：自然停顿，即词语或句子间的自然间隔；文法停顿，即讲稿中出现停顿符号；修辞停顿，即出于某种修辞效果的需要而作的停顿。

停顿是演讲中一种非常有效的表达艺术。演讲中恰当地运用停顿艺术，不但不会使演讲散乱，反而能使整个演讲起伏跌宕，让听众得到一种美的享受。

最后要强调的一点是，语速变化还要考虑到语言自身的特点。如句式冗长、词汇生僻时，语速不宜过快；而如果是整齐、富有韵律色彩的语句，说得快些，才听得顺耳，听出节奏感。

第四节　辩论

辩论概述

在人际交往中，每个人都会遇到相异于自己的人。大至思想观念、为人处世之道，小至对某人、某事的看法与评论。这些程度不同的差异都会外化成人与人之间的争执与论辩。留心我们周围，争辩几乎无所不在：一场电影、一部小说、一个特殊事件、某个社会问题都能引起争辩；甚至连某人的发式与妆饰也能引起争辩。

从某种意义上看，不同见解的争辩过程正是寻求真理的过程。辩论，就是彼此用一定的理由来说明自己对事物或问题的见解，揭露对方的矛盾，以便最后得到正确的认识或共同的意见。然而，由于论争的任何一方都想推翻对方的看法，树立自己的观点，因此，辩论和寻常说话不同，它是带有“敌意”的语言行为，因而有所谓唇枪舌剑之说。

如果你能够在论辩之前多投入一些思考，在论辩结尾搞好“善后”工作，就能使你在辩论这种特殊交际场合既做到个人心情舒畅，又不伤人际和气。作为领导者，在工作中不可避免地会遇到与人辩论的情况，如何让对方赞同自己的观点又不伤和气，是一门需要训练的艺术。

辩论的三要素

1. 辩论人员的双边性

辩论中，有不同意见的双方或多方存在才能实现思想交锋。一个人不可能自己同自己辩论，一个人头脑中几种方案或做法的权衡和比较，是思考或思辨而不是辩论。

2. **辩论观点的对立性**

辩论必须针对同类事物或同一问题，即存在着同一论题。如果各方谈论的主题不同，就不能实现有意义的辩论。例如，只有当一个人说“法律是有阶级性的”，而另一个人说“法律是没有阶级性的”时，这样两个判断才构成辩论。因为这两个判断所认识的对象相同，又是相互对立的思想，而这两个判断至多只能有一个为真，不可能都真。这样就有了谁是谁非的问题，就必然要引起辩论。

3. **论证的严密性**

一个思维敏捷、能言善辩的领导，首先必须具有敏锐的观察力，能深刻认识事物，只有这样，说出话来才能一针见血，准确地反映事物的本质；其次必须有严密的思维能力，懂得怎样分析、判断和推理，说出话来才能滴水不漏，有条有理；最后，还必须有流畅的表达能力。

辩论的技巧

论辩场面无论大小，都是社会生活的一部分、人际交往的一种方式。论辩双方都会竭尽才智，一展才华。如果谁能掌握其中的技巧与方法，取胜当不在话下。下面介绍几种增强论辩攻击性的技巧。

1. **借言反驳**

即借用对方所说的话或者承认对方的话来反击对方，这样就可以起到以敌制敌的效果。借言反驳通常情况下有两种，一是可以借用对方原来所讲过的话进行反驳；二是可以借用对方语言的句式，“将话答话”。

德国大诗人海涅是犹太人，常遭到无理攻击。

一次晚会上，一个旅行家对他说：

“我发现了一个小岛，岛上竟然没有犹太人和驴子！”

海涅镇静地说：“看来，只有你和我一起去那个岛上，才能弥补这个缺陷!”

反戈一击的战术以后发制人为特点，就像《圣经》所说，把上帝的还给上帝，把恺撒的还给恺撒。

2. **顺水推舟**

在我们论辩的过程中，明明知道论敌的辩词有错误，那么可以先巧妙地顺应对方辩词，然后对对方辩词的内涵进行分析，顺势反驳，推导出对方辩词与事实之间的差异之处，这就是顺水推舟的技巧。

一个人喝了许多酒后耍酒疯，被扭送到法庭。那人预感到法官要惩罚他酗酒，就说：“首先我想向法官提几个问题。”“你问吧!”

“我如果吃了沙枣，这不好吗?”“没有什么不好。”法官回答。

“如果我再喝些水，这有罪吗?”“没有罪。”

“然后我躺在阳光下晒一会儿，这是不是犯法?”“当然不是。”法官说。

“那么为什么枣加上些水放在阳光下酿成的酒，您就说有罪，并声明禁止呢?”那个人质问法官。

法官想了想，没有回答他的质问，而是反问道：“先生，现在我向你提几个问题。如果我向你泼一点水，这会使你得病吗?”“不会!”那人回答。

“如果我往你头上倒点黏土，你会残废吗?”“当然不会!”

“那么我把黏土掺些水做成砖头，再放在太阳下晒晒，然后用这种砖头猛力击你的头，这有什么后果?”

“砖头会打破我的头，甚至我可能死去!”那人回答。“那很好，”法官说，“你提到的这种酒也是这样。如果用水和黏土做出的砖头会砸破头，那么用水和枣酿成酒，喝了会酗酒闹事，破坏法律。”

法官顺水推舟，转败为胜。

3. **假言归谬**

也就是先假设对方的观点是合理的，然后将对方看似合理的论点加以引申，再推出对方观点不合理的地方。

王蒙在纽约进行学术交流时，有人向他提问："据说中国每公开出版一本新书，都要通过政府的审批，是真的吗？"王蒙回答："就是政府想那样做，也是不可能的。全国每一个月要出版一千多部小说，每本书都要经过全部审批一遍的话，那么中国政府可以说就成了读者俱乐部了。"

4. 反唇相讥

通常用在对敌论辩中，或者外来的攻击忍无可忍之时，再不以牙还牙，以眼还眼，就会丧失人格了。这时的攻击锋芒不但不可钝化而且应该锐化。越是锐化，越是淋漓尽致，越有现场效果。而现场效果最强的方法则是反戈一击法。在反戈一击时，要善于抓住对方的一句话、一个比喻、一个结论，然后把它倒过来去针对对方，把他本不想说的荒谬的话、不愿接受的结论用演绎的逻辑硬塞给他，叫他推辞不得，叫苦不迭，无可奈何。

在一次国际会议期间，一位西方外交官挑衅地对我国外交代表说："如果你们不向美国保证，不用武力解决台湾问题，那么显然就是没有和平解决的诚意。"面对这种挑衅性的无稽之谈，我方代表回答道："台湾问题是中国的内政，采取什么方式解决是中国人民自己的事，无需向他国做什么保证。"说到这儿他话锋一转，反问道："请问，难道你们竞选总统也需向我们作什么保证吗？"这针锋相对的反诘，使对方无言以对。

这位西方外交官所提出的理由本来就是一条强加于中国人头上的不合理的、荒谬的理由。面对这种强权霸道的作风，中国外交代表反诘而问，使他们无言以对，搬起石头砸了自己的脚。

5. 以短托长

在论辩进行当中，论辩的一方虽然处于劣势，但如果充分地发挥自己的长处，攻击对方的短处，从而化劣势为优势，变被动为主动，就可以取得以弱取胜的论辩效果。

1984年，已年届73岁的里根，在竞选美国总统的过程中与对手蒙代尔进行电视辩论。

辩论中，蒙代尔以自己年轻力壮为优势，攻击里根年龄大，不适宜担此重任。里根并没有为自己进行辩解，他回答说："蒙代尔说我年龄大且精力不充沛，我想我是不会把对手的年轻、不成熟这类问题作为一个有利的条件在竞争中加以利用的。"他的这一绝妙的回答立即博得全场的热烈掌声。最后，果然里根获胜当选总统。

里根这句话说得非常幽默，虽说他明里说的是"不会利用"，但是从他口里说出的这句话却毫不客气，一针见血地指出了对方的"不成熟"。

他的回答不管是在论点上，还是在人品上，都成了很有利的反击工具，他以自己的辩才在观众面前树立了比对方更能胜任总统职务的美好形象。结果，里根在大选中获得连任。

第五节　说服

说服的含义

在学习、生活与工作中，人们不可能具有同样的想法。当我们面对与自己意见相左的人时，一种自然的心理反应就是，试图通过争论赢得对方，但这并非是一个明智的选择，因为争论往往是无结果的，争论的双方并不会因为争吵而改变自己的想法。如果你想让别人同意、赞同你的看法，说服别人才是最好的办法。说服就是让双方的想法达成一致。它不同于争执、争论、争吵，它不会让双方成为对手，成为敌人，而是让他们接受那些对他们有益却因为种种原因还没理解的东西。

沟通本来就不是命令，要以理服人，而不是以势压人。要摆事实、讲道理；要善于劝说、解释、疏导，晓之以理，动之以情。不要自以为是，固执己见。特别是在上级与下级进行沟通时，不能居高临下，要循循善诱，积极启发。要讲究沟通的艺术，遇到对方一时不能理解、不能接受的情况，可以换换角度，从对方的立场上加以开导；对方态度不好时，要保持冷静，尽可能开诚布公地进行交谈，耐心地说明事实和背景，求得理解。

沟通的时间应尽可能充分，不要过于匆忙，以致无法完整地表达意思。这样沟通双方的心就接近多了，就会产生“自己人”效应。

说服的技巧

领导者的工作意图和方案，必须通过下级来贯彻执行。可是领导者的工作意图和方案往往得不到下级的支持和赞同。为了推动工作的进展，你应该掌握说服他人的基本策略和一些实用的技巧。那么，领导者怎样才能有效地说服他人呢？

1. 设身处地，将心比心

俗话说，设身处地，将心比心，人同此心，心同此理。作为领导者，在处理问题时，要换位思考。比如说服下属，并不是没把道理讲清楚，而是由于领导者不替对方着想。如果换个位置，领导者放下架子，站在被劝者的位置上瞻前顾后，同时，又把被劝者放在领导的位子上陈说苦衷，抓住了被劝者的关注点，这样沟通就容易成功。你站在下属的角度，为下属排忧解难，下属就能替领导排忧解难，帮你提高业绩。

2. 推心置腹，动之以情

古人云：“感人心者，莫先乎情。”领导者的说服工作，在很大程度上，可以说是情感的征服，只有善于运用情感技巧，以情感人，才能打动人心。感情是沟通的桥梁，要想说服别人，必须跨越这一座桥，才能瓦解对方的心理堡垒，征服别人。领导在劝说别人时，应推心置腹，动之以情，讲明利害关系，使对方感到领导的劝告并不抱有任何个人目的，没有丝毫不良企图，而是真心实意地帮助被劝告者，为他的切身利益着想。

3. 迂回诱导，攻心为上

在工作中，领导需要说服他人的事情几乎随处可见。进行有效说服的一个较好的策略是采取迂回战术，不从正面入手。直接说服容易让对方产生抵抗心理，所以，不妨从侧面打开缺口。

如果正面说服别人有一定的难度，不妨暂且远离话题，向对方谈论另一件看起来与之毫不相干的事，再诱导对方归纳出其中蕴含的道理，然后由此理渐渐切入彼理，依此类推，回到原来所论，对方只得依常理而服气。

4. 肯定成绩，调动热情

如果被说服者情绪低落、悲观沮丧，可以多肯定对方的成绩、优点或能力，消除其抵触情绪，有意识地“肯定”对方，使其获得一种优越感和荣誉感。

有位大学毕业生分配工作不肯到偏远地区去，一位负责分配的领导先对那个地区的经济发展条件说了一通，然后语重心长地说：“那个地区确实穷啊，长此下去，老百姓真要穷得没裤子穿了，但只要你一到那里，他们就有了希望。凭你的知识和才华，一定能使当地经济起死回生，你是那里老百姓的救星哪！”

听了这番抬举他的话，这位学生真是被说动了，他感到了责任的重大。

5. 先行自责，间接服人

当你作为一个领导，欲将某一困难的工作任务交付下属时，明知可能不为对方接受，甚至还会引起他的非难，但此事又太重要，实在非他莫属。要说服他十分困难，不妨在进入主题之前先说一句：“现在我要向你说这么一句话，虽然明知你会感到不愉快！”对方听了以后，便不好意思拒绝或非难你，这就是自责的作用。先行自责，就等于在对方的手脚上加了枷锁，使他无法拒绝你，无法拒绝你的意见，从而接受你的难题，达到间接服人的目的。

6. 克己忍让，以柔克刚

当他人与自己的意见和看法相左时，作为领导者，切忌用权力去压倒对方。如果那样做，也只能出现压而不服的状况，他们的反抗会像收紧的弹簧一样随时扩张、爆发。而高明的方法应该是克己忍让，对对方礼让三分，以柔克刚，让事实来“表白”自己。一旦领导这样做，其高风亮节必然会激起对方的羞愧之心，他们会打心底里由衷地佩服领导的度量，在无形中便接受了规劝与说服。这种容忍的风范和“四两拨千斤”的说服技巧常常能赢得他人真诚的拥护与尊敬。

7. 为人置梯，保人脸面

领导者要改变下属业已公开宣布的立场，首先要做的就是尽量顾全他的面子，使对方不至于下不了台。假定领导与下属在一开始没有掌握全部事实的情况下发生了分歧，作为领导者，为了劝服下属，他可以这样给下属铺台阶：“当然，我完全理解你为什么会这样设想，因为你那时不知道那回事。”或者说：“最初，我也是这样想的，但后来当我了解到全部情况后，我就知道自己错了。”为人置梯，可以把被说服者从自我矛盾中解放出来，使他体面地收回先前的立场。在实际工作中，领导最好采取单独面谈的方式，让下属避开公众的压力，使其反省。这样，下属定会顺着你给出的梯子，走下他固执的高楼，并且还会因为你保全了他的脸面而对你心存感激。

说服的禁忌

为什么有的领导怀着一片诚意，苦口婆心地进行说服，到头来不仅得不到对方感激，反而受到周围舆论的讥讽和指责呢？其根本原因是犯了劝导说服的禁忌。

1. 忌急于求成

人们常说，善弈棋者，每每举一反三。做别人的思想工作也好比下棋，也要珍视这“二步棋”的做法，要耐心细致，再三斟酌。如果条件不具备就急于求成，不前思后想，总想一劳永逸，其结果往往事倍功半，成效甚微，甚至把矛盾激化。

2. 忌激化矛盾

为了让对方接纳你的道理，切记不可伤害对方的自尊心。即使你非常有理，也不可居高临下、气势汹汹，用嘲讽甚至侮辱的语言攻击对方，否则，你不仅不能说服对方，反而会引起在场的其他人的反感，这就决定了你只能是争论中的失败者。

大量的说服事例表明，因说服而使矛盾更加激化了的情况，主要有两类：

第一类是强化了对方本来就不该有的消极情绪，从而火上浇油，扩大了事态。

第二类是“惹火烧身”。因说服方法不当，激怒了对方，使对方把全部的不满和怨恨情绪都转移到了你身上，你成了他的对立面和“出气筒”。

经验告诉我们：要成为一个有修养的说服者，就要有涵养、有博大的胸怀和宽厚仁义的气质。遇到上述情况，绝不可为了顾全自己的面子而反唇相讥，以牙还牙，使玉帛变干戈。

3. 忌不分场合

如果不分场合，信口开河，不管人前人后，指名道姓地说服他人，结果往往不佳，搞不好还会出现与说服动机相反的结果。

4. 忌官腔官调

要克服官腔官调，最主要的是应该增强普通人的意识，以普通人的姿态出现在人们面前，彻底改变那种高高在上、惟我独尊、发号施令的作风。还必须坚持实事求是的态度，慎用套话，加强语言表达能力的培养。

第六节　谈判

谈判概述

谈判是指社会生活中的个人、组织以及国家之间，为了解决他们共同关心的问题，或者为了改善他们之间的关系而进行的磋商、协议和讨论。谈判的实质是利益的交换。谈判是达成双向沟通的基本手段，是企业公共关系工作和其他工作中一项十分重要的内容。企业经常会面临一些问题需要通过谈判来解决，比如，由于企业的原因而给消费者造成了某种程度的损害，如何赔偿，需同消费者协商；企业要引进国外先进设备，按什么条件引进，需同外商洽谈；企业同别的企业联合经营某种产品，需就联合的条件进行讨论；企业同协作单位或用户就供货时间、质量、价格、交货方式等具体问题进行商谈等。所有这些，都需要公共关系部门和公共关系人员协助，通过谈判加以解决。

谈判的阶段

谈判通常可分为开局、洽谈、协议三大阶段。

1. 开局阶段

开局阶段是指谈判双方见面后到进入具体实质性谈判之前的那段时间和经过，主要包括建立谈判气氛、交换意见和陈述方案三个内容。

谈判内容、形式、地点的不同，其谈判气氛也各不相同，通常商贸谈判的气氛有如下几种情况：

（1）热烈的、积极的、友好的。双方抱着互谅互让的态度来参加谈判，通过共同努力，签订一个皆大欢喜的协议，使双方的需要都能得到满足，使谈判变成轻松愉快的事情。

（2）冷淡的、对立的、紧张的。双方抱着尽可能使自己的利益最大化的态度来参加谈判，寸土不让、寸利必夺，使谈判变成没有硝烟的战争。

（3）平静的、严肃的、严谨的。

（4）松垮的、慢腾的、持久的。

（5）介于上述四种之间的气氛。更多的谈判气氛介于上述四种之间：热烈当中包含着紧张，对立当中存在着友好，严肃当中有着积极。一般来讲，通过谈判气氛，我们可以初步感受到对方谈判人员谈判的气质、个性、对本次谈判的态度以及采取的谈判方针。

谈判气氛是在谈判一开始，由双方谈判人员的相互介绍、寒暄形成的，随着谈判的进展会发生变化，会对谈判的全过程及至谈判的结果产生作用和影响。因此，在开局阶段，谈判人员的任务之一就是要为谈判建立一个合适的气氛，为以后各阶段的谈判打下良好的基础。

2. 洽谈阶段

也就是当双方的利益发生差距或矛盾时而进行协商的过程。双方在交代了自己的目的、观点后，开始进行实质性的洽谈。这时往往会出现双方某种程度的对立，而要达到圆满的结果，双方应在坚持自己基本权利要求的基础上，找出对方能接受的妥协范围，以消除对立。

3. 协议阶段

双方经过洽谈，基本达到预想的目的，然后选定某种形式达成协议，至此，谈判宣告结束。

谈判的方式

常见的谈判方式一般有两种。一种叫软式谈判，一种叫硬式谈判。除了以上两种传统的谈判方式之外，近些年来，专门研究谈判学的一些专家们推崇一种新的谈判方式——原则性谈判。

1. 软式谈判

所谓软式谈判，是指双方为达成某种协议而采取妥协、让步的谈判。这种谈判的特点是：视谈判的对方为朋友，通过妥协、让步来搞好与对方的关系，同意以己方部分损失来达成协议。在这种谈判中，至少有一方不强调胜利的目标，不以压倒对方为目的，而只强调达成协议，因而往往是以妥协、让步来避免僵局，很可能造成一个不明智的协议，甚至会被别有用心的谈判者所利用。

2. 硬式谈判

在硬式谈判中，谈判者把一切环境都看成是意志的竞争，以为坚持极端强硬的立场并固执己见就一定会得到好处，但结果常常是得到同样强硬的回答。这种谈判的特点是：双方实力比较均衡，主张迥异，双方都不轻易让步，只是为了某种目的而进行周旋。因此，双方把这种谈判看作是一场意志的竞争，不易达成协议。

3. 原则性谈判

它是从客观标准上看问题，而不是喋喋不休，斤斤计较谈判的程序和挑剔对方的要求。它主张在谈判中尽可能寻求共同利益；当双方利益发生矛盾时，应当坚持独立于双方意志之外的公正标准。原则性谈判使你不失体面地得到你应得到的利益；它使你既能坚持公正的态度对待对方，尊重双方的合理利益，又使你可以防止对方利用你从中渔利。

这种新的谈判方式的出现，基于人们对谈判的作用有了新的认识。在今天的条件下，各种企业之间相互依赖，多向合作，谈判已被赋予了新的内涵。美国一位谈判专家认为，谈判已是“人们为了改变相互关系而交换意见，为了取得一致而相互磋商”的一种行为，是直接“影响各种人际关系，对参与各方产生持久利益”的一种过程。原则性谈判能够使双方利益都得到保证和照顾，有利于双方建立长期合作关系，因此，它是公共关系中最理想的谈判方式。

谈判的原则

要想使一场谈判获得成功，实现谈判双方的共同利益，就必须遵守下列原则。

1. **坚持守法的原则**

谈判必须是在国家有关的政策、法律的指导下进行，谈判所达成的协议一定要符合国家政策、法律。涉及两国或两个以上国家的谈判还必须符合相关国家的法律及有关国际法。如果违背了国家的政策、法律，谈判双方所达成的协议是不受法律保护的，因而也不可能保证谈判者的利益和信誉。

2. **必须把人与问题分开**

这里的“人”指的是参与谈判的双方或双方的代表，而“问题”是指所要解决的问题。谈判者有自己的感情，有自己的价值观，也有不同的背景和要求。外界的压力、成见和影响，谈判者自己的情绪变化等，都可能使你对谈判对手产生误解、不满或者是偏爱。在这种情况下，必须牢记，你们之所以走到一起来谈判，是要解决问题，而恶意地攻击对方，指责对方，在精神上折磨对方或压倒对方，只会使问题更加复杂化，无助于问题的解决；对对方的意图作恶意的猜测也会阻碍双方的沟通，不利于达成协议。

3. **着眼于利益，而不是立场**

在谈判中经常碰到的情形是双方强硬地坚持自己的立场，针锋相对，寸步不让。实际上，双方谈判的目的是为了解决涉及双方共同利益的问题，而立场是为这一目的服务的，坚持立场本身并非目的。许多立场针锋相对的谈判者之间，其实是可以找到双方都能接受的解决办法的。

4. 坚持平等互利的原则

谈判的双方尽管从规模上看，从经济实力上看，有大小、强弱的差别，但在法律地位上享有的权利和义务应当一律平等。恃强凌弱、损人利己，是不可能建立良好的公共关系的；而在强大的谈判对手面前诚惶诚恐，不敢维护自己合理的利益，一味让步，只能使对手认为你软弱可欺，从而提出更加苛刻的条件。因此，在谈判中应当寻求双方的共同利益，每一方都有所得，这是谈判得以成功、合作得以建立的基础。

5. 坚持使用客观标准

谈判的双方经常会出现争执不下的情况，公说公有理，婆说婆有理。而有时候谈判一方会过于相信另一方，认为对方确实是大公无私，提出的条件对双方都有利，从而贸然签订不明智的协议。有时候则会认为对方的提议不合理，因而拒绝接受，从而导致谈判破裂。一般而言，人们在谈判中最关注的是愿意接受什么和不愿接受什么，主观愿望成了标准。要避免这种情况出现，一个有效的方法就是坚持使用客观标准，而不是以主观的好恶来判断对方提出的条件。那么什么是客观标准呢？客观标准是独立于双方意志之外的东西，通常包括这样一些内容：法律上的规定、市场价格、法院裁定的价格、惯例、习惯、道德标准、科学的判定、同等待遇、职业标准、效率、互惠等。

6. 求大同，存小异

这是谈判的一条原则，也是谈判的一种策略。求大同，是说谈判各方在总体上，原则上必须一致，追求共同的根本利益、长远利益，使参与谈判的各方都成为胜利者。这是谈判成功的重要条件。存小异，就是谈判各方都要认识到，完全一致是不可能的，应当考虑与自己的利益相矛盾、相冲突的东西暂时存在，各自保留看法，而不是企图一次性把所有问题都解决。如果有这样的企图，就很可能会因枝节问题而损害大局，因一些细节而妨碍整个谈判，从而危及双方的根本利益。

谈判的技巧

掌握问话的技巧

问话的技巧有以下三个方面。

1. 提高问话的质量

提问的人首先应明确自己问的是什么，如果你要对方明确地回答你，那么你的问话也要具体明确。例如："你们的运费是怎样计算的？是按每吨重量计算，还是按交易次数估算？"提问一般只是一句话，因此，一定要用语准确、简练，以免使人含混不清，产生不必要的误解。

问话的措辞也很重要，因为发问容易使对方陷入窘境，引起对方的焦虑与担心。因此，在措辞上一定要慎重，不能有刺伤对方、为难对方的表现。即使你是谈判中的决策人物、核心人物，也不要显示自己的特殊地位，表现出咄咄逼人的气势，否则，问话就会产生相反的效果了。

要更好地发挥问话的作用，问话之前的思考、准备是十分必要的。思考的内容包括：我要问什么？对方会有什么反应？能否达到我的目的？等等。必要时也可先把提出问题的理由解释一下，这样就可避免许多意外的麻烦和干扰，从而达到问话的目的。

2. 选择合理的问话方式

问话的方式很重要，提问的角度不同，引起对方的反应也不同，得到的回答也就不同。在谈判过程中，对方可能会因为你的问话而感到压力和烦躁不安。这主要是由于提问者的问题不明确，或者给对方以压迫感、威胁感。这就是问话的策略性没有掌握好。例如："你们的报价这么高，我们能接受吗？"这句话似乎有挑战的意思，它似乎告诉对方，如果你们不降价，那么我们就没什么可谈的了。但如果这样问："你们的开价远超出我们的估计，有商量的余地吗？"很显然，后一种问话方式达到的效果要比前一种问话好，它使尖锐对立的气氛缓和了。

同时，在提问时，要注意不要夹杂着含混的暗示，以避免提出的问题本身使你陷入不利的境地。例如：当你提出议案，对方还没有接受时，如果问："那你们还要求什么呢?"这种问话的方式，实际上是为对方讲条件，必然会使己方陷入被动，这是绝对要避免的。

3. 合理掌握问话的时机

在谈判中，合理掌握问话的时机也很重要。如果需要以客观的陈述性的讲话做开头，而你则采用提问式的讲话，就不合适。就谈判而言，双方一接触，主持人就宣布说："大家已经认识了，交易内容也都清楚，有什么问题吗?"显然，这是不合适的。因为这时需要双方代表各自阐述自己的立场、观点，提出具体条件，过早地问话使人摸不着头脑，也使人感到为难。

把握提问的时机还表现为，交谈中出现某一问题时，应该待对方充分表达之后再提问。过早或过晚地提问都会打断对方的思路，显得不礼貌，同时也影响对方回答问题的兴趣。

掌握问话的时机，还可以控制谈话的引导方向。如果你想从被打岔的话题中回到原来的话题上，那么，你就可以运用发问的方式。如果你希望别人能注意到你提出的话题，也可以运用发问，并借连续提问，把对方引导到你希望的结论上。

4. 考虑问话对象的特点

对方坦率耿直，提问就要简洁；对方爱挑剔、善抬杠，提问就要周密；对方羞涩，提问就要含蓄；对方急躁，提问就要委婉；对方严肃，提问就要认真；对方活泼，提问就要诙谐。

懂得答复的范围

在谈判中，对待对方的发问，应当根据对方的情况和谈判的目的，把握答复的范围程度。

在谈判中，对对方提出的每个问题都必须站在谈判全局的利益高度上认真思考、冷静斟酌、谨慎从容地应对。一般说来，谈判中答复的技巧有以下几点。

1. **有备而答**

对方提的每一问都必须想一想："他为什么问这个问题？"越是在对方催逼自己作答的情况下，就越要沉着冷静、深思熟虑。你应意识到，答复前作充分的思考不仅是谈判的需要，也是你的权利。尤其是碰到对手提出一些旁敲侧击、模棱两可的问题时，更需要冷静三思，辨其意旨，权衡利弊，明智作答。切不可掉以轻心，信口而答，以免上当。

2. **投石问路**

在谈判中如果我方"和盘托出"地答复，常常会使自己陷入被动的不利局面。据此，我方可以只作局部的答复，留有余地，以使对方摸不到我方的底牌。比如对方连珠炮似的提出："假如我们增加50%的订货量，在价格上能否优惠？""假如我们与贵公司签订三年的合同，价格上能有多少折让？""假如我们减少保证金，你方有何考虑？"这里每一个提问都是一颗探路的"石子"，它不但会使我们穷于应付而无法主动出击，而且会让对方探测到我方的虚实。因此，我方不应有问必答，而应有选择性地局部作答，对其他问题则可采取装聋作哑、听而不闻、不着边际等方式搪塞过去。

3. **含糊应答**

当遇到一些比较棘手的问题，一时难以作确切回答，而如果拒不回答又会影响到谈判的合作气氛时，可以运用含糊其辞的应答法，即借助一些宽泛模糊的语言，看似已作答，其实已留有余地，具有某种弹性，即使在意外情况下也无懈可击。

含糊应答通常是以大略的猜测、估计、暗示等来代替明确的特指。例如卖方问："请问，您对我们这次交易能否获得成功怎么看，是充满了信心吗？"买方这时出于策略的需要，答道："我想贵方应当是已经充分理解了我们在产品质量、价格上的立场，按正常的情况，我们应当是有信心的。"买方的答复似乎在最后亮出了"有信心"三个字，表明了自己的决心与诚意，但其实只包含了一个暗示性的假言判断，即：假如你方在价格、质量上按我方要求，我们就可以成交；假如你方的产品不符合要求，那就不可能成交。

4. 拖延回答

在谈判中如果对方所提的问题动机不明，或我方觉得“从实招来”于我方不利，而对方又频频催问，我方不便表示拒答，则可以施行“缓兵之计”，拖延回答。比如可以说：“很抱歉，因为没估计到贵方会提到这个问题，我们所带资料不全，待我们回去找到资料即可答复你们。”当然，实施这种拖延策略后要酌情作出两种选择：一是先延后答，即对待应答之题，我们在做好准备后，不妨作恰当的回答；二是延而不答，即经过考虑觉得没必要回答的，则来个“不了了之”，因为这类提问的用意双方心照不宣，延而不答并不是无礼的表现。

5. 反客为主

当对方提出试探性的问题，试图了解我方的底细时，我方为了不露底牌，想抑制对方的发问，甚至为了反过头探明对方的虚实，找出和扫除成交的障碍，可以在接过问题后通过抓住关键的问题向对方反问，反客为主，掌握主动。例如一个买主审阅了卖方的报价单后说：“我看了你们的报价，在研究成交细节前，你能否更完整地解释一下，价格上涨了50%，是用什么方法计算出来的？”这是一个很难应付的试探，答不好，可能为买方压价提供了许多攻击点，而这正是买方提问的动机所在。因此，卖方可以回答说：“物价上涨与成本提高的关系是不言而喻的。当然，如果你对这个提价的幅度感到不满意的话。我很乐意就你觉得不妥的某些具体问题予以澄清，请问什么方面使你觉得不妥？”

第六章

与上级领导沟通的技巧

学会和上级沟通,是当今职场领导的一门必修课。在沟通中，可以用恰如其分的赞美赢得领导的信任和好感。当有了意见、建议时,要巧妙地表达出来,使自己的想法付诸实施。有时候恰到好处的一句话,不仅能平息矛盾,还能让你与领导的关系更加融洽。总之,与领导沟通是一种技巧,你只有认真想,反复练,才能很好地掌握。

第一节　赞美的技巧

得体赞扬领导，营造融洽的工作氛围

每个人都不会拒绝别人真诚的赞誉之词，包括领导。作为下属，为了使我们工作起来更顺畅，使自己得到领导的帮助更多一些，使团队能发挥更大的力量，我们应该学会说一些能够使领导更容易接受的话。其中，得体地夸赞领导的话，无疑帮助最大。

为了让工作任务和目标向预期的方向顺利进行，和领导之间营造一种融洽的工作氛围至关重要。例如，当工作紧张使得领导感叹年龄不饶人时，做属下的若能随声附和一句“您老当益壮”，既能让领导开心，自己也能赢得良好的情绪反馈。如此适度的夸赞，何乐而不为呢？

常言道：“好言一句三冬暖，恶语伤人六月寒。”并不是爱慕虚荣的人才喜欢听一些“美言”，我们每个人都希望自己得到别人的肯定与赏识。真诚、恰当的称赞是使人内心保持坚强的燃料，因为只有通过别人的赞美，他才感受到别人对他的认可和他自身的价值。

领导与下属的关系是建立在工作与利益基础之上的，这就使得下属对领导的称赞不同于对其他类别的人的称赞，因而在赞美领导时要把握好称赞的技巧。

1. 赞扬语言要正确

赞扬领导最好以“公众”的语气，同时把自己的赞美融入进去。比如：某报社的魏主编的一篇稿子在××报上发表，小张不失时机夸赞：“魏主编，大家都在学习您的报道呢！我们都认为您报道的角度独到，大家都要向您请教呢！”魏主编听后很高兴。

赞扬领导要尽量使用“中性”词，切不可滥用形容词和副词。否则容易使领导者感到你言过其实，而且感到你比较虚浮，言不由衷。例如，一位领导经常自己动手写稿，偶尔秘书帮他准备稿子时，他也是事先把稿子的“路子”告诉秘书，供执笔人参考。因此，秘书经常对他说：“像您这样当领导，我们都快失业了。”“人家都说写稿子是苦差事，可是为您写稿子是美差事。”由于赞扬恰如其分，这位领导每次都愉快地接受了。如果秘书说：“你真有水平，别的领导都比不上你。”那么，这位领导一定接受不了，也不会有好的结果。

2. 内容选择要正确

赞扬领导时，最要紧的是赞扬领导者真正在乎的事情。领导不在乎的事情，你喋喋不休地赞扬，难免遭到讨厌。比如：新任职的领导的第一次公开讲话；领导作出的被实践证明是完全正确的决策；领导近期所取得的某项工作的成功，等等。这些事情常常是领导者很“在乎”的事情，可以恰当赞扬。

某局赵局长喜欢开车，常常自己驾车，并乐于谈论车技。一次，局长的司机小孙驾车过程中不慎扭了腰，赵局长让小孙坐车，自己开车。当时正值车辆运行高峰，路上交通拥挤，但赵局长的车开得稳而不慢，这时小孙开口说：“赵局长，想不到您的车技这么好，在这种情况下开得这么快，比专业司机还棒。”这句由衷赞美之辞使赵局长非常高兴，并时常夸小孙有眼光。

3. 赞扬方法要正确

对领导者值得赞扬的优点，也要讲究赞扬的方法。直接赞扬和间接赞扬可以并用。直接赞扬，主要是指对领导者个人“有话直说”，当面赞扬。如领导刚作完报告，他主动询问你对报告的印象，这时你就可以使用恰当的语言实事求是地进行直接赞扬，切忌以“还可以”、“凑合”之类的话应付了事。间接赞扬，是指对领导者采用迂回的方法进行赞扬。你可以把大家听完报告后的反应转告给领导，这既是直接赞扬，又是间接赞扬。

某市召开旅游现场会，负责旅游工作的领导在讲话中旁征博引，并且语言非常幽默，大家认为他的讲话有水平，反映了本市旅游工作的实际情况。

会议结束以后，这位领导问身边的一位下属：“你认为我今天的发言怎样？听众有什么反应？”

这位记者回答说：“您今天的发言非常准确，不仅向大家介绍了我们市目前的情况，还为大家展示了未来发展的前景，我们都深受鼓舞呢。”

这位记者恰当的赞扬使领导感到很欣慰，这比直接赞扬对方讲话真有水平等更容易让人接受。

摸准对方的心理，把恭维话说到点子上

人际沟通高手总能从领导的身上找出一些优点，并称赞对方。事实上，世界上没有人会对别人的赞美无动于衷。现实生活中，有人精通赞美之法，有人却不会赞美别人。大文豪萧伯纳曾说过：“每次有人吹捧我，我都头痛，因为他们捧得不够。”可见，高帽子是人人都爱戴的，关键是赞美的人能不能抓住被赞美之人的“闪光点”。

拿破仑对于奉承一向很反感，这一点他的士兵都知道。然而有一个聪明的士兵却对拿破仑说：“将军，您是最不喜欢听奉承话的，您真是位英明的人物！”拿破仑听后不仅没有斥责他，反而十分受用。

这位士兵之所以能赞美成功，就是因为他了解拿破仑的脾气秉性，深知他讨厌奉承的话；但他又很聪明，准确地赞美了拿破仑的“闪光点”。

职场中，如果能对你的上级进行真诚的赞美，对于创造一种融洽的人际关系将起到积极的作用。不论对任何人，都应该根据他的实际情

况，看到他的贡献和新的起点，给予真诚的赞美。每个人都需要赞美，你应该善于发现机会，及时给予。

某研究所的高级工程师杨利，今年三十多岁了，和妻子两地分居好几年了，钱花了很多，礼也送了不少，不知什么原因，妻子就是调不过来，这件事搞得杨利筋疲力尽，但也无可奈何。不久前，在他妻子调动过程中起关键作用的某局又换局长了，新上任的是从外地来的任局长。杨利听说这位任局长能急人之急，为群众办实事。他先了解了几个受任局长帮助的例子，然后登门拜访。他一开始没谈自己此行的目的，而是对任局长进行恭维，赞扬他比较突出的政绩，是真正为人民做实事的公仆。任局长也很谦虚："哪里，哪里，的确他们有困难，有的已经分居好几年了，就是调不到一起，我只是做了我应该做的事情。"到了这个关口，杨利就提出了自己的问题："任局长，我也有点小事需要麻烦您，我和妻子已两地分居五六年了，一直没有解决，本来不打算解决了，听大家都说您政绩斐然，心中仰慕，特来请您帮帮忙。"接着杨工程师介绍了自己的情况，任局长让他回去静候佳音。果然没过几天，一纸调令到手，杨利全家团聚。

在这个事例中，杨利是有求于人的，他所求的正是这位局长的分内之事，并且这位局长也因之名声远扬。杨利首先对局长进行恭维，使局长在兴头上轻松地解决了长期悬而未决的问题。如果只诉苦，只激发别人的同情心还是不够的。在话题展开即问题提出之前，先行恭维是很好的铺垫。

赞美应认真把握时机，尤其是恭维，应当切合当时的气氛、条件，有一定的"时效"约束。当你发现领导有值得赞美、恭维的地方时，要及时大胆地赞美、恭维，千万不要错过时机。不适时机的恭维，无异于南辕北辙，结果只能事与愿违，起不到应该起的效果，甚至还会产生一定的副作用。

俗话说：对症下药，量体裁衣。恭维还要"因人而异"。老领导总希望别人不忘记他"想当年"的业绩与雄风，同其交谈时，可多称赞他以引为自豪的过去；对于年轻领导，不妨语气稍为夸张地赞扬他的创造才能和开拓精神；对于有地位的干部，可称赞他为国为民，廉洁清正；对于知识型领导，可称赞他知识渊博、宁静淡泊……当然，这一切要依据事实，切不可虚夸。

恭维的方式虽然多种多样，但并不是每种方式的恭维都能取得较好的效果，只有将自己的需求与对方对应的能力相结合，这样的恭维才能使对方最大限度地满足你的需求。

说好赞美话的关键，称赞领导引以为荣的事

可以说，赞美是友谊的源泉，是一种理想的黏合剂，它不但会把老相识、老朋友团结得更加紧密，而且可以把互不相识的人连在一起。适度地赞美他人是一种增进双方友谊、促进共同进步的交际艺术。我们发掘了对方的长处，将使他感到光荣，从而对自己的长处更加爱惜，培养比目前更为优越的长处；而对方也会反过来帮助你、赞赏你，这是一个双赢的过程。

有一次，小赵到一位擅长书法的领导王局长家去拜访，寒暄过后，话题很快就落在了书法上。只听到小赵谦虚地说："王局长，这些年我虽然努力练字，书法水平却提高很小，恐怕主要是不得要领，能请您稍稍泄露一点'秘诀'吗?"王局长听了之后马上来了兴致，滔滔不绝地讲起了他的"书法经"来："我最大的体会是，练字要做'无剑胜有剑'，就跟令狐冲练剑一样，平时心中多揣摩，多看多记，关键在于心得，不一定非要整天坐在那里练字不可。"小赵很高兴地说："现在得您'真传'，以后我一定要用心去练，相信肯定能大有长进。"王局长很开心，在临别时还送了他几幅字让他临摹。

小赵对王局长的夸赞，就是一种"无赞胜有赞"的炉火纯青的恭维。

一般说来，爱什么懂什么，一个人爱好书法，必定有丰富的书法知识；一个人爱好钓鱼，钓鱼经验必定丰富。你没有必要恭维其爱好如何如何，这样的话他必然听得太多，如一阵风吹过其耳畔，在其脑中留不下半点痕迹。这时，只要你虚心地讨教一番，作毕恭毕敬状，他必定会耐心地向你传授其中之奥秘。

赞美别人要抓住其最重视、最引以为自豪的东西，将其放到突出的位置加以赞美，这样才能够最大限度地满足对方的心理需求，从而达到自己的目的。

每个人谈到他自己引以为荣的事情的时候，往往希望能得到听众的肯定和欣赏，希望得到热烈的回应。因此，当领导谈到自己得意的事情的时候，我们不妨给予适当的赞美。

二十几岁的小杨大学毕业以后想进入某公司，但他没有盲目地去应聘，而是花费了很多精力，广泛收集该公司经理的有关信息，详细了解这位经理的奋斗史。那天见面之后，小杨这样开口：

"我很愿意到贵公司工作，我觉得能在您手下做事，是最大的光荣，因为您是一位依靠个人奋斗取得事业成功的人物。我知道您10年前创办公司时，只有一张桌子、一位职员和一部电话机，经过您的艰苦奋斗，才有了今天的大业。您的这种精神令我钦佩。我正是奔着这种精神才前来接受您的挑选。"

所有事业有成的人，差不多都乐于回忆当年奋斗的经历，这位经理也不例外。小杨一下子就抓住了经理的心理，一番话引起了经理的共鸣。因此，经理乘兴谈论起他自己的成功经历。小杨始终在旁认真聆听，不时以点头来表示钦佩。最后，经理向小杨很简单地问了一些情况，终于拍板："你就是我们所需要的人。"

喜欢听好话受赞美是人的天性之一。当我们听到别人对自己的赞赏，并感到愉悦和鼓舞时，不免会对说话者产生亲切感，从而使彼此之间的心理距离缩短、靠近。人与人之间的融洽关系就是从这里开始的。

在与领导者交往的过程中，要永远记住，领导者都希望下属恭维他、赞扬他。所以，你要找出领导的优点和长处，在适当的时候给领导以诚实而真挚的恭维。你可以请领导畅谈他值得骄傲的东西，请他指出你应该努力的方向，然后恭恭敬敬地掏出笔记本，把他说的要点记录下来。这样做很容易获得领导的好感，使领导觉得你是一个对他真心敬佩、虚心学习的人，是一个有培养前途的人。

总之，要赞美，就必须找到可赞美之处。而要找出领导的可赞美之处，就要用眼睛去发现、去挖掘。只要用心，这些我们都能够在最短的时间里获得。

赞扬的诀窍，细微之处显真情

赞美领导必须发自内心，同时应注意赞美他的具体的行为和变化，而不要笼统地夸这个人好。如果你只是含糊其辞地赞美对方，说一些“您的工作非常有成就”或者“你是一位卓越的领导”等虚空的话语，不仅会引起对方的猜度，甚至会产生不必要的误解和矛盾。你应该尽量提出具体的内容。倘若只是说些奉承话，上司很可能不会当作一回事。如果是具体的赞美，定会给上司留下深刻印象。

法国有一位将军，他曾经立下赫赫战功，每次都是攻无不克、战无不胜。当他打胜仗凯旋之际，总有无数的鲜花和掌声包围着他，许多人都奉承他说：“你真是位举世无双的军事家。”或者说：“将军，你是我们的骄傲，是所有法国公民的英雄。”

而他对这些话始终无动于衷，因为将军认为，打胜仗是一位优秀的将军分内之事，不值得作如此夸耀。

后来有一位善于揣摩别人心理的部下说：“将军，你的胡须真漂亮，就像一片茂密的森林。”将军听了哈哈大笑。

这位手下意外地赞美将军的胡须，令上司开心不已。要赞美领导，就要学会从小事开始赞美。在平时的工作中，让自己做一个有心人，善于发掘赞美的“素材”，看到小事背后存在着的重大意义。

在日常生活中，领导有非常显著成绩的时候并不多见。因此，交往中应从具体的事件入手，善于发现对方哪怕是最微小的长处，并不失时机地予以赞美。赞美用语越详实具体，说明你对对方越了解，对他的长处和成绩越看重。让对方感到你的真挚、亲切和可信，你们之间的人际距离就会越来越近。比如：丽君到处长家里做客，处长夫人热情招待，于是她抓住处长与夫人在处理人员关系方面的热情、好客，大加赞赏。这自然赢得了对方的好感。

赞扬对方的时候，往往细微之处显真情，当领导感受到你对他优点的切实了解时，你也就获得了他的信任、真诚相待及工作上的积极支持。

一天，将要下班的时候，小傅接到女上司打来的电话：“下班后陪我逛一下商场。”小傅当然听得出电话里女上司的语调虽然平和，但平和里还是夹带了一些命令的。作为女上司的秘书，她自然不敢怠慢，马上就答应了。

下班后，小傅和女上司一同进了电梯后，她才看到女上司今天穿了一件短款雪白羊绒外套，下配紫底碎花百褶裙，手挽白色精致小坤包，她不禁惊呼：“您今天真靓！”女上司一听马上喜形于色：“哪儿啊，都是以前买的，没怎么穿，你觉得这样穿行吗?”

小傅兴奋地说：“太好了，为什么不早穿呀，到现在才让我一饱眼福！”女上司听得心花怒放。

到商场买完东西走出来时，小傅和女上司都有些沉默，可能是逛街都逛累了。但小傅不愿意让这种沉默僵持太久，于是她又开始了对女上司的夸赞：“瞧您这身段，小姑娘似的，哪像这岁数的人啊！”女上司一听，疲惫的脸立马变得容光焕发。

从此，领导更加喜欢和信任小傅了。

赞美领导有着多种多样的方式，而要达到你期望的目的，就要从细微之处下工夫，不要忽略你所发现的领导身上每一件值得赞美的事。在和上司单独相处时，可以赞美对方的衣饰细节的变化，这样能迅速拉近双方间的距离。上例中的小傅就是用了这个方法，不仅迅速打破了和上司之间的僵局，而且还得到了上司的好感及青睐。

赞美上司的服装，或向上司夸奖办公环境的幽雅等都是很好的交谈方式，这些不会触及他人的利益，也不会使自己因话语而引起上司的反感。

如果想提出具体的赞美，就必须具备必要的观察力。倘若没有能力洞悉对方的优点或能力，你的赞美将受限于社交辞令。反过来说，只要你拥有入微的观察力，人际关系必定会不断深入及扩张。

背后赞美比当面赞美更让对方觉得可信

虽然赞美很容易打动他人的心，但是，有时候直接的赞美却有可能引起对方的警觉，觉得你是因为有所企图才这样阿谀奉承的。所以，“借”他人之口进行赞美是一种很好的方法。

因为一般人的观念中，总认为“第三者”所说的话是比较公正的、实在的。因此，以“第三者”的口吻来赞美，更能得到对方的好感和信任。

假如有一位陌生人对你说：“某某朋友经常对我说，你是位很了不起的人!”相信你感动的心情会油然而生，因为这种赞美更容易让人相信它的真实性。

据国外心理学家调查，背后赞美的作用绝不比当面赞扬差。此外，若直接赞美的力度不足，会使对方感到不满足、不过瘾，甚至不服气，过了头又会变成恭维，而用背后赞美的方法则可以缓和这些矛盾。因此，有时当面赞扬不如通过第三者间接赞扬的效果好。

德国的铁血宰相俾斯麦为了拉拢一个敌视他的议员，便有计划地在别人面前赞美这位议员。他知道那些人听了之后，肯定会把他的话传给那个议员。后来，两人成了无话不说的政治盟友。

赞美领导时，当面说和背后说所起到的效果是很不一样的。如果我们当面说人家的好话，对方会以为我们是在奉承他，讨好他。当我们的好话是在背后说时，对方就会认为我们是出于真诚，是真心说他的好话，他才会领情，并感激我们。

从前，有个性格非常古怪的县令，他每一次发布新政令，都要求下属交口称赞。开始的时候，下属们称赞县令时，县令非常高兴。但时间长了，县令就觉得很不过瘾，因为下属们每次称赞都是那几句话。

有个聪明的下属看出了县令的心事，于是想办法来点“新鲜的”，好让县令高兴高兴。

一天，县令又发布了新的政令。这一次，这个聪明的下属并没有像以往那样当面称赞县令，而是故意在一旁悄悄地对别人说：“凡是身居高位的人，大多喜欢别人的奉承，只有我们老爷不是这样，他一向对别人的称赞都不放在心里。”

县令从别人那里听到了这个下属的话，心里非常高兴，马上唤来这个下属说：“好啊，知道我心里想的，还是只有你。”

很快，这个聪明的下属便受到了县令的重用。

我们知道，下属的这一席话实际上是想说给那个爱听恭维话的县令的。然而，这个下属并没有像别人那样当面恭维县令，而是把恭维话说在了县令的背后，以和别人在背后议论的方式，有意识地让县令听到，把县令捧得极高，从而达到了讨好县令的目的。这个下属的这一做法是极为聪明的，效果也很好。

由于赞美来自背后，受赞美的人不在现场，所以不会让人以为这是假情假意或讽刺奚落。这种来自背后的赞美，会使领导感到真诚、“甜蜜”。可见，背后的表扬和赞美的确具有神奇的效力。

当面直接夸赞领导，是一种常见的恭维领导的方法，但这很容易招致周围同事的轻蔑，他们会说你是在讨好上司，拍上司的马屁。而且这种正面的歌功颂德所产生的效力并不大，有时候还会产生负面效果。你的上司脸上可能也挂不住，会说你不真诚。与其如此，倒不如在领导不在场时，对领导大力地夸赞一番。请放心，这些赞美终有一天会传到领导耳中的。而且这一天会很快到来。

有一个员工，在与同事们午休闲谈时，顺便说了上司的几句好话："海总这个人很不错，办事公正，对我的帮助尤其大，能为这样的人做事，真是一种幸运。"没想到这几句话很快就传到海总的耳朵里，这免不了让海总的心里感到欣慰和感激。而同时，这个员工的形象也上升了。连那些"传播者"在传达时，也顺带对这个员工夸赞了一番：这个人心胸开阔，人格高尚，真不错。

在日常生活中，背后赞美领导往往比当面赞美更让对方觉得可信。因为你对着其他人赞美领导，一传十，十传百，你的赞美迟早会传到被赞美者的耳朵里。这样，你赞美的目的也就达到了。如果你想让领导增加对你的好感，就学会在背后赞扬他吧！

奉承恰到好处，会让领导感到舒服

一句恰当的赞美犹如在点心中夹着一块奶酪，使人甜在心里。因此，适度的赞美是得到领导的青睐、缩短与领导的距离的重要方法。

值得注意的是，赞美是有分寸的，赞美领导时稍不注意就会变成"拍马屁"。有的人虽然在称赞领导方面一向很"积极"，但却不注意方式，不仅领导不喜欢听、不敢接受，就连同事听了也反感，不仅没收到效果，反而还得罪了别人。

有一位在某单位做行政工作的崔女士，既漂亮又聪明，而且嘴巴也很甜。而这位甜嘴巴的崔女士，却成为了领导的苦恼。

她的领导非常爱打扮，又很会搭配衣服，稍一动手，就能变换出很多新衣服。因此，每天早上她一到公司，崔女士那种令人不舒服的赞美声就涌入耳中："哇噻，经理！又买了一套新衣服，对不对？颜色好漂亮喔！穿在您身上就是不一样。”隔天一见面，又来了：“看看看！又一套，很贵吧？还有项链、耳环，也是新的吧？我就缺这个本事，不像您如此会打扮。”不仅如此，崔女士还当着客户的面“恭维”领导，说辞几乎都是：“在我们经理的英明领导下，我才有今天的成绩……”

领导终于被崔女士的过分恭维弄烦了，只好告诉她：“我的衣服有的已经穿了五六年，只是保养得好，配来配去就不一样了！你一嚷嚷，人家还以为我多浪费呢！以后请别再说我的衣服啦！”

可见，这位崔女士对领导的赞美就很不得法。首先，内容千篇一律、毫无新意；其次，她的赞美给人的感觉是不真诚。触犯了这两条大忌，她的领导自然不会喜欢。

赞美是一件好事，但绝不是一件易事。赞美如煲汤，火候是关键。赞美对方恰如其分，恰到好处，会让对方感到很舒服；但赞美得多了，会过犹不及，使得赞美没有新鲜感，让对方吃不消。总体来说，赞美领导一般都要注意以下几点。

1. 赞美要有真情实感

赞美要有发自内心的真情实感，这样的赞美才不会给人虚假和牵强的感觉。带有情感体验的赞美既能体现人际交往中的互动关系，又能表达出自己内心的美好感受，对方也能够感受到你对他真诚的关怀。

只有态度真诚，我们的赞美才能显得自然，领导才会对我们的赞美感兴趣，我们才能获得理想的效果。

2. 要得体，不要过于夸张

在赞美领导时适当地夸张一点有利于表达自己的感情，对方也乐于接受，但过分地夸张就有阿谀奉承、溜须逢迎之嫌。言不由衷或言过其实，对方都会怀疑赞扬者的真实目的。

在交际中，领导无疑是喜欢听善言的，但恭维并不等于善言，恭维适度才是善言。如果错误地把恭维当作善言，不分对象、不分时机、不分尺度，总是千方百计、搜肠刮肚地找出一大堆的好话、赞词，甚至把阿谀当作善言，那么得到的回报就常常会事与愿违。

3. 不要说外行话

赞美领导是对他的认可和肯定。所以在赞美时，不能说外行话，要慎重选择赞美的角度，不要不懂装懂，落下笑柄。

比如：称赞领导字写得好，可以说“您的字写得太好了，什么时候指点指点我。”这样即可，没有必要说他的字好在哪里。千万不要打肿脸充胖子，硬充内行。

4. 要避开套词俗语

肤浅的赞美让领导感到乏味与空洞，受到赞美的人也丝毫感受不到荣耀；而见解深刻的赞美让被赞美者产生了认同感，被赞美者会产生与你积极沟通与交流的愿望。

独具慧眼的赞美者善于发现别人发现不到的优点、长处。比如，面对一幅油画作品，几乎所有的人都异口同声地叹道：“真是太绝了!”“我再练十年恐怕也赶不上!”油画家对这样的恭维早就习以为常了。独有一位与众不同者说道：“常言说，画如其人。您的画运笔沉稳，是和您刚正不阿的秉性、对人生与社会的深刻思考分不开的。”谈画论人，独辟蹊径，避开了套词俗语，令人耳目一新。他的赞美与众不同，技高一筹。

把握好赞美领导的分寸，需要我们在生活中多用心、多总结，只有这样，才能够准确恰当地运用它来达到与领导良好沟通的目的。

第二节　进谏的技巧

不卑不亢，以谦虚的态度提建议

在职场上，下级经常要向上级做汇报、请示等工作，此时，下级在自我表现上，要张弛适度，既不要过于显山露水，功高震主，也不要俯首帖耳，卑躬屈膝。前者，让老板在心理上无法承受下级比他强的事实，从而有意地疏远你；后者呢，做得过分会让老板认为你是一个无能之人，从而也不会对你施以重用。最好的下级就是“不卑不亢”，常常以谦虚之态请教老板，既能表现出自己的勤奋上进，还能表现出自己知趣、知理的一面。上级一高兴，必然处处为你开绿灯，工作起来自然轻松、愉快。

“企望往高处爬的人，应该踩着谦虚的梯子。”这是莎士比亚的名言。想要使自己提出的意见得到上司的尊重和认可，最好把这句话牢记心头，用请教的办法提意见。向上司请教，将是你展示才能的大好机会。所以，你要善于利用请教的机会，适当地展示你的能力。

美国第28任总统伍德罗·威尔逊恃才傲物，对别人的意见根本瞧不起，要么不采纳，要么不理会。但他的顾问霍士却最得其信任，霍士的屡屡进言也得以采纳。后来霍士做了副总统，他自述说：“我认识总统之后，发现了一个让他接受我的建议的最好办法，我先把计划偶然地透露给他，使他自己感兴趣。”

那么，霍士是怎样把计划移植到威尔逊心中的呢？他常常走进总统办公室，以一种请教的口吻提出建议：“总统先生，不知道这个想法是否……您觉得这样做还有什么不妥吗……我们是不是这样……”就这样，霍士把自己的思想不露痕迹地灌入威尔逊的大脑，使他从自己的角度考虑这些计划，加以完善并付诸实施。

从上面的事例我们可以得到很好的启发：将“意见”转化为“建议”，的确不失为向上司提意见的上等策略。首先，它是站在上司的立场上，最终是为了维护上司的权威，出发点是善意的；其次，这种策略是一种温和的方式，能够充分照顾上司的自尊，易于被上司接受，效率较高。

一年前，小江是一家公司老板的秘书，经常是领导吩咐几句话，他就得埋头忙活好一阵子。

一天早晨，老板把他叫到办公室，对他说：“江秘书，你起草一份公司关于改革销售人员奖惩办法的报告，结合以前的方案，再补充一些，明天早上拿给我看。”

回到自己的办公室，小江搜索整理了公司以前的奖惩办法，发现其中多是惩罚的条款，而奖励的条款很少，而且在奖惩幅度上，惩罚明显比奖励要大得多。需不需要把这种情况反映给老板？还是直接按照自己的想法把奖惩标准统一？当时小江还真有点犯难，因为老板没有明确告诉他要这样做，只是让他起草。想来想去，他决定先找老板把自己的想法说出来，再请示一些具体问题。

说完自己的想法和改进意见后，老板连连点头，接受了他的建议，最后说：“先按照你的想法起草吧。”

下班前，小江拿着起草好的方案走进了老板的办公室。老板看后，表扬他写得很好，然后他又补充了几条，让小江加进去。

第二天中午，小江再次把打印好的完整文件拿给老板看，说：“王总，您看还有什么需要补充的？”“哦，很好，不需要了，就这样吧。”小江看到，老板的脸上有一丝笑容掠过。

第二天下午的公司全体大会上，老板宣读了小江起草的新的奖惩规定，当读完最后一条时，台下突然响起了热烈的掌声。小江知道，这意味着大家对新规定的认可和接纳，也是对他工作的肯定。几个月后，小江被提拔为总经理助理。

在适当的时候向你的上司提几点“建议”，它不仅包括了你所要提出的意见，而且指出了解决问题的方案。建议合理、得当可能使你的工作变得顺利，所以该提问的时候要谦卑地提出。

进言时要注意以下几个问题，它们直接影响你建议的效果。

1. 态度很重要

提建议时，说话要注意“态度诚恳，言语适度”，恰到好处地表达出你的意思。切莫盛气凌人，要注意给领导面子。尽可能地以领导自己的话为根据提出建议，更易于让领导接受。

2. 注意提意见的方式方法

向上司提建议本非坏事，但如果过于“热心”，会使自己“冲”过头，上司必定会认为你是个麻烦制造者，因而不接受你的意见。因此，不要自作主张而忽视了上司周遭的人际环境以及时间安排。

向上司表达不同意见的技巧，并没有一个一成不变的模式。至于怎么应对才好，要考虑老板的脾气秉性、说话的场合等诸方面的因素，然后决定你该采取的方法。

首先要了解老板习惯以什么方式接受信息。假如你的上司喜欢书面报告，那就通过电子邮件陈述你的建议。如果上司喜欢口头交流，你就亲自与他面谈，沟通想法。显然，越是适应上司的行事风格，你的职业生涯就越是顺利。

3. 密切注意对方的反应

谈话时应密切注意对方的反应，通过他的表情及身体语言所传达的信息，迅速判断他是否接受了你的观点，并视需要而适当地举例说明，以增强说服力。

给上级提“建议”而不是“意见”

身处职场，在讨论棘手的问题或商量复杂的事情时，与领导有不同的意见和观点，这是难免的。不同的意见和观点往往是建立在否定对方意见之上的，如果你处理的方法不巧妙，很可能会使领导处于尴尬境地，甚至得罪了他。

有的领导比较冲动、武断，容易一上来就指责对方错了，这常会激起对方的逆反心理，使下面的谈话陷入僵局。永远不要这样说：“我要给你证明这样……”那就会把事情搞砸了。因为那等于在说：“我比你聪明。我要告诉你怎样怎样，使你改变看法。”那是一种挑战，只会引起争端和反抗，使对方甚至根本不听你下面的话就和你争论起来。即使是在最温和的情况下，也不容易改变别人的主意。如果你想要证明什么事，大可不必声张宣扬，而要讲究策略、方法，不要让任何人看出来，使其在不知不觉中接受你的观点。

领导也是普通人，当然也会犯错，只不过因为他所处的地位不同，所以不能像老师对学生那样直接进行批评，而是要采取“观其色，进其言”的方法指出领导的不足。作为下级，无论自己是否是领导跟前的“红人”，都应该勇于指出他的错误，但是不可忙乱出击，一定要懂得看场合，看时机，方能取得良好的效果。而且最好用语言做铺垫来强调自己的出发点是善意的，比如可以说：“您说的方法我很赞成，只是有一点我还不太明白……”“我很尊敬您，只是……”等等。

大多数人在与领导沟通时，如果能够改变自己的语言方式，效果或许会更好。在陈述时多用中性词语及转折句，而不要让领导感觉你是在将自己的想法强加给他，换句话说，是给老板提“建议”而不是“意见”。

汪先生是一家比较知名网企的总经理助理，他的顶头上司吴总乃搞学术出身。由于吴总的工作重点长期落在研究开发领域，因此对企业管理一知半解。出于对技术的钟情与依恋，吴总直接插手技术部门的事，把管理的层级体系搞得乱七八糟，其他部门表面上敢怒不敢言，但私下里无不怨声载道，让汪先生与其他部门沟通协调倍感吃力。

经过思考，汪先生决定采用兼并策略，再次向吴总建言。他对吴总说，真正意义上的领导权威包含着技术权威和管理权威两个层面，吴总的技术权威虽然牢固树立，但是管理权威还有些薄弱，亟待加强。吴总听后，若有所思。

汪先生巧妙地兼并了吴总的立场，结果获得了成功。后来，吴总果然越来越多地把时间用在人事、营销、财务的管理上，企业的不稳定因素得到控制，公司运营进入了高速发展的状态，汪先生的各项工作也顺风顺水，渐入佳境。

不管遇到什么事，都不要和领导争辩，指责对方错了，而要讲究方法技巧，不如用先肯定后转折的语气说话，让对方不知不觉地接受你的建议。这里介绍几种较为可行的方法。

1. 两分法

用辩证的方法先肯定对方的意见有合理的因素，再提出自己的不同意见。比如在讨论怎样搞好集体卫生时，科长提出一个小组连着搞一个星期，而你觉得不妥，认为还是一个小组搞一天好。这时，你不妨这样说："您提出的意见有一定的道理，也是一种方法，但我以为还是一个小组搞一天比较好。"接着，你可以具体说说理由。先肯定对方，再提出不同意见，这样显得公正和客观，也容易让对方接受。

2. 析弊法

由对方的观点推导出可能产生的不良后果，在此基础上，再提出自己的意见。你要提出不同意见，肯定对领导的意见不满意，对方的意见弊端在哪里呢？你得好好思考一番，尽可能多找一些出来，你给对方的意见找的毛病越多，否定起来就越容易。分析别人意见的弊端要实事求是，要有理有据，不能无中生有，更不能任意扩大。

3. **借助法**

借助他人的观点和做法来替代自己的不同意见。有时，自己直接说出不同意见比较为难，此时，你可借助同类型的、对方也熟悉或已经明确了的事例来替代自己的意见。比如你可这样说："张永他们也有过这种事，他们就是这样处理的，结果倒不错，我们是不是可以借鉴。"借助法，实际上就是用事实来说话。

另外，如果你实在不方便直接说，不妨用模拟第三者的方法。比如：你的老板爱在公司打牌，影响很不好，你可以说："我有个朋友，总是喜欢在公司打牌，结果很多同事都不太满意，却碍于情面只是私下说……"这样的话一出口，老板自然心领神会。

在提出忠告的时候，维护好对方的尊严

美国的罗宾森教授曾说过这样一段很有启示的话："人有时会很自然地改变自己的看法，但是如果有人当众说他错了，他会恼火，更加固执己见，甚至会全心全意地去维护自己的看法。这不是因为那种看法本身多么珍贵，而是他的自尊心受到了威胁。"罗宾森的话告诉我们，人人都有自尊心，人人都有维护自己尊严的本能。作为下属，即使向上司"进谏"，也莫忘记维护上司的尊严。

下属过于直接的批评方式，往往会使领导觉得脸上无光，威信扫地。这种方式使得问题与问题、人与人面对面地站到了一起，除了正视彼此以外，已没有任何回旋余地，而且这种方式最容易形成心理上的不安全感和对立情绪。如果遇到固执、跋扈的领导，非但你的建议会石沉大海，甚至连你这个人也可能一同下岗。所以，当你在为上司提建议时，一定要学会变通，讲究技巧，因人而异。

沙利克是阿里雷扎家族公司的智囊，他的提议一向有效，很容易被老板接受；而他的一位英国同事杰克却经常吃"闭门羹"，有时甚至碰

得一鼻子灰。后来，杰克不得不虚心向沙利克请教。

沙利克笑着解释说："其实，我哪有什么秘招呢？关键在于你表达建议的方式可能未顾及到老板的面子。我们公司实行个人决策和集权管理，因此，万一公司主要决策者作出错误决定，其他人员很难更改，因为这有伤决策者的面子。如果下属雇员要向上级提意见，或者希望改变决策，前提条件是必须顾全上司的面子。如果是我的话，我会先一声不吭、言听计从，然后在执行过程中伺机再提出建议。由于环境因素的改变，原先的决策需要作某些调整、更动，所以这时提出建议，老板一般都会欣然接受。而你的做法却不是这样！你常在老板作出决策的时候，就当着众人的面另唱反调，这不是明摆着不给他面子吗？所以，你的提议再好，他也要断然拒绝了。"

下属向上司提出忠告时，要尽量与上司私下交谈，避免对上司公开提意见。这样做不仅能给自己留有回旋余地，即使提出的意见出现失误，也不会影响自己在公众心目中的形象，而且有利于维护上司的个人尊严，不至于使上司陷入被动和难堪。

在公开场合给领导提出忠告，会让领导的自尊受到伤害。无论是谁，身处此境，最先的反应肯定是怒火中烧，而不是理智地对意见内容进行合理的分析。那么，此后的一系列举动肯定都是很情绪化的。

由此可以看出，在提出忠告的时候，必须事先考虑对方的面子和尊严，也就是把面子与领导的能力、水平、权威性密切挂钩。一般来说，要以一种能让上司更容易接受的方式来说明自己的想法，语气要温和，言辞要中肯，重要的是有分析、有根据，条理清晰。下级一定要清楚，领导拥有最终的决策权，而你只是提建议。向领导说明看法，不要选用那些过于肯定的词语或方式，而要用建议的语气委婉地表达。

在提建议时，建议的内容固然重要，但是提建议所采用的方式也是一个不容忽略的重要方面。一般来说，提建议应注意以下几个问题。

1. 提意见之前先试试"风向"

试探领导是开明的人还是固执的人，揣测他会有什么反应。如果发现他表现出防卫的姿态，最好迅速改变话题。

2. 不要急于否定领导的想法

不要急于否定领导原来的想法，而应先肯定领导的大部分想法，然后有理有据地阐述自己的见解。

3. 在内容上必须言之有据

必须增强观点的说服力，使其能够经得起推敲和反问。领导需要的是可行的方案和可行的论证，如果你的观点论证得不充分，缺乏有力的论据，那么你的建议只有被驳回了。

4. 不用命令或过于绝对的语气

尽量用商讨或询问的口吻，不用命令或过于绝对的语气。当你要表达不同的意见时，可用较温和的口吻来说，比如："您的意见是这样，我觉得是不是可以那样？您再想想。"或者这样说："我们能不能换一个角度来考虑？您看那样行不行？"先商量，当对方仍坚持己见时，你再用坚定的语气也不迟。

在否决之前，先肯定上级见解的可行性

与上级说话的成功与否，不仅影响上级对你的印象，有时甚至会影响你的工作和前途。因此，要尊重，要慎重，但不能一味附和。"抬轿子"、"吹喇叭"等，不但有损自己的人格，也得不到重视与尊敬，还很可能引起上级的反感和轻视。

有些人认为，与上司交谈，即使是上司错了也不应说"不"，否则就会刺伤上司的自尊心，使其难堪，甚至对自己反感。其实不然。如果你一味附和上司的话，容易使其认为你的能力平庸，不可重用，而如果能巧妙地反对上司一些不合理的观点，则可显示出你的才干。

作为下属，如果不赞同上司的意见和见解，要勇于说"不"字。这个时候，一般说来，只要你的不同意见是为了公司考虑，只要你认为

你的意见是完全正确的，是为了上司好，就要努力说出来。如果事实证明你的提议是完全正确的，上司就会对你欣赏不已。

赵威所在的灯具公司要业务扩张，老板为了获得更大的利润，把销售额锁在了 80 万。然后，他开了个小型会议，除了鼓舞下级的士气，也征求一下大家的意见。赵威作为公司的销售部主管，第一个被老板问道：“小赵啊，今年你们的任务可重啊，你看，我为了让你们部门更有向上的动力，准备给你再招 4 个销售经理，你看怎么样?”赵威想，老板一下子定了 80 万的销售指标，才招 4 个销售经理，这根本不够啊。可是我应如何回答呢？想了一会儿，赵威说：“老板，这是公司的大决策，您容我考虑一下，下午定会给您一个满意的答复。”老板同意了。

回到办公室以后，赵威对过去的业绩以及完成业绩的人数、近几年产品销售的增长率等情况都做了系统的分析，并且以真实的数据为据。最后得出结论，如果仅是多招 4 名销售经理的话，根本没有可能完成 80 万的销售额。所以必须多招几名，才有望实现目标。做好分析后，赵威拿到老板办公室，一边让老板看，自己一边从旁讲解。结束后，老板欣然同意了他的看法，决定再多招几名销售经理。

当自己有了什么见解或者想法的时候，不要将它们埋在脑海里，要主动地说出来。即使你的意见或者见解和你的上司相反也不要害怕。如果你因为害怕上司，不将自己的想法表达出来，时间长了，上司就会认为你是没有主见的人。通常情况下，上司是不会欣赏那些没有主见的下属的。

实际工作中，有很多下属对于上司的话言听计从，只懂被动适应上级。这种俯首帖耳的“老绵羊式”的作风，反而不易得到上司的赞美。为了让上司赏识自己，身为下属，应该知道利用和推动上级的各种方法与技巧。这是发挥自主性、能动性，摆脱依附性、服从性，从而表现自我并获得上司赏识的有效途径。

在表达否决之前，先对对方见解的优点或可行性进行肯定，然后再适时地陈述自己的见解。这样既不损伤他人的自尊心，又使自己的想法很容易被接受。

美国一家贸易公司的经理设计了一个商标，这个商标的主题是旭日，很像日本的国旗。

然后他征求各部门主任的意见，营业部主任和广告部主任都极力恭维经理构思的高明。最后轮到代理出口部主任的青年职员发表意见，他说："我不同意这个商标！"

经理笑了起来，说："这倒使我不懂了，你解释一下看看"。

"这个设计鲜明而生动自然是毫无疑问的，无论哪个日本人都会喜欢的。"

"然而，我们在远东还有一个华人市场，他们看到这个商标，就不一定喜欢，甚至可能会产生反感。这就是说，他们不愿意买我们的产品，这不是因小失大了吗？"

"天那！我怎么没有想到这一点，你的意见对极了！"经理几乎叫了起来。

下级对上级说话，要避免采用过分胆小、拘谨、谦恭、服从，甚至唯唯诺诺的态度讲话，而要自然、大胆和自信。在保持独立人格的前提下，在必要的场合，你不必害怕表示自己的不同观点，只要你从工作出发，摆事实，讲道理，领导一般是予以考虑的。

下级无论在什么时候都要找好说话的角度，该顺从时就顺从，该反对时理应站出来反对，只有这样，才能与领导建立良好的沟通渠道，从而把工作做得更好。

做好引导工作，结论留给上司定夺

同上级说话，要尊重，要慎重，但不能一味附和。实际工作中，面对来自上司的压力，总有一些话如鲠在喉，不吐不快。此时此刻，应该怎么做？不管领导职位的高低，不管他嘴上讲如何喜欢批评、建议，如果你的语言尖刻，都会惹得他不高兴。领导之所以厌恶你，是因为他的身份、地位与你不同，存在着一些微妙的心态。因此，如果你有很不错的想法要告诉上司，就需要采取策略。

人总喜欢以最大的热情去表现自己的思想，所以，要使领导乐意采纳你的意见，最佳的方法便是让他自信这是他自己的创作，而不是受人“指使”。精通心理学的智者，往往在积极争取的同时，还能很自然地摆出一副“只问耕耘，不问收获”的超然态度，在“不经意”间就让领导采纳自己的意见，而又不为人所忌。

众所周知，斯大林在晚年逐渐变得独裁专制，“惟我独尊”的个性使他不能允许世界上有人比他高明，更难以接受下属的不同意见。但有一人却例外，他就是瓦西里耶夫斯基元帅，他往往能使斯大林在不知不觉中采纳他的正确的作战计划，从而发挥重要的作用。

瓦西里耶夫斯基之所以能够不断地让斯大林接受自己正确的作战计划，就是因为他利用自己的特殊身份，不直接发表不同意见，而是找机会与斯大林聊天，在“不经意”之间，谈话的内容就会涉及到一些军事问题，也不郑重其事，也没有侃侃而谈。可是，每当他离开后，斯大林总能想到一些好计划，付诸行动后，结果常常非常完美，而斯大林本人也十分高兴。

每次的例会上也有类似情况，瓦西里耶夫斯基总会先讲上几条自我见解，但是他却表现得口齿不清，含糊不明，说话的顺序也是颠三倒四，前后矛盾，完全没有条理。因为他心里很明白，他身边的斯大林却是可以听懂的。而后，他就会讲出几条具有明显错误的意见，此时，他会打起精神，声音洪亮、条理清晰地进行表述，让与会的每个人都能听得一清二楚。最后，到斯大林发言时，他一定会将瓦西里耶夫斯基的那些漏洞百出的意见批判得体无完肤。然后，再把瓦西里耶夫斯基那段含糊不清的言词加以润色，有条不紊地阐述出来，并当成自己的决策。他的部下听到如此精辟的想法，对斯大林更加崇拜。

瓦西里耶夫斯基的聪明才是真正让人们所敬佩的。他巧妙地把自己的想法移植到了斯大林的脑中，通过上级的嘴，让它得以实现。后来，有人问瓦西里耶夫斯基，这样埋没自己值得吗？他回答说："如果我和别人一样期望最高统帅的当面赞赏，那么我的意见就会被丢进垃圾筒。我没有选择，只能那样做。"

领导通常都会认为自己的构思才是最理想的，因此，下级在提建议的时候，不妨迂回一些，不直接点破其错误所在，或者越俎代庖地替上司作出决策，而是要用引导、试探、征询意见的方式，使上司在参考你所提出的建议后，说出你想要说的正确决策。

自负是每个人与生俱来的，特别是在职场中，如果一个下级太优秀，点子太多，无形中就会给领导很大的压力，使他们感受到前所未有的威胁。因此，即使下级的点子再好，想法再有创意，也很可能被领导所忽视、排斥。在这个时候，下级就要学会另辟蹊径，掌握领导态度的变化，从旁加以诱导，这样做才是最为明智的方法，既能维护领导的自尊，又能使自己的想法付诸实践，下级的工作自然会轻松很多。

戴尔·卡耐基曾经说过："如果你仅仅提出建议，而让别人自己去得出结论，让他觉得这个想法是他自己的，这样不更聪明吗？"许多实践也表明，人们对于自己得出的看法，往往比别人强加给他的看法更加坚信不疑。因此，作为下属，要想使自己的看法变成上司的想法，在许多时候应做好引导工作，提出建议、提供资料，其中所蕴含的结论，最好留给上司自己去定夺。

第三节 拒绝的技巧

当自己无法做的时候，就要学会拒绝

我们每个人都或多或少地拒绝过上司，谁也不可能对上司有求必应。但是，同时我们也要认识到，过于生硬的拒绝，必定会让上司感到难堪，无地自容。所以说，拒绝上司容易，而难的就是如何拒绝，怎样拒绝。

上司叫我们做事，最好的方法就是服从。但是，当我们无法做的时候，就要学会拒绝。许多事并不是你想做就能做到的。有时，受各种条件、能力的限制，一些事很可能是完不成的。因此，当上司提出让你办事的要求时，你首先要考虑，这事你是否有能力办成，如果办不成，你就得老老实实地说，我不行。这时，如果随便夸下海口或碍于情面而不好意思拒绝，都是非常有害的。如果你认为这是上级交给你的事不好拒绝，或者因害怕拒绝会引起上司不高兴而接受下来，那么，一旦失败了，上司就不会考虑到你当初的热忱，只会以这次失败的结果来评价你。

所以，无论做什么，都要量体裁衣，自己感到难以做到的事，要鼓起勇气，很巧妙地告诉上司，这已经超出了你的能力范围。这样就不会使自己在上司心中的地位和价值受到影响。

巧妙地拒绝上司能显示出你对他的尊重。适当运用一些拒绝技巧，才能保证人际关系的和谐。

1. **拒绝的话要“有礼”**

所谓“有礼”即有礼貌，要尽量照顾上司的权益和情绪，切忌生硬地顶撞上司。你想对上司的意见表示不同意时，要注意把对意见的态度和对人的态度区分开来，对意见要否定，对人则要热情友好。

一位作家想同某教授交个朋友。作家对教授热情地说：“今晚我请你共进晚餐，你愿意吗?”不巧教授正忙于准备学术报告会的讲稿，实在抽不出时间。于是，他亲热地笑了笑，带着歉意说：“对你的邀请，我感到非常荣幸，可是我正忙于准备讲稿，实在无法脱身，十分抱歉!”

2. **拒绝的话要“有力”**

当你仔细倾听了上司的要求，并认为自己应该拒绝的时候，说“不”的态度必须是温和而坚定的。即你要明确地表达出你内心不愉快的感受，让对方知道。学会说“不”，也就是自如地表达否定的、不愿意的感受，以坦率、诚实和恰当的方式表达你此刻的感觉。

此时，不妨直接向对方陈述拒绝的客观理由，包括自己的状况、社会条件限制等，以得到对方的认同和理解。

3. **以选择其他话题说出“不”**

当上司向你提出某种要求时，他们往往通过迂回婉转的方式，绕个大弯子再说出原意。如果你在他谈到一半时就知道了他的意图，并清楚自己不能满足他的愿望，此时，不妨把话题岔开，说些别的，让他知道这样做只会让你为难，他也就会知难而退了。

在说“不”时一定要讲策略性

在现实生活中，如果上司笑着请求你，而你冷冰冰地说出一个“不”字，会让对方非常受挫，感觉没有面子，还会伤了彼此之间的感情，所以，在说“不”时一定要讲策略性。

不好正面拒绝时，只好采取迂回的战术，转移话题也好，另有理由也好，主要是利用语气的转折——温和而坚持——绝不会答应，但也不致撕破脸。比如，先向对方表示同情，或给予赞美，然后再提出理由，加以拒绝。由于先前对方在心理上已因为你的同情使两人的距离拉近，所以对于你的拒绝也较能以“感同身受”的态度来接受。

周凯是某投资咨询公司的经理助理。他在目前这个单位已经工作三年了，不管是环境，还是领导，以及周围的同事，他都非常满意。但是突然间，他的顶头上司要离开公司了，临走时请周凯喝茶。

上司语重心长地说：“和你在一起工作非常开心，有你做我的助理我也非常放心，所以我希望你能跟我一起走，我们到新的单位更好地发展。”周凯知道上司要去的单位比现单位要好很多，不管是薪水，还是其他。但是他仔细想了想，觉得自己和上司的情况不同，上司是别人请过去的，而他如果去了，只是上司的一个附带品，别人未必像对待他一样对自己。而且进入一个新的环境，他还要重新融合进去，这是需要花费时间和精力的！而他不想离开已经相处了三年的同事，还有手中的这份工作。

但是，如果他直接拒绝上司，显然不好。于是，周凯想了想，说：“我也非常非常喜欢和您在一起工作，但是我和您不同，您的处事能力和思维能力都是我所不及的。再说，我对新的公司一点都不了解，您也不了解，我们两个生人在一起工作，起不到互补的作用。这恐怕对您的工作不利。”上司听了直点头：“也是，到时候我们都不熟悉业务和公司的运转情况，那该如何是好？”

他们俩都笑了，上司最后说：“等我混好了，你想跳槽了，就来找我吧！”

对领导的请求不要一开口就说“不行”，而要表示理解、同情，然后再据实陈述无法接受的理由，获得对方的理解，自动放弃请求。首先肯定领导策略的正确性，然后提出自己的想法，最后再对领导的英明进行一次总结性肯定。这种“三明治”式的拒绝通常都能为大多数领导所接受。

在你决定拒绝对方之前，应首先耐心倾听他的诉说。倾听能让对方有被尊重的感觉，在你婉转地表明自己拒绝的立场时，也比较能避免伤害他的感觉。

假如有一天，一位领导对你说，他最近日子不好过，妻子下岗了，还有两个正在上学的小孩，同时提出请你帮忙，而这个忙又是你认为不便帮或者帮不了的，这时，千万不可立即生硬地推托或拒绝，而应富有同情心地悉心倾听对方的想法，然后和对方一起分析和思考问题，让他知道，你的确明白了他的处境，然后再明白地作出适当的解释，让他知道你为什么不能满足他的要求。

先倾听的一个好处是，你虽然拒绝他，却可以针对他的情况，建议他如何去做。若是能提出有效的建议或替代方案，对方一样会感激你，甚至会在你的指引下找到更适当的支持。

利用第三者做借口，避免与上级直接对立

职场上经常会出现一些需要说“不”的事情。能直截了当地对领导说“不”当然是再好不过了。可是话到嘴边却很难开口，担心这样做会使对方感到难堪，甚至会伤害彼此的感情。拒绝领导时要把“不”字说得巧妙动听，既拒绝了对方的请求，又使对方能够欣然接受。你可以利用第三者作为借口，避免与对方直接对立。

美国官员曾经就一项新法案征求意见，有关人员询问琼恩：“你赞成那个新法案吗?”琼恩说：“我的朋友中，有的赞成，有的反对。”工作人员追问琼恩：“我问的是你。”琼恩说：“我赞成我的朋友们。”

作为一个下属，要对上司说“不”是要有勇气的，不过，就算你有勇气，没有策略也是不行的。以下几种方法可以供大家参考。

1. 推诿法

所谓推诿法，就是以别人的身份表示拒绝。这种方法看似推卸责任，但却很容易被人理解：既然爱莫能助，也就不便勉强。

小虹是个集邮爱好者，她的一位领导也是集邮迷。一天，领导向她提出交换邮票，她不同意换，但又怕领导不高兴，便对领导说："我也非常喜欢您的邮票，但我爱人不同意我换。"其实她爱人从没干涉过她换邮票的事，她只不过是以此为借口，但领导听她这样一说，也就作罢了。

2. 让步推荐法

在拒绝领导的时候，主动为对方考虑一下退路或者补救措施，使他们不至于跌入失望的谷底。

有一次，口才与交际学大师卡耐基不得不拒绝一个演讲邀请，但是这个邀请于情于理都是应该接受的。于是卡耐基对邀请者说："很遗憾，我实在排不出时间了。不过某某先生也讲得相当好，说不定他比我更适合你们。"卡耐基向邀请者推荐了一个目前有实力解决这个问题的同行，使邀请者多多少少获得了心理补偿，减轻了因遭拒绝而产生的不满和失望。

当我们对对方的要求心有余而力不足时，不妨采取这种方法来表达我们的诚意。

3. 缓兵之计

对方提出请求后，不必当场拒绝，可以采取拖延的办法。你可以说："让我再考虑一下，明天答复你。"这样，既使你赢得了考虑如何答复的时间，又会使对方认为你是很认真对待这个请求。

一天，小楚接待了某个公司的业务员，介绍者是他们公司大客户的科长，如果不给他一点面子，恐怕会影响到大笔交易。于是，小楚带来人到会客室，原来是推销空气清洁器的业务员。

"据说贵公司的营业处有几十家，如果能统一采用敝公司的清洁器材，将会受益无穷。"

对方礼貌周到，提出的参考目录又非常详细，真不知该如何拒绝。但是，产品价格和其他公司比较起来，实在是太贵了。

小楚说："贵公司的产品确实不错。不过，如果我们各个营业处都要采用的话，我一个人是不能决定的，必须经开会讨论之后才能给你答复。总之，我们会跟你联络的。"

把对方希望大量购用的意愿当作借口，以必须经开会决定来拒绝，这么一来，既不会伤到介绍者的面子，也可以轻易地说"不"。

推掉额外工作：既不伤和气，又解决问题

由于中国人传统的官本位思想以及潜意识中对权力的莫名敬畏，大多数做下级的人对上级的指令惟命是从。在很多公司，因为内部分工不是很明确，上司可能会叫你做这个工作，又让你做那个工作。如果公司的内部情况就是如此，你完全可以接受，因为这是公司情况决定的。但是，如果上司叫你做的事情和工作完全无关，这时，你就可以提出自己的质疑，婉言拒绝。

对于下级来说，想做个有求必应的好好先生或好好小姐并不容易，上级的要求永无止境，往往是合理的、悖理的并存。如果你不好意思当面说"不"，轻易承诺了自己无法履行的职责，将会给自己带来更大的困扰。其实，拒绝上司只是一个表面现象，更重要的是，你要让上司了解你的真实状况。

"不管什么事情只要交给安娜，我就放心了。"安娜进公司三年，这是老总常挂在嘴边的话。一开始安娜很高兴，但时间一天天过去，交给她的任务多到了加班加点也做不完，可周围有些同事却闲得两眼发呆，而薪水并不比她少多少。安娜想，也许自己再忍一忍就会有升职的机会。然而，机会一次次地走到她面前，却又一次次地拐了个弯。后

来，安娜从人事部的一位前辈口中得知，关于她升职的事，中层主管会讨论过很多次了，每次都被老总否了，说安娜虽然业务能力不错，但管理能力不足，需要再锻炼锻炼。“你想想，如果你升职了，他上哪儿找这么任劳任怨的万能胶？”前辈说。

安娜一开始很气恼，不过她后来想明白了：一个不懂拒绝的人，怎么去管理别人？

往后，当老总给她加工作量时，安娜鼓足勇气说：“我手里有三个大项目，十个小项目，我担心时间安排不过来。”老总一听，脸立刻变了色：“可是，这个项目只有你去做我才放心。”“那好吧，我赶一赶。不过，要按时保质完成，我需要几个帮手。”安娜轻描淡写地说。老总惊讶地看着她，继而笑着说：“我考虑一下。”

原来安娜想，如果老总答应给自己派助手，就相当于变相给自己晋升，自己的工作也能分担出去了；如果不答应，老总也不好把新任务硬塞给自己了。

果然，老总再也没提过加派新任务的事，还破天荒地经常跑来关心安娜的工作进展，并叮嘱她有困难就提出来，别累坏了身体，等等。

其实，当领导把砖头一块块地往你身上叠加时，他也并不是不知道砖头的重量，但是他知道把工作加给一个不懂拒绝的人是件再省心不过的事。此时，你并不需要大张旗鼓地拒绝领导，只需要摆出自己的难处，就像安娜说出自己的困难那样，领导就一点也不会觉得你的拒绝很过分。

下级并不是万能袋，当然不可能老板扔过来什么就接什么。再忠诚、再服从的下级也总会有想要拒绝老板提议的时候，可是，怎样把拒绝之语说出口，还真是一大难题。领导是有身份的人，自然更好面子，如果你太过于直白地表达自己的不情愿、不高兴，很可能就会断送自己的前途。所以，下级要学会用一些技巧，点到为止，最好做到既不伤和气，又能解决问题。皆大欢喜的结局是最为理想的。

拒绝上司时，以下几条可供参考。

1. 工作任务重，不胜负荷

当上司把大量工作交给你，使你不胜负荷时，你可以请求上司帮你定出先后次序："我有三个大型计划，十个小项目，我应先处理什么呢?"只要上司懂得体会你的意图，自然会把一些细枝末节的工作交给别人处理。

2. 对新任职务不感兴趣

上司器重你并打算将你连升两级，但那职务并不是你所看重的，这时，你可以表示要考虑几天，过后再给他一个两全其美的解决方法："我很感激你的器重，但我正全心全意地发展营销工作，我想为公司付出我的最佳潜能和技巧，集中建立顾客网络。"这么说，可以使领导认为你是一个注重团体精神和有主见的人。

3. 因个人原因，不能应付额外工作

告诉上司你的实际情况，然后保证会尽力把正常的事务处理好，但超额的工作则不能应付了。上班时你要全力以赴，表现极高的工作效率，这样上司会觉得你很敬业。

4. 对规定的工作期限有异议

当老板定下"疯狂"的工作期限时，你只需解说这项工作内容的繁重，并举例说明同样的工作量将需要老板规定的限期的几倍，给老板考虑和决断的时间后，再要求延期。假若限期真的铁定不改，那么就要求聘请临时员工。上司可能欣赏你的坦率，认为你既对完成计划有实际的考虑，又对工作有一种积极的态度。

敷衍拒绝，能收到良好的效果

拒绝领导，当然会引起对方的一些不快乐。然而，对于领导者向我们所提出的一些要求，有时，我们还是要加以拒绝的。那么，怎样才能把这种因拒绝而可能引起的不快控制在最低限度之内呢？这就需要我们在拒绝对方的时候，巧妙地说一些“敷衍的话”，这样既可以为自己开脱，同时也不会让对方处于难堪之地。

“敷衍式的拒绝”，是最常见、最常用的一种拒绝方法，敷衍是在不便明言回绝的情况下，含糊回避请托人。敷衍是一种艺术，运用好了会取得良好的效果。

比如，你的领导向你推销一套家具，而你却并不需要，这时候，你可以对对方说：“这样的家具确实比较便宜，只是我也弄不清楚究竟怎样的家具更适合现代家庭，据说有些人对家具的要求是比较复杂的。我的信息也太缺乏了。”

在这种情况下，领导只好带着莫名其妙或似懂非懂的表情离去，因为他们听出了“不买”的意思，这样，即使领导想组织“第二次进攻”，也因为找不到明确的目标而只好作罢。

宝华是某教育局的人事科长，经常处于矛盾的包围之中，上司的话他不得不听，违心的事也要办，他的官当得苦不堪言。

在他极其苦恼时，一位智者提醒他，面对矛盾，你何不采取回避锋芒的办法，这能使你得到解脱！宝华茅塞顿开。

一次，一位林局长让他想办法将自费毕业的侄子安插到某中学，这不符合政策，让宝华很为难，因为一旦出现问题，承担责任的是他，而非这位局长。这时他想起了回避锋芒、不直接对抗的退让之法。

宝华对林局长说：“好，我会尽心为你办这件事的，你让你的侄子把他的毕业证、档案材料给我送过来。”

林局长的侄子来了，但只有档案材料，没有毕业证，因为他虽读完了两年学制，但学业不精，自学考试才通过了七门，宝华让他先回去等候通知。

过了几天，林局长又过问这件事情，宝华先说了说他侄子的情况，随后说道：

“林局长，你说话算数，你给那所学校的校长谈谈，只要他们接收，我这就把关系给开过去。”

林局长从宝华的话里显然已听出了弦外之音，只好说："那就先放放再说吧。"

宝华对这位局长没有采取直接对抗的方法，而是欲擒故纵、回避锋芒，达到了保护自身的目的。"敷衍拒绝"的作用在于赢得对方的同情、理解、宽容、原谅，以达到解释、说服、沟通、转化矛盾，反败为胜的目的。

在一些口语交际的过程中，善于拒绝者既可以使自己掌握主动，进退自如，同时又可以给对方留足"面子"，搭好台阶，进而使交际双方都能免受尴尬之苦。

敷衍式的拒绝具体可分为以下几种。

1. 推托其辞

在不便明言相拒的时候，推托其辞是一种比较策略的办法。人处在一个大的社会背景中，互相制约的因素很多，为什么不选择一个盾牌挡一挡呢？如：外单位领导托你办事，你可以说："我们单位是集体领导，像你这样的事，需要大家讨论才能决定。不过，这件事恐怕很难通过，最好还是别抱什么希望，如果你实在要坚持的话，待大家讨论后再说，我个人说了不算数。"这就是推托其辞，把矛盾引向了另外的地方，意思是我不是不给你办，而是我办不了。对方听到这样的话，一般都要打退堂鼓，会说："那好吧，既然是这样，我也不难为你了，以后再说吧！"

2. 答非所问

答非所问是装糊涂，给请托者以暗示。

如对方问："此事您能不能帮忙？"

你可以回答："我明天必须去参加会议。"

答非所问，婉拒了对方，对方会从你的话语中感受到，他的请托得不到你的帮助，只好采取别的办法。

3. 避实就虚

当领导要求你公开某些情况，而你不想或不能作出一些明确的回答时，可以采取避实就虚的手法，避免作实质性回答。

第二十四届奥运会在汉城举行，第二批中国奥运代表到达汉城时，记者纷纷问李梦华：

“中国能拿几枚金牌？”“中国能超过南朝鲜吗？”

李梦华答道：

“10月2日以后，你们肯定能知道。”

记者又问：“中国的新华社曾预测能拿8～11枚金牌，你认为客观吗？”

李梦华回答得很巧妙：“中国有充分的言论自由，记者怎么想，就可以怎么写！”

避开实质性的问题，故意用模棱两可的语言作出具有弹性的回答，既无懈可击，又达到了拒绝作出答复的目的。

第四节　灵活说话的技巧

绕个弯子，避开与领导正面碰撞

在与领导的交往中，要想获得做人的成功，必须懂得察言观色，善加分辨，最好在说话时巧妙地拐个弯儿，千万不要信口直说。因为领导者都需要自尊，需要面子。直来直去，实际上就是故意伤人面子，使对方心中不快，以致造成双方关系破裂，甚至反目成仇。

直言直语是一个人致命的弱点，因为直言直语的人常常只看到现象或表面，也只考虑到自己的“不吐不快”，而没有考虑旁人的立场、观念、性格和感受。所以，直言直语不论是对人或对事，都会让人受不了，于是人际关系就出现了阻碍，周围的人都离你远远的，生怕一不小心被你的直言直语灼伤。

小孟是个心直口快的人，有啥说啥，所以经常得罪领导、同事。这不，刚才饮水机没水了，他对科长小崔说：“帮个忙换桶水吧，就你闲着。”小崔一听不高兴了：“什么就我闲着？我在考虑我的策划方案呢！”小孟碰了一鼻子的灰。

一天，公司召开会议，让大家说一说对公司管理的看法。于是小孟竹筒倒豆子，噼里啪啦一吐为快：“我认为目前我们公司的管理非常混乱，有令不行、有禁不止，简直像一个乡下企业。”领导不爱听了，认为小孟话里有话，似乎其他人都是坏蛋，就他一个人是好人。

另有一天，同事小汪走进来对小孟说：“你知不知道，大家都私下里叫你西伯利亚寒流。”

小孟笑了："为什么呀？"

"因为你说话总是冷冰冰、硬邦邦的，掷地有声，不注意措辞，经常令人难堪。"

小孟一下子把头低下了，他认识到自己说话太冲，杀伤力太大，难怪大家都不喜欢他。

可见，说话是一门值得推敲的艺术，尤其是在人际交往的过程中，说话的好与坏关系着交往的功效。由于多方面原因所限，你不能保证你想的都对、说的都对，而且听话人的接受能力也不同。不分青红皂白、不讲究方式方法的直言快语，往往会带来不良后果。轻则使人下不来台，重则造成隔阂，遭人怨恨。

在公共场合，下级对上级说话时就要特别讲究方式和分寸。在有些话不便直说时，可以"绕圈子"。此时，为了不失礼仪，可以采用外围战术，有意绕开中心话题和基本意图，从相关的事物、道理谈起，也即人们常说的"弯弯绕"，听者感到你是为他着想，或者感到合情合理，这就容易达到自己需要的效果。

南朝齐代有个著名的书画家叫王僧虔，是晋代王羲之的四世族孙，他的一手隶书写得如行云流水般飘逸。

当朝皇上齐高帝萧道成也是一个翰墨高手，而且自命不凡，不乐意听别人说自己的书法低于臣子，王僧虔因此很受拘束，不敢显露才能。

一天，齐高帝萧道成提出要和王僧虔比试书法高低。于是君臣二人都认真写完了一幅字。写毕，齐高帝萧道成傲然问王僧虔："你说，谁为第一，谁为第二？"

若是一般的大臣，当然立即回答说"陛下第一"或"臣不如也"。但王僧虔不愿贬低自己，明明自己的书法高于皇帝，为什么要做违心的回答呢？但他又不敢得罪皇帝，怎么办？王僧虔眼珠子一转，竟说出一句流传千古的绝妙答词："臣书，臣中第一；陛下书，帝中第一。"

他巧妙地把臣子与帝的书法比赛分为两组，即"臣组"和"帝组"，并对之加以评比，既给皇帝戴了一顶高帽子，说他的书法是"皇帝中的第一”，满足了皇帝的冠军欲，又维护了他自己的荣誉和品格，使皇帝更敬重他的风骨，觉得他不是那种专门拍马屁的家伙。

果真，齐高帝萧道成听了，哈哈大笑，也不再追问两人到底谁为第一了。

由此可以看出，采取绕圈子的说话方式会起到意想不到的效果。无论是在生活还是工作中，对于某些有时不能直说而又必须说的事情，不妨采取绕圈子的方法，这样既不得罪人，又达到了自己的目的，也是智慧做人的表现。

任何一种意思都可以含蓄隐晦地表达。与人说话时，言语不可太直，否则会招惹对方不快。所以，在与领导交往的过程中，我们要学会说话“绕弯儿”，这样才不至于冲撞领导，才会讨得对方的喜欢。

甘心示弱，突出领导的优越感

大多数人都有在沟通中掩饰其本身弱点的习惯，其实这并不为领导所喜欢。特别是在作自我推荐时，对方接见你就是想了解你的真相，所以你说的话一定要让他深信不疑。在向对方推荐自己时，把自己说得过于完美，反而会引起对方的不信任。倒不如坦率地承认自己的弱点，让对方更加全面地了解自己，这样他会觉得你更加真诚可信。

一位大学刚刚毕业的学生在向用人单位负责人介绍自己的情况时首先就说：“由于我平时喜欢打球，所以我的成绩并不怎么好……”结果，有些成绩比他好的学生未被录用，而他却被录用了。当然，他可能因具有其他一些长处而使用人单位感兴趣，但是他自我推销的技巧却是可以让人借鉴的。他能坦率地承认自己的成绩“并不太好”，这就给对方留下了真诚、可信的印象；而说自己“平时喜欢打球”，实际上向对方暗示他是一名体育爱好者，因而身体素质不会差，这正是用人单位所关心的问题。总之，他的这种自荐技巧为他的成功奠定了良好的基础。

人际交往中，人们都习惯于在领导面前展示坚强美好的一面，自然地想掩饰自己脆弱的一面，而研究社会心理的专家指出，适当地在别人面前表现你比较弱的一面，是一种坦诚与接纳的态度，会让别人产生想接近的感觉，心理距离可以很快拉近。

有一个刚参加工作不久的年轻人，总向一位朋友抱怨他们的领导，说他对工作非常投入，可领导就是不肯定他，反而经常在开会的时候暗指有些年轻人“翘尾巴”，他认为领导是有意刁难他。

朋友问他：“你平时的桌面干净吗？上班迟到过吗？”他回答：“从来没有迟到过，我上学就是三好生，在家也是好儿子，我从来没有被大人、老师批评过，我要求自己特别严。”

“这就是你的不对了！”朋友笑道：“你看你，平时工作认真，能力较高，业绩突出，在细节上也没问题，那不就等于告诉领导：‘我不需要领导吗？’”

他百思不解：“难道表现好还不对了？”

“非也，”朋友说，“原则问题一定要过硬，但你若处处都让别人挑不出毛病来，又怎么证明领导比你强呢？如果你不让领导比你强，他的地位又何在呢？因此，你工作上表现要好，但你要有意露出点破绽，存心让领导指出来，这才是聪明的做法……”

次日，他没有收拾桌面，领导走过来，点了点桌子，指示他要学会收拾桌面，他好像恍然大悟的样子，即刻收拾。再后来，他学会了请示，就算他已经知道下一步该怎么做，他也会拿着文件敲领导的门，让领导先过目。他甚至会主动在文件上打错几个字，有意让领导用红笔圈出来……年底，他终于得到了提升，领导也越来越器重他。

示弱是强者在感情上体贴暂时在某些方面处于劣势的弱者的一种有效手段，它能使你身边的弱者有所慰藉，心理上得到平衡，减少或抵消你前进路上可能产生的消极因素。事业上的强者都懂得示弱。

要使示弱产生积极效果，必须善于选择示弱的内容。在学历不高的领导面前，不妨展示经验有限，有过种种曲折难堪的经历等，表明自己实在是个平凡的人。对眼下经济状况不好的领导，可以适当诉诉自己的苦衷：诸如健康欠佳，子女学业不好以及工作中诸多的困难，让对方感到“你也有一本难念的经”。对于某些专业上过硬的领导，最好宣布自己对其他领域一窍不通，袒露自己在日常生活中如何闹过笑话，受过窘等。

其实，在生活中，每个领导都有优于你的地方，也有不如你的地方。显示自己不如领导的地方，并虚心向领导学习，也正是为了巩固自己的优势，一种在不被他人嫉妒的情况下的巩固。

委婉说话，间接地达到目的

委婉是一种修辞手法。它是指在讲话时不直陈本意，而用委婉之词加以烘托或暗示，让人思而得之，而且越揣摩，含义越深越多，因而也就越有吸引力和感染力。

在日常交际中，总会有一些人们不便直说的话题。需要把“词锋”隐遁，或把“棱角”磨圆一些，使语意软化，便于听者接受。说话人故意说些与本意相关或相似的事物，来烘托本来要直说的意思。这是办事说话时的一种“缓冲”方法。许多交际实践证明，委婉语言不仅是必需的“缓冲”，且是异常重要的“溶化剂”，同时，也直接反映说话人的形象。

晋文公一次用餐时，厨官让人献上烤肉，肉上却缠着头发。文公叫来厨官，大声责骂他说：“你存心想让我噎死吗？为什么用头发缠着烤肉？”

厨官叩着响头，拜了两拜，装着认罪，说：“小臣有死罪三条：我找来细磨刀石磨刀，刀磨得像宝刀那样锋利，切肉肉就断了，可是粘在肉上的头发却没切断，这是小臣的一条罪状；拿木棍穿上肉块却没有发现头发，这是小臣的第二条罪状；捧着炽热的炉子，炭火都烧得通红，烤肉烘熟了，可是头发竟没烧焦，这是小臣的第三条罪状。君王的厅堂里莫非有怀恨小臣的侍臣么？”

文公说：“你讲的有道理。”他叫来厅堂外的侍臣责问，果然有人想诬陷厨官，文公就将此人杀了。

这明显是个冤案，如果正面辩解，有可能使晋文公火上浇油，怒气更盛而获死罪。因此，厨官采取正意反说的方式为自己辩解。厨官的辩解顺其意，却能揭其诬，可谓灵活机巧。这种做法也是非常必要和适当的。

在社交中，当你很想表达一种内心的愿望，但又难以启齿时，不妨使用含蓄的表达方法。正所谓曲径通幽，要达到办事的最佳效果，不一定都用直言不讳的说法，用委婉的说法可能会达到预想不到的效果。

在朱镕基视察中央电视台的前一天，中央电视台的有关领导告诉敬一丹：“明天，你要想办法得到朱总理的题词。”敬一丹听后开始了苦苦的思考：我怎么向总理提出这个请求才好呢？

第二天，朱总理在有关同志的陪同下，来到中央电视台。他走进《焦点访谈》节目组演播室，在场的所有人都起立鼓掌，气氛一下子热烈起来。大家簇拥着他，争先恐后地与总理交谈。敬一丹感觉这是一个好时机，于是走到朱总理面前说：“总理，今天演播室里聚集在您身边的这二十几个人只是《焦点访谈》节目组的十分之一。”朱总理听了这话，说：“你们这么多人啊！”敬一丹接着说：“是的，他们大多数都在外地为采访而奔波，非常辛苦。他们以工作为重，今天没能到这里来。您能不能给他们留句话？”

敬一丹说得非常诚恳，而且非常婉转，然后把纸和笔恭恭敬敬地递到朱总理面前。朱总理看了一下敬一丹，笑了，接过纸和笔，欣然运笔，写下了“舆论监督，群众喉舌，政府镜鉴，改革尖兵”十六个字。总理写完，全场响起一片掌声，热烈的气氛进入了高潮。

敬一丹的请求是曲折委婉地提出来的，表述得又十分诚恳贴切，因而最终如愿以偿。

在社会交际中，处处需要含蓄委婉的交谈。委婉在于含蓄地表达，不仅让人易于接受，还可深得人心。学会含蓄，懂得委婉，可以增强交际效果。可以说，含蓄的语言艺术实在妙不可言。

1. 触类旁通法

当你想提出一个要求时，还可以先提出一个与此同属一类的问题，试探领导的态度。当得到肯定的信息时，便可进一步提出自己的要求；如果对方的态度是明确否定，那就免开尊口，以免遭到拒绝而出现尴尬。比如，有一位职员打算调离本单位，她这样提出问题："彭书记，咱们单位有的青年干部想挪挪窝儿，您觉得怎么样？"书记说："人才流动我是赞成的。"她见领导的态度好，于是进一步说道："如果这个人是我呢？""那也不拦，只要有地方要，也可以高就。"这样她就摸清了领导的态度。不久，她正式向领导提出了调动的申请。

2. 顺便提出法

在一些场合，不要用郑重其事的方式提出问题，因为这种方式一旦被否定，自己会感到下不来台；而如果在执行某一任务的过程中，利用适当时机顺便提出自己的问题，给人的印象是并未把此事看得很重，即使不能满足，也没有什么丢脸的感觉。比如，某业务员在与某厂长谈判生意告一段落时，向对方提出一个问题，说："顺便问一句，你们厂要不要人？我有个同事想到你们这里工作。"厂长说："我们厂的效益不错，想来的人很多。可是目前我们一个也没有进。""噢，是这样。"在对方的否定答复面前，他一点也没有感到尴尬，但是已达到了试探的目的。试想，如果一开始就以郑重其事的态度向对方提出这个问题，并遭到对方的拒绝，现场的气氛就可想而知了。

3. 开玩笑法

有时还可以把本来应郑重其事提出的问题用开玩笑的口气说出来，如果对方给以否定，便可把这个问题归结为开玩笑，这样既可达到试探的目的，又可在一笑之中化解尴尬，维护自己的尊严。

遇到难堪场面时，要为领导打圆场

领导者大都爱面子，他们很注重下属对自己的态度，往往以此作为检验下属是否尊重他的一个重要“标准”。聪明的下属并不只是消极地给领导保留面子，还在一些关键时刻、“露脸”的时刻给领导争面子，从而赢得领导的赏识。

在一个公司里，一个人的地位越高，他的面子似乎就显得越重要。所以，老板比员工更看重自己的脸面。在老板处于极端尴尬，甚至脸面行将不保的紧急关头，你若能帮助老板保全面子，这比你完成老板交给你的任何一项工作都有功劳；反之，如果在本来能够帮助老板避免丢面子的前提下，你却束手无策，目击老板颜面丢尽，老板就可能迁罪于你，即使嘴上不说，但也会怀恨在心。无论你工作多么出色，他一想起自己的“屈辱”，就会情不自禁地找借口贬低你，让你永无出头之日，甚至将你扫地出门。

公司里新招了一批职员，老板抽时间与大家见个面，逐一点名，认识一下新员工。

“赵烨（huá）。”

全场一片静寂，没有人应答。

老板又念了一遍。

一个员工站起来，摇头晃脑地指着另一位员工说：“他叫赵烨（yè），不叫赵烨（huá）。”人群中发出一阵低低的笑声，老板的脸色有些不自然。

“报告老板，我是打字员，是我把字打错了。”一个精干的小伙子站起来说道。

“太马虎了，下次注意！”老板挥挥手，接着念了下去。

没多久，打字员被提升为公关部经理，很有“学问”的那个员工

则被解雇了。

在日常工作交往中，领导和下属之间常常会因为各种原因而发生争执。如果此时作为下属的你针锋相对、得理不饶人的话，就侵犯了领导的权威。常言道：“弓硬弦常断。”在出现僵局的情况下，顶风硬上恐怕就要两败俱伤，但经由适度的婉转迂回，就可以让领导的心迅速“解冻”，认可你的看法。

人在生活中会遇到很多这样的情况，比如：自己的上司处于尴尬局面，自己的领导和别人争吵不休，这时候你就需要为他们解围、打圆场，使他们不至于陷入尴尬之境，最终达到“你好我好大家好”的目的。

要想成功地打圆场，可以针对实际情况，灵活对待，或用幽默的话语转移话题，制造轻松气氛；或指出各方观点的合理性，找到双方都能接受的解决方法等。

1. 转移话题，制造轻松气氛

在交际场合中，如果某个较为严肃、敏感的问题弄得交谈双方都很对立，甚至阻碍交谈正常、顺利地进行，我们可以通过转移话题，用一些轻松、愉快的话题来活跃气氛，转移双方的注意力，或者通过幽默的话语将严肃的话题淡化，使原来僵持的场面重新活跃起来，从而缓和尴尬的局面。

我们在打圆场时要帮助争论双方换一个角度来看待争执点，灵活地分析问题，使他们认识到彼此看法的相对性和包容性，从而让双方停止无谓的争论。

2. 找个借口，给对方台阶下

有些领导之所以在交际活动中陷入窘境，常常是因为他们在特定的场合做得不合时宜或不合情理。在这种情形下，最行之有效的打圆场的方法，莫过于换一个角度或找一个借口，以合情合理的解释来证明对方有悖常理的举动在此情此景中是正当的、无可厚非的和合理的，这样一来，对方的尴尬解除了，正常的人际关系也得以维持。

齐明是某公司的会计，一次因开空头支票一事与领导发生争执。齐明强调让职员拿空头支票外出办事，会有许多空隙可钻，是极不负责任的。也许是言辞过激，领导在恼怒中扔过来这样一句话：“我看你是权限太大了。”还好，一旁的出纳员给他们打了个圆场：“就咱们老板的识人本领，有谁能逃得过他老人家的火眼金睛？不是老板信得过的人，老板能这么做吗？”僵局中有了这个台阶，齐明也就顺着附和，大夸老板办事精明老到。老板听了当然很受用，而且他也很快明白了自己的错，于是马上收回了成命，末了还表扬齐明对公司负责任。

3. 善意曲解，化干戈为玉帛

在交际活动中，交际的双方或第三者由于彼此言语之间造成误会，常常会说出一些让别人感到惊讶的话语，作出一些怪异的行为举止，从而导致尴尬和难堪场面的出现。为了缓解这种局面，我们可以采用故意“误会”的办法，装作不明白或故意不理睬他们言语行为的真实含义，而从善意的角度来作出有利于化解尴尬局面的解释，即对该事件加以善意的曲解，将局面朝有利于缓解的方向引导、转化。

4. 审时度势，让各方都满意

有时在某种场合，当交际双方因彼此不满意对方的看法而争执不休时，很难说谁对谁错，作为调解者，应该理解争执双方此时的心理和情绪，并对双方的优势和价值都予以肯定，不要厚此薄彼，以免扩大双方的差异。在这个基础上，再拿出双方都能接受的建设性意见，就容易为双方所接受。

给上司留面子，是对上司的尊重，就等于给自己留下充分的余地，下属可利用这个余地同上司在私下里进行更深入的交流和探讨。上司的尊严得到维护之后，你的好运也会紧随而至。

运用“模糊语言”，留下回旋的余地

通常，一个人如果在表达想法时不明确、含糊，就很令对方费解。但是有时候，说模棱两可的话却有着事半功倍的效果，让人感到很有分寸感。这种模棱两可的话，就是“模糊语言”。

模糊语言，即采取恰当的方式、巧妙的语言对别人的请求作出间接的、含蓄的、灵活的表态。其特点是不直截了当地表明态度，避免与对方短兵相接式的交锋。比如，领导向你询问一些不在你工作范畴内或者你并不熟悉的问题，你不知道该如何回答，此时，最好还是不要说不知道。你可以对领导说：“让我再认真想一想，过一会儿给您答复好吗？”这样，巧妙回避了你不了解的情况和不知道的事，之后再询问其他人，或者查找相关的资料。这既能暂时为你解危，也能让领导认为你在这件事情上很用心、很认真。不过，事后可不能懈怠，要及时向领导交出自己的答复。

确实，在生活或工作中，并不是什么时候都需要明明白白的，在某些特定的场合，出于某种特别的考虑，说得含糊一些效果反而更好。此时，你不妨打个“擦边球”，即利用模糊的语言作出较为含糊或宽泛的回答，既不失礼貌又给人以思考、想象的空间。这样做比较容易脱身，也是机智、敏锐的一种表现。

1. 当受情势所迫时

有些事情碍于某种情势或某种关系，不便把话挑明，此时，你可以说：“这件事比较棘手，让我看看再说。”这样就给自己以后的态度留下了回旋的余地。一些经验丰富的人遇到这类问题时，往往用几句幽默话语，如引用一则寓言故事或一则笑话，留给对方去思考、寻味。这可说是“模糊表态”中的高手了。

2. 当事态不明朗时

当事情处于发展变化的初期，实质性的问题尚未表露出来时，就需要我们冷静地等待、观察、了解、研究，切不可贸然行事、信口开河地下结论。如果事情发展的方向最终对头了，可能皆大欢喜、相安无事；但若事与愿违，让别人揪住话柄，就会影响自己的前途和声誉。这时，需要利用“弹性”的模糊语言来应对。

总之，模糊语言能给自己留下一个仔细考虑、慎重决策的余地。否则，君子一言，驷马难追，不仅影响自己的威信和声誉，也对事业、对人际关系造成不应有的损失。

言语失误要用妙语去弥补

“人有失足，马有失蹄”。在交际过程中，无论凡人名人，都免不了发生言语失误。虽然其中原因有别，但它造成的后果却是相似的，或贻笑大方，或纠纷四起，有时甚至不堪收场。人失言了可以用妙语弥补。只要你有技巧，就可以弥补得天衣无缝。

前苏联中央电视台的女播音员瓦莲金姆·列昂节耶娃在20世纪五六十年代红极一时，享有很高的声誉，这和她在电视播音中善于随机应变、现场发挥分不开。一次她主持少儿节目，她还没开口，那只准备给观众看的鹅就叫了起来。这可怎么办？她即兴发挥道：“小朋友们，你们听见了吗？咱们今天请的客人已经等得不耐烦了，那么节目就开始吧!”观众笑得前仰后合，惟一没笑的就是坐在摄像机前的列昂节耶娃。

列昂节耶娃有一次向观众介绍一种摔不破的玻璃杯，几次准备试镜都很顺利。不巧，正式播出时竟摔得粉碎。如果她当时目瞪口呆，必然要出洋相。列昂节耶娃镇定地说了句幽默的话，一下子使自己摆脱了窘境。列昂节耶娃是怎么说的？她说：“看来发明这玻璃杯的人没考虑我的力气。”

交际中，失言是难免的语言现象。谁都不想说错话，但当错话的确从自己口中迸发出来时，就应该曲解词义，将“歪”拉“正”，这不失为随机应变的好技巧。因此，说错了话，要学会巧妙地转移话题，把别人的注意力吸引到其他方面。比如用幽默或玩笑的方式转移目标，把关于人事的纠纷转到某种事物上，把个人紧张的话题变成轻松的玩笑等。

这就要求应变者在情急之中，从容自若，调整思维。巧妙的回答往往不就事论事，而是换几个角度，别出心裁，为自己打圆场，但又不偏离问话的限制。在人际交往中，任何人都有可能口误或说出不得体的话。在这种情况下，如果不及时补救的话，就会授人以柄，让对方不快，也会造成尴尬局面，从而影响自己的形象和声誉。但是，说错话以后，如果我们能来个将错就错，借题发挥，把错话说“圆”，则可以轻松地摆脱窘境。

老林正陪老板闲聊，对方总是面带笑容地聆听老林的话。一时之间，老林也没有什么话题，所以就东聊西扯地谈到个人家乡的事。原来对方是台中人。

“中部真是一个好地方，有许多风景名胜，南来北往，地点适中，交通方便，人情风俗也很淳朴，不像北部，虽然很繁荣，可是纸醉金迷，声色气息太重。像北部的女性，虽然出了不少杰出的人才，可是大部分人都很虚荣，崇拜金钱……”

突然，对方的表情开始转为不悦，并且冷冷地说：“内人就是北部人呀！”

这时候，该怎么办呢？

老林见对方面有不悦之色，赶紧接着说：“夫人是北部人吗？真巧，我也是在北部出生的呀！”

之后，老林找了个借口表明自己对北部的人情世故很了解，最后追加地说几句北部人的优点：“北部人外表如此，可是在生活上，却是很可靠的伴侣。”

可见，当行为冒犯了别人，引起对方的不快和反感时，要采取巧妙的方式进行处理，同样，口出错语时，应想尽办法及时补救。这样才能打消他人的不快，赢得融洽的人际交往。

谁都免不了发生言语失误，那么，能不能采取一定的补救措施或者矫正之术，避免言语失误带来的难堪局面呢？回答是肯定的。在实践中，遇到失言这种情况下，有以下三个补救办法可供参考。

1. 移植法

就是把错话移植到他人头上。如说：“这是某些人的观点，我认为正确的说法应该是……”这就把自己已出口的某句错误纠正过来了。对方虽有某种感觉，但无法认定是你说错了。

2. 引申法

迅速将错误言词引开，避免在错中纠缠。也就是接着错话之后说：“然而正确说法应是……”或者说：“我刚才那句话还应作如下补充……”这样就可将错话抹掉。

3. 改义法

巧改错误的意义。当意识到自己讲了错话时，干脆重复肯定，将错就错，然后巧妙地改变错话的含义，将明显的错误变成正确的说法。

下属在与领导交往时，总有说话不当的时候，发生这些事时，最重要的就是镇定自若，处变不惊，积极地寻找适当的补救方法，尽可能地弥补自己的口误。

善意的谎言也是说话的智慧

与领导交往时要真诚，但也不能太死心眼儿，因为有时实话实说会把场面弄僵，这时，你就不妨说个善意的谎言，这样一来，大家皆大欢喜，岂不是更好？

铭在一家商贸公司上班，一天下班后，他和同事伟走在一起。伟这些天心里很郁闷，和老板的关系十分紧张。两人边走边聊，伟控制不住自己的情绪，指出老板对待他的种种不公平，还把老板的无知、浅薄及一些丑事统统信口说了出来，最后，怒犹未尽，忍不住又大骂了一通。

过了些日子，老板在铭面前也谈起了伟，言语之间非常不客气，怒斥伟的不顾大局、平庸无能、不思进取、不善开拓等诸多缺点，末了，老板问铭，可曾听见伟在他面前说过自己什么坏话？

铭是一个诚实的人，此时，他该怎么办呢？

无疑，铭对老板说实话是火上加油，只能促使老板与伟的紧张关系更加紧张，而如果不说实话，撒一点小小的谎，这样对老板说："伟的人品挺好的，他从没有在我们面前说过什么闲话！相反，他倒是挺佩服老板的魄力的，至于最近有点不开心，他说可能是在某些事情上闹了点小误会，他说你会很好地处理的。你放心，伟是不会说什么的。"

这样一来，不仅老板的怒气会马上消下来，他也会立刻反躬自省，认真地考虑对待下属的问题。一场本来可能导致两人大动肝火，甚至让老板难堪、同事失业的争端就此化干戈为玉帛了。即使有一天老板发现铭讲的不是实话，他也不会怪罪铭，他会认为铭为人厚道、心地善良，会处理事情，根本想不到什么说谎了。

上面这件事，使用谎言，能使两方面都得到好处，而讲实话，却让每个人都受到损害。可见谎言在人际关系中也有其特殊的作用。

美丽的谎言可以避免不必要的麻烦，并常常具有意想不到的作用。只要我们心存真实，把善意的谎言仅作为交际的一种策略，就是美丽的谎言。这同丑恶的假话，同以不可告人的目的编造的谎言相比，两者有着本质区别。善意的谎言不是以利己为目的，这种在适当的时候说出的谎言，饱含着真诚，散发出温暖的光辉。只要你掌握一定的原则，你所制造的谎言会比你的真诚更能赢得领导的心。

赫蒙是美国著名的矿冶工程师，毕业于耶鲁大学，又在德国的弗赖堡大学拿到了硕士学位。可是当赫蒙带齐了所有的文凭去找美国西部的大矿主赫斯特的时候，却遇到了麻烦。那位大矿主是个脾气古怪又很固执的人，他自己没有文凭，所以就不相信有文凭的人，更不喜欢那些文质彬彬又专爱讲理论的工程师。当赫蒙前去应聘递上文凭时，满以为老板会乐不可支，没想到赫斯特很不礼貌地对赫蒙说："我之所以不想用你就是因为你曾经是德国弗赖堡大学的硕士，你的脑子里装满了一大堆没有用的理论，我可不需要什么文绉绉的工程师。"

聪明的赫蒙听了不但没有生气，相反他心平气和地回答说："假如你答应不告诉我父亲的话，我要告诉你一个秘密。"赫斯特表示同意，于是赫蒙对赫斯特小声说："其实我在德国的弗赖堡并没有学到什么，那三年完全是稀里糊涂地混过来的。"想不到赫斯特听了后笑嘻嘻地说："好，那明天你就来上班吧。"就这样，赫蒙运用了必要时撒谎的策略轻易地在一个非常顽固的人面前通过了面试。

虽然撒谎并不是一件好事情，但是在各种各样的交际场合，为了避免让领导难堪，有时候我们还是需要一些善意的谎言，它是人际交往的润滑剂，更是一种说话的智慧。

第五节　和上级说话要把握好分寸

与上司沟通，不要锋芒太露

很多新走上领导岗位的人，骨子里总散发着一股清高劲。对这个看不顺眼，对那个也不喜欢，认为老板没多大本事，认为同事都不如自己。如果这种不满的情绪时常表露出来，肯定不利于处理自己的人际关系。

有些人往往认为，有才就值得骄傲，常常自我感觉良好，趾高气扬，目无上司和同事。他们蔑视同事，对领导的决策不是善意地提出意见和建议，而是不分场合地加以评论，横挑鼻子竖挑眼，以显示自己的高明。这种恃才傲物的人必然是处处碰壁。

小孙是一家公司市场部的统计，好在公众场合炫耀自己的学识。一次，市场部总监召开营销人员会议，部署下一步的营销工作。小孙列席参加会议。总监宣读完一份销售方案后，让大家发表意见，小孙却第一个站出来唱反调。他引经据典，说得头头是道，让大家一下子看到了方案的不可执行性。总监阐述完制定方案的指导思想后，小孙又跟总监争论起来。最后，方案自然以总监拟定的为准。

没过几天，总监找小孙谈话，让他到一个业绩差的办事处工作。小孙这时才暗暗叫苦，他知道这只不过是老板的借口罢了，下一步他恐怕要被裁掉了。

与上司交谈时，尤其在正式的场合谈论工作上的问题时，不要贸然提出与上司不同的意见，更不要坚持己见，据理力争，因为这容易被上司看成公然挑战他的权威。唱反调已经引起上司的不悦了，再非要分出个谁是谁非，那无异于火上浇油、雪上加霜。

当你身处职场时，即使你再有能力，你的领导也许都不会真心地夸赞你。在同一单位，你有能力，你表现突出，你的领导就势必会显得没有能力，那么，他的待遇等都会因为你的表现而受到影响。这就容易招致对方的嫉恨，并且会被认为是轻浮。所以，在职场，做什么事情都不要锋芒太露。所谓的“才华须隐”不仅仅一种生存方式，也是一种竞争的方式。

小马与小赵同时进了一家公司。小马是专科生，小赵是研究生。两个人同时被老板安排到车间从技术员做起。两个人对待本职工作都兢兢业业，任劳任怨，工作干得很出色。

不同的是，小马对人总是很随和，同事们在工作中有什么事请教他或有什么事求他帮忙，他都尽力而为，所以很快他就获得了同事们的好感。而小赵则个性孤傲，总觉得自己的学识是公司里最高的，领导把自己放在这里是屈才。平时他总喜欢独来独往，见了同事也比较冷淡，有时他见小马与大家打成一片，还不屑一顾。一次，一个同事向他请教问题，他听后皱着眉头说：“怎么搞的？这么简单的问题都不知道。”此话一出口，羞得那位同事无地自容，转身就走。从此，谁也不愿向他请教问题，也没有几个人愿意同他接触。

不久，公司要提拔技术部主管，公司经过慎重考查，决定让小马担任技术部主管。小赵不服，找到老总评理。老总告诉小赵：“小马虽然技术上比你略逊一筹，但他能让员工们上下一心。我们的企业需要的正是这种能实现人性化管理的人才，而不是只知干活的冷冰冰的机器人。”小赵对这个解释不以为然，觉得老总不会赏识人才，于是跳槽到了另一个公司。

可见，在名誉、利益面前，尽量不要表现得过于热衷，以避免成为众人嫉妒、排挤的对象。即使有所追求，也应该在表面上含而不露，通过沟通的技巧赢得大家和领导的认同。要知道，很多事情的成功，正如战场上作战一样，迂回包抄要比正面直接进攻有效得多。

在职场上，应当适当隐藏自己的锋芒，以避开一些明枪暗箭。在与你的上司沟通时，你要尽量寻找轻松自然的话题，把握交谈的尺度。在交谈的时候，你应该让你的上司充分发表意见，需要你进行补充时，再适当发表自己的见解，这样，你的上司自然会认为你是一个有知识、有见地的人。

避免说错话的妙诀：三思而后说

在现实生活中，有很多时候往往因为一句话，使得你和领导的距离可远可近、和他人的关系可有可无。如果你常常因为说错话而得罪人，或者是不知道自己该说些什么、该怎么说，那么，你的沟通能力就必须有所加强才行。不论在日常生活或是工作场所，良好的沟通都是人际关系的第一步，有了良好的沟通，才有机会和他人建立起互动的关系。

沟通的方式有很多种，信件、电子邮件、小卡片、谈话等都是，不过最直接的方式就是“谈话”。谈话也是要讲技巧的，如果只是随口说说，想到什么说什么，就会得罪很多人。

有一个人大摆筵席，宴请宾客。时近中午，还有几个人没到。他自言自语地说：“该来的怎么还不来？”听到这话，有些客人心想：“该来的还不来，那么我是不该来了？”于是找个借口起身告辞而去。

这个人很后悔自己说错了话，连忙解释说：“不该走的怎么走了？”

其他的客人心想：“不该走的走了，看来我是该走的！”他们也纷纷起身告辞而去，最后只剩下一位多年的好友。好友责怪他说：“你看你，真不会说话，把客人都气走了。”

那人辩解说：“我说的不是他们。”

好友一听这话，顿时心头火起：“不是他们！那只能是我了！”于是长叹了一口气，也走了。

之所以最后所有的客人都走了，就是因为这个人在说话之前没有好好考虑一下。在日常的社交活动中，每说一句话之前，都要考虑一下你要说的话是否合适，不要口无遮拦，想说什么就说什么。人生的经验告诉我们：一定要管好自己的嘴巴，否则会祸从口出。

我们常说“三思而后行”，实际上，在和领导交流的时候，同样要做到“三思而后说”，嘴上要有个把门的，想好什么该说，什么不该说。有时候，说话欠考虑往往会给我们造成难以挽回的损失。

有一位下属去给他的领导祝寿，当着众人的面，他向领导祝词：“希望我们的刘厂长将来能大富大贵、儿孙满堂。”一席话说得刘厂长脸色发青。原来刘厂长的独子刚刚在车祸中去世，其妻子因为实行计划生育，已没有再生的能力，而这位下属由于高兴，忘记了这个情况。刘厂长却以为他故意嘲笑自己断子绝孙，因此不顾贵宾云集，竟摔杯而去，弄得这位下属好不尴尬。

在我们和领导沟通的过程中，往往会因为一句话而引起对方的不悦，所以要避免说错话才行。而最好的方法就是根本不去说那句话。为了避免发出不当的声音，在你说任何话之前，都要先想想自己想说什么、该说什么。很多人往往心直口快，根本没想到自己犀利的言词可能对他人造成伤害。由此看来，说话之前考虑三秒钟的确很重要了。

那么，怎样才能够做到说话之前考虑三秒钟呢？其实这也很简单：

（1）说话不能不经过大脑，在说出口之前，先想想“如果别人对我这样说，我会作何感想？”“我的批评是有害的，还是有益的？”在很多情况下，如果能多花一些时间，设身处地地为领导着想，你就不会说错话，从而引起领导的不悦了。

（2）回答问题时说话的语速要慢，但你的大脑要转得快。这样就可以给对方一个比较完美的答案了。

（3）在话要出口时做三次深呼吸，这时候你的情绪会稳定，然后再考虑自己要说的话。

三思而后行，三思而后说。在行动之前要仔细考虑好所有的情况，才能够顺利地达到自己的目的；同样，在说话之前也要仔细考虑好，才能够达到自己想要的效果，否则，就有可能把事情搞砸。

管住自己的嘴巴，慎言才能少祸

中国有句俗话："言多必失。"人处在不同的状态下，讲话的心情不同，话的内容也会不同。心情愉快的时候，看事看人也许比较符合自己的心思，故而赞誉之言可能会多；有时心情不愉快，讲起话来不免会愤世嫉俗，讲出许多过头的话，招来很多麻烦。此外，话多了，其中自然会涉及到其他人。别人在传话的过程中也难免会加入他个人的主观理解，等到你谈的内容被谈话对象听到时，可能已经大相径庭了，势必造成误解、隔阂，进而形成仇恨。

另外，一个人总是滔滔不绝地说话，说得多了，言语中就自然而然地会暴露出许多问题。例如你对事物的态度，你对事态发展的看法，你今后的打算等，都会从言语中流露出来，被你的对手所了解，从而制定出相应的策略来战胜你。

言谈的灾祸，主要表现在以下两个方面：一是对身边的人和事评头论足，正是这种不考虑后果的高谈阔论，惹怒了上司和同事，从而埋下了灾祸的导火线；二是在众人之中鼓唇弄舌，搬弄是非，像长舌妇一样，今天道东家长，明天说西家短，这种缺少修养的言谈，没有不遭到报复的。

贺敦是周朝的一名大将，立有大功，因为对朝廷赏赐不公心怀不满，便口出怨言，结果被权臣宇文护逼令自杀，临死时，他叫来儿子贺若弼说："我因口舌而死，你不能不记住！"接着用锥子将贺若弼的舌头刺出血来，以此告诫他慎言少说。

贺若弼开始还能记住，经常以"君不密则失臣，臣不密则失身"来提醒自己，遇事三缄其口。然而，随着他在隋朝的功劳日增，地位的提高，便把父亲的告诫忘到脑后了。同父亲一样，他也因对朝廷封官不满而大发牢骚，被免去了官职；他不接受教训，反而怨言更多，于是被逮捕下狱，继而被处以死刑，重蹈了父亲的覆辙。

常言道，病从口入，祸从口出。做人若常喜欢津津乐道，传递小道消息，喜欢谈论东家长西家短，乐于神侃吹牛，都不是一种好现象，这种现象若不及早纠正革除，总有一天会自食苦果。我们身在职场，要尽量少说话，稍不注意就有可能自毁前程。

董欣以前在中关村一家计算机公司做高级程序员，她之所以离开该公司，主要是因为她在同事面前抱怨老板的话传到老板的耳朵里后，老板处处排挤她，逼得她不得不辞职走人。

事情是这样的。一天，老板交给董欣一个难度很大的任务，尽管董欣明白自己的实力，但她觉得，在公司众人中，老板主动找到她，说明老板器重自己，所以董欣一咬牙就接受了。由于老板给的期限较短，董欣没能按时完成任务。因为此事，董欣遭到了老板的批评，并受到了经济处罚。

董欣感觉非常委屈，也很气愤。她对同事抱怨说："老板真过分，这么短的时间里，让我干那么难的活儿，我都说做不了，可他非让我做，没做完还罚我。"

结果不久，老板又把一个难度更大的任务交给她，并说："这里我是老板，下属只有服从，不许抱怨。我不养白吃饭的人，适应不了就走人。如果你这次再完不成任务，就要考虑是否该换一份自己力所能及的工作。"

工作中，我们每天都要和同事、领导打交道。什么话能说，什么话不能说，都应该有讲究。可以说，在职场上，说话也是一种艺术。很多时候，有些人吃亏就是因为没能管住自己的嘴巴。

粗心的人说话常常不经仔细思考，只顾自己把话说完，而忽略了"听者"闻后所想，结果无意中得罪了别人，却还不自知。有些人天生爱说话，但是你要明白哪些话能说，哪些话不能说。该沉默的时候闭上嘴巴，是一种智慧的体现。

有时候，完全保持沉默并不是最佳的选择。这时，你可以说一些不痛不痒的“官方语言”，让上司觉得很舒服，自然不会让上司抓住把柄。

汇报工作时千万别说越位话

对于每个下属来说，坚守本位是最重要的职业道德，如果不能坚守本位，时时越位去做一些不属于自己职权范围之内的事情，必然会惹得上司不快，更有甚者，还有可能成为上司眼中的“危险分子”。

姚小姐年轻干练、活泼开朗，进入公司不到两年，就成为主力干将。一天，公司经理把姚小姐叫了过去：“小姚，你进入公司时间不算长，但看起来经验丰富，能力又强，公司开展一个新项目，就交给你负责吧！”

受到公司的重用，姚小姐欢欣鼓舞。恰好这天要去上海某周边城市谈判，姚小姐考虑到一行好几个人，坐公交车不方便，人也受累，会影响谈判效果，而打车一辆坐不下，两辆费用又太高，于是决定包一辆车，既经济又实惠。

主意定了，姚小姐却没有直接去办理。几年的职场生涯让她懂得，遇事向上级汇报是绝对必要的。于是，姚小姐来到经理办公室。

“老板，您看，我们今天要出去，这是我做的工作计划。”姚小姐把几种方案的利弊分析了一番，接着说：“我决定包一辆车去！”汇报完毕，姚小姐满心欢喜地等着赞赏。

但是她却看到经理板着脸生硬地说：“是吗？可是我认为这个方案不太好，你们还是买票坐长途车去吧！”姚小姐愣住了，她万万没想到，一个如此合情合理的建议竟然被驳回了。姚小姐大惑不解：“没道理呀，傻瓜都能看出我的方案是最佳的。”

其实，问题就出在“我决定包一辆车”这句自作主张的话上。姚小姐凡事多向上级汇报的意识是很可贵的，但她错就错在措辞不当。在上级面前说“我决定如何如何”是最犯忌讳的。

为了得到上级的赏识而拼命表现自己，使自己锋芒毕露，常常比上级还要引人注目，这样做的后果往往适得其反，只会让上级产生反感甚至提防。作为下级的你与上级并不是竞争的关系，而是上下级之间的管理和支持的关系。此外，不要擅自越权，上级一般都非常忌讳下属未经同意就做一些越级的事情，或者是在职权外的擅自行动。

身为下属，切勿以为自己的领导很随和，更不要以为你的领导几乎和你的年龄相当，就可以在和他说话时无所顾忌，不分职位高低。其实，即使性格再随和、年龄再小的领导，都会有一种强烈的自我意识：我是领导。所以，你要在言语中表达出这种职位的高低之分。在和领导说话的时候，认清双方的角色是非常重要的。

一天，沈洁被派往日本参加一个展览会，当时她非常紧张。她的日语水平还可以，但缺少实战经验，也不知道专业术语。晚上，她把相关资料恶补一番，第二天早上，她大大方方地穿着旗袍站在展台前，毫不胆怯地用日语和外商打招呼。

有外商到她们公司展位的时候，她绝不会冒充一个经验丰富的贸易人员，而是直率地告诉他们：“我刚刚毕业，还有很多不懂的和不明白的，请多多关照。”

客户有什么问题，她都把它翻译成汉语，直接问她的上司。这时她绝对不会自作聪明地自己回答，因为她的答案可能是不正确或者是欠恰当的。等这个客户走了，下个客户再来的时候，如果问相同的问题，她就知道该怎么回答了。这样的回答自然是正确无误的。

或许她的诚恳感动了客户，有好几家客户约她去他们公司商谈。展览会结束后，为了能够按时赴约，她主动向上司提出，由她在约定日期的前一天，先把路线走一遍，确定大体方位，以便准时谈判。第二天她和上司很轻松地就到了约定的地点，结果，他们谈得很顺利。

上司从此把一些事情很放心地交给沈洁，这就是对她最大的嘉奖。

一个团体之中，每一个人都有属于自己的位置。找准位置，把本职工作做好，对于超出自己工作范围的工作，即使能力足够，也不要插手，如此才能不越位、不越权，走出一条平稳的发展之路。

在实际工作中，有作为的下属应该找准自己的位置，知道哪些话该说，哪些话不该说，把握好适度的原则，而不要越位。这样，才能够与领导和谐相处，并得到他的信任和赏识，在个人事业的发展上，也会少一些不必要的阻碍。

与领导交谈，应讲究“忌口”

在职场上，人的一言一行都关系着每个人的成就荣辱，所以言行不可不慎。有的人口齿伶俐，这固然是不少人所向往的。但如果口无遮拦，说错了话，说漏了嘴，也是很难补救的。所以应讲究“忌口”。在人际交往中，凡是领导的弱点、缺点、污点，一切不如别人之处都有可能成为忌讳之物。因此，你千万不要去踏这个“雷区”。

世上的每一个人都有自己的忌讳，也就是常说的“短处”，领导也不例外。史书记载：明太祖朱元璋曾当过红巾军，被官家称作“红巾贼”。所以，朱元璋对“贼”字和与“贼”同音的“则”字最敏感，也最忌讳。一次，北平府学训导赵伯宁写了《贺万寿表》，上面有“垂子孙而作则”一句话。这本来是吹捧朱元璋的谄词，无非说他可做后世的楷模。不料朱元璋因对“则”字过敏，见到“则”字，便以为别人在骂他为“贼”，于是竟把此人杀掉了。朱元璋的所作所为自然过于敏感，但它所留下的教训却是深远的。

人们对于自己的忌讳，通常都极为敏感，正所谓“说者无意，听者有心”。如果在交谈中不了解、不尊重对方，有意无意地触动了一些敏感的“逆鳞”——不愿别人触及的缺憾、隐私、伤疤之类，轻则会使交谈话不投机，不欢而散；重则会令对方动怒变脸，甚至招致祸害。

莫妮卡是一家大型企业总部的市场经理，她初次到某办事处指导工作。中午她和办事处的所有同事一起吃饭。席间，大家谈起刚刚离职的副总赵琳。入职不久的琳达说赵琳脾气不好，很难相处。莫妮卡说是不是她的工作压力太大了？琳达说："我看不是，三十多岁的女人了还没结婚，甚至连个男朋友都没有，肯定是心理变态！"

此话一出，刚才还争相发言的人都闭上了嘴巴。原来，除了琳达，其余在座的员工都知道，莫妮卡也是待字闺中的老姑娘。

事后，琳达为自己当时的一番话悔青了肠子，但自己在莫妮卡心目中的印象却难以挽回了。

人们之所以有忌讳，怕别人揭自己的短处，说到底是自尊心的问题，怕脸面上过不去。所以，你若想获得领导的好感，就一定不要触动他们的短处。

一个有修养的人，说话时总是尽量避免谈论领导的忌讳之点，同时也尽可能不提及与其忌讳之点相关联的事物，以免造成对方的误会，使他的自尊心受到无谓的伤害。避讳既是对领导的尊重，实际上也是对自己的尊重，不仅有利于人际关系的处理，而且有利于工作的开展。

那么，该怎样避讳呢？

1. 慎言相避

与领导说话，先要了解对方的情况，着重掌握有无忌讳。对方的忌讳之物要视为禁区，十分谨慎地避开，以免触痛对方。例如，在谢顶者面前不说"亮"，在久婚不育者面前别谈生儿育女事，在官运亨通者面前不可描摹他昔日潦倒失意的窘态。慎言相避的关键是在得意时切忌自我吹嘘，否则，很可能会无意中犯忌。

2. 巧言相岔

说话再谨慎的人也难免有冒犯领导忌讳之时。如果突然发觉自己因失言而刺伤了对方的自尊心，该怎么办？这时，切忌慌乱之中作说明，因为越想说明，结果必定越说越不清，弄巧成拙。最明智的方法是用巧妙的语言岔开话题，使双方及时从困境中解脱出来。

3. **婉词相代**

有时无法避开交谈对象的忌讳之物，则不妨以婉词相代，尽量不使人过于难堪。例如，某大龄领导因择偶屡屡受挫而灰心丧气，而你有意为他牵线搭桥。“假如你还没有找到对象，我想为你介绍。”如此直言相告必定犯其忌讳，令人扫兴。“假如您对个人问题还没有考虑成熟，我愿意提供一位较合适的人选，您意下如何？”这样以婉词相代，给对方有“主动权在我手中”之感，自尊心得到充分尊重，有关介绍对象的交谈就能顺利进行。

第七章

与同级沟通的技巧

对于领导者来说，平级之间的沟通能消除误解、增进情谊，使组织发挥更大的效能。同级关系具有直接、经常、密切、频繁的特点，因而在一些问题上容易产生分歧和矛盾。如果处理得当，同级之间就会融洽和谐，增加向心力和凝聚力，进而保证事业的成功。平级之间要想沟通好，必须开诚布公，相互尊重，相互扶持。

第一节　化解矛盾的技巧

横向协调，增加向心力和凝聚力

同级领导间的沟通，是指在领导者活动的过程中，同一层级领导者之间存在的一种横向沟通。同级关系具有直接、经常、密切、频繁的特点，因而在一些问题上产生分歧和矛盾的机会也就比较多，如果处理不当，就容易产生隔阂，给工作带来一定的影响。如果处理得当，同级之间就会融洽和谐，配合默契，就会增加向心力和凝聚力，进而保证事业的成功。与同级沟通时，领导者应时时审视自己的情绪和言行，要多一些宽容与理解。

1. 开诚布公，相互尊重

现实生活中，平级之间往往缺少知心知肺的沟通交流，因而容易相互猜疑或者互挖墙脚。这是因为平级之间都过高看重自己的价值，从而忽视其他人的价值，尽可能把责任推给别人。

一个优秀的企业强调的是精诚团结，密切合作。因此，平级之间的沟通十分重要。平级之间要想沟通好，必须开诚布公，相互尊重。如果虽有沟通，但不是敞开心扉，就达不到沟通的效果。

在一家企业里，财务部和营销部长期缺乏沟通，因而在一些事情上，两个部门长期扯皮，影响了企业的声誉。上级领导发现了这个症结，他把两个部门的领导找到一起，让他们推心置腹地沟通。原来，两个部门长期有隔阂，是因为他们的部属背地里都在说对方的坏话。经过上司做工作，两个部门的领导都作了自我批评，相互赔礼道歉，表示要严格管束自己的手下人，团结一致，为公司的共同利益而密切合作。从这以后，这两个部门经常密切沟通，工作非常协调。

2. 及时沟通情况，进行有效的合作

同级之间应当积极主动地配合，齐心协力地工作，以求得最佳的整体效应。所谓互相补台、积极配合，就是既要有合作精神，又要有补台意识。既然是同级，都同属整个管理机构的一个组成部分，工作上有着密切的联系，那么，只有保持经常通气，及时沟通情况，才可能进行有效的合作。

在现代社会中，任何一个部门及其领导者都需要与其他部门和领导者配合。同级领导者应当正确把握"集体利益"与"个人政绩"之间的关系。惟有处理好了这个关系，才能真正做到积极配合和互相补台。在积极配合的同时，还应强化补台意识，采取行之有效的补台措施。当同级有困难时，应当热情地帮一把；当同级有问题时，应当尽力帮助解决；当同级出了差错时，应当主动地去弥补。领导者工作再忙，也千万别忘了主动向同级提供有用的资料、信息、情况和建议，只要你能够坚持下去，就一定会赢得同级的感激和回报。

3. 分清职责，掌握分寸

作为领导者，与同级相处，应当分清职责，掌握分寸，互不干涉各自职权范围内的事务。插手其他部门的事务，往往会造成同级关系极度紧张。在工作过程中，与兄弟单位、部门发生矛盾是难免的，但问题只能向对方建议、反映，而绝不能横加干涉或直接处理。如果对方置之不理，也只能运用正当的途径向上级反映，由上级去研究处理。如果处理对方问题时盛气凌人，咄咄逼人，而处理自己一方问题时轻描淡写、包庇容忍，就搞不好团结。那种见好事就争，见难事就推的行为，是破坏同级间相互协作的腐蚀剂，必须坚决防止和克服。

要用好副职，关键是要明确职权，合理分工。中层正职应该从全局角度出发，注意哪些权力应由自己行使，哪些应由集体行使，哪些应归副职行使，用较多的精力制定好权力运行规则，使副职的权力与职责相配套。

携手共进，正副职之间沟通的技巧

对于一个组织内部来说，正副职处于同一个层次。如果副职若能全力辅佐正职，正职的工作就大为顺利；如果正副职之间不协调，正职的能力再强，也很难把工作干好。正职要轻松，又要事业有成，从某种意义上讲，取决于他能否与副职成功沟通。

1. 与副职之间要加强通气、商量

一些正职也懂得分权，但常常因为副职工作不称己心，或情况特殊，便不管是否是副职的权力，直接越过他们来管事。这样不仅会影响副职的权威，还会使副职对正职产生反感，轻者对工作不负责任，重者会引起冲突，同时也会使下级工作陷入多级领导、无所适从的局面。那些心术不正者也会乘机钻空子，在正副职之间挑拨是非，影响班子团结。

作为正职领导，应该把工作重点放在合理授权、明确副职的工作职责上，对副职的权力及其分管的工作要少直接插手，应该由副职做的工作要让副职去办，同时，与副职之间要加强通气、商量，这样可以充分发挥副职的积极性，也可以减轻自己参与的压力。

2. 放手让副职大胆地去干

正职要注意“抓大放小”，该由副职抓的工作要放手让副职去做。放手，就是放手让副职独立思考、独立工作、独立解决问题，在副职分管的工作中不乱插手。正职只有真正对副职放手了，副职才能更好地履行自己的职责，行使自己手中的权力，同时，也才能更好地对正职负责。

当副职遇到困难时，正职要主动出谋划策，帮助解决；当情况紧急副职来不及向正职请示报告而自行处理问题时，正职要给予谅解；当副职工作上出现差错时，正职要对副职加以引导，耐心帮助；在处理问题时，只要副职没有违反原则，正职就不要轻易否定。总之，作为正职，要放手让副职大胆地去干，千万不能使副职缩手缩脚、左右为难、无所适从，否则久而久之，副职的主动性就会弱化，斗志就会衰退，内在的动力和潜能就发挥不出来，从而造成工作上的低标准、低效率。

3. 正职要注意保护副职

正职还要注意保护副职，若有人告副职的状，要进行仔细调查。若确实属副职的问题，就要采取恰当的方式对副职进行批评教育或处理；若属捕风捉影、胡编乱造之言，就要为副职说话，为副职撑腰。

4. 拥有容纳副职的雅量

在一个组织机构的领导班子中，副职的作用发挥得如何，除了其素质、能力和岗位职责等因素外，还与正职襟怀的大小有直接关系。因此，对于正职来说，如果你期望副职成为一个得力的助手，那么首先就要拥有宽阔的襟怀、容人的雅量。当副职在工作中有过失时，作为正职，要主动揽过，承担责任，千万不能抓住不放，使副职抬不起头来，否则，副职就无法继续开展工作。

但宽容不等于放任，副职有了过失，正职要积极帮其查找原因、总结经验，使其走出失败和挫折的阴影，把挫折转化为新的动力。

巧化干戈，消除同级之间的矛盾冲突

同级领导之间由于存在着竞争与合作的关系，工作中个别时候的不协调、引起误解，以至于出现矛盾冲突、互不买账、互相拆台的现象是很正常的。

同级领导的年龄、经历、素质、修养不同，价值观和世界观也不一样，所以，对于同一个人、同一件事，就可能产生不同的看法和态度，形成立场、观点和意见上的分歧。例如在企业里，同级领导对人员的使用、升降、奖惩，对产品的开发、工艺的改革，对资源的利用和安全福利方面的安排，都可能发生分歧。这样的分歧如不能及时妥善解决，就可能引起冲突。

同级领导都有各自的目标和利益。为了自己的目标和利益而与其他领导发生冲突是常有的事。有时是互相争人员、争设备、争资金；有时是由于分工不合理、负担不均衡；有时是在荣誉和收益上不公平，或互相不服气，从而产生矛盾。

在处理矛盾之前，首先你要慎重确定你的态度与一贯的立场。每一个矛盾需要不同的解决方法。有时候不值得和对方斤斤计较，可采取退缩的态度；有时候非你出面不可，要采取勇往直前及坦然面对的态度；有时候要顾及对方的立场、尊严，并希望能保持和谐的工作环境，因此可采取折中的态度。

如果一个部门或一个班子的领导干部之间长期处于敌对仇视状态，必然在实际工作中造成严重的后果，也会给上级领导留下不堪重用的坏印象。本着“以和为贵、利人利己”的双赢原则，同级领导应该以积极的态度解决矛盾、淡化冲突、消除误解，相逢一笑，尽泯恩仇。

同级领导处理同级之间的矛盾冲突，一般应注意以下几点。

1. 多从自己身上找原因

同级领导之间发生矛盾的原因是多方面的，其中既有自身的原因，也有对方的原因，还可能有“第三者”的原因。因此，要解决这种矛盾，作为矛盾的双方，都应首先从正视自己开始，调节自己的情绪，控制自己的感情，寻找自身的原因，确定解决矛盾的最佳姿态。即使造成矛盾的主要原因在对方也应如此。在多数情况下，通过“正己”能产生强烈的“正人效应”，进而使矛盾化解。

2. 化解矛盾要讲究方法

（1）疏导法。对于对方心中的矛盾焦点，不能堵，不能压，要坚持既疏又导，在疏通中引导，在引导中疏通，起到“活血化瘀”的作用。

（2）发泄法。同级领导有怨气，要采取一定的方式让他出气，有多少出多少，出错了也不要紧，就是有些过火的话，也要让他讲完，然后选择适当的时机和方式，与其进行探讨与沟通。

3. 化解矛盾要有度量

同级领导者之间的矛盾隔阂往往不是一下子产生的，而是有一个由量到质、由小到大、由潜到显的过程。所以，作为领导者来说，不要等到矛盾达到冲突时才想办法处理，而应在平时就注意缓和矛盾，避免矛盾加深。这就要求领导者不断提高自身素质，与对方相处要有度量。作为领导者，在管理与协作时一定要胸襟宽阔，具备容人、容言、容事的气量。要不忘旧情，不记旧账，善于容纳各种各样的人，特别是曾经反对过自己的人。

（1）当对方误会自己时，要有度量。对方误会自己，大多数是因为情况不明或领导者未说明事情的原委。作为领导者，不能与对方赌气，不能认为主动找对方交谈就是输理，就是掉价，而要因势利导，主动找其谈心，讲清情况，解开思想疙瘩，消除误会。

（2）当对方与自己争吵时，要有度量。当对方顶撞自己时，要保持冷静，不要使用过火的言辞，以免火上浇油。有的领导者头脑不够冷静，与同级唇枪舌剑，闹得不可开交，这样的结果往往是两败俱伤。因此，领导者对顶撞自己的同级应宽宏大量，不要往心里去，可在事后找一个适当的时候和其谈话，在双向沟通中解决问题。

（3）当对方批评自己时，要有度量。一般来说，对方能坦诚地批评自己，这本身说明对方出于公心，以事业为重。因此，领导者对同级的批评应持热情欢迎的态度，不论是正确的批评还是错误的批评，都应耐心倾听，切不可当面表示欢迎，背后寻机报复。

第二节　加深情谊的技巧

用恰当的人情话润滑同事关系

在同级之间要建立良好融洽的人际关系，必须经常相互沟通。而要做到相互沟通，得体恰当的语言是非常重要的。

许多争吵甚至发生在平素关系非常密切的同事之间，很大一部分原因就是说话不讲艺术，使对方误解，以致造成同事间的隔阂。那么同级之间怎样交谈比较恰当呢？

1. 要注意对方的年龄

（1）对年长的同事：最好谦虚一些、服从一些。与他谈话，即使自己不认为正确也要注意聆听，而后再提出自己的意见。在与年长的同事谈话时，不必提起他的年龄，而只去称赞其干的事情，你的话肯定会温暖他的心，使他感到自己还年轻，还很健康。

（2）对于年龄相仿的同事：态度可以稍微随便些，但也应该注意分寸，不可出言不逊，伤人自尊。在与年龄相仿的异性同事说话时，尤其不宜乱开玩笑，态度暧昧，以免引起一些不必要的猜疑。

（3）对于年纪比你小的同事：应该保持慎重、深沉的态度。有些人的知识、经验可能不及你，所以与他们谈话时，不要对其随声附和，降低自己的身份。但也不要同他们进行辩论，不要执意坚持自己的意见。千万不要夸夸其谈，卖弄经验。否则，一旦被他们发觉，就会降低对你的信任与尊重。

2. **要注意对方的性格特征**

你与同事交谈，首先要明白他的个性。对方喜欢委婉的话，你说话应该讲求一点方式方法；对方喜欢直来直去，你大可不必与之绕来绕去，摆迷魂阵；对方喜欢钻研学问，你应该说比较有水平的话；对方如果喜欢推心置腹，你就应该多说些诚恳质朴的话。这确实是做好同级沟通的良策。

3. **要注意对方的语言习惯**

不同地方的人，语言习惯不同。自己认为很合适的语言，在其他同事听来，可能很刺耳，甚至认为你是在侮辱他。在与同事交往的过程中，还必须留心对方的忌讳语。一不留神，脱口而出，最易伤同事间的感情。

在与同事的交流中，有的人虽然态度谦恭，但说话随意、不考虑对方的反应，因此常常在不经意间以言语冒犯人。言语冒犯有轻有重。轻者，惹人不高兴；重者，则可能伤及人的面子、自尊，让人产生报复你的心理。

4. **要注意对方的心境**

与同事谈话，对方心境不同，应该有针对性地选择不同的话题。遇到同事得意时，应该同他谈得意的事；遇到同事正处在失意中时，应该适时抚慰，同他谈你自己的失意事。如果同失意的人大谈得意之事，不但显得你不知趣，而且让对方感到你是在挖苦他，他与你的感情只能变坏。同得意之人谈你的失意，他说不定会怪你扫他的兴，你刚开口，他就设了防，使你无法久谈。所以，最恰当的方法是：无论你得意还是失意，都不要忘形。不必对人轻言，遇到知己的同事再作倾诉。

5. **要考虑对方与自己的亲疏关系**

倘若彼此关系浅薄，交情不深，你与之深谈，则显得你没有修养；你说的话是关于对方的，反倒是忠言逆耳，显得你冒昧。因此，在一个公司内，要同身边的同事搞好关系，谈话则必须注意对象的亲疏关系。对关系不深的同事，大可聊聊闲天，海阔天空吹一吹，而对于个人的私事还是不谈为好。如果是交情深的同事，则可以不断地交流思想，促膝谈心，互相关心对方的生活与私事，替对方出主意，排忧解难。这样，还可以增进彼此间的团结与友谊，更利于工作。

说好三种语言，加深同事情谊

同级之间的交流、沟通、合作离不开语言媒介，而这种语言显然又不同于家居、生活中所使用的语言，它大体可归于以下三类。

1. 和势语言：用于同事间不存在利益冲突的谈话情况

无论领导者在公司、单位处于何种位置，都应当和你的同事团结一致。内讧只能使每一个人的利益都受到损失。因此，善于说一些和势语言便愈发显得重要。

不管与哪一位同事谈话，都应该记住这样一句话：人人都非同寻常！即使再烦、再累、再情绪不佳，也要把对方作为一个重要人物来看待。凡有可能要对对方讲几句恭维话时，哪怕仅仅是一句简短的评价，也很有意义。诸如：你最近挺有业绩的、你的孩子可真争气，等等，讲话时一定要两眼看着对方、全神贯注，千万不要因任何别的事情而走神，否则，很容易让对方认为你小看他，说了还不如不说。

2. 攻势语言：用于通过谈话达到一定目的的情况

在日常工作中，同事们的为人行事之道，对某人某事的看法与评判，总会有所不同，而这些程度不同的差异会发展成为同事间的争执与论辩，极有可能引起一些不愉快的冲突。想要转变成一种愉快、平和、积极的争辩，显然离不开巧妙的攻势语言。

万一你不得不与同事进行言论交锋，那么，注意运用以下这样一些攻势语言的方法和技巧是极为必要的：

（1）要讲晓之以理、动之以情的话语。不管你有多大的道理，居高临下的不屑眼神、嘲讽甚至侮辱的词句，难以使对方心悦诚服，相反还会引起许多在场的其他同事的反感。

（2）要抑扬有节，千万不能急于求成。对方滔滔不绝或多有冲撞冒犯之时，尽管任其发泄，自己在一旁要心平气和，处之泰然，尽量以柔和、礼貌的语言来表达自己的意见。所谓不打不相识，同事与同事之间经常是在这种貌似攻势的激烈争执中，达到心灵的沟通和思想观念的交流，反倒会越吵越了解对方，越争越痛快，比起以前的和平共处阶段还要互相尊重和信任。

3. 守势语言：用于对方想通过谈话取利于己方的谈话情况

每个人在工作中免不了遭到一些同事的挑剔与非议。而当你听到同事的那些令你委屈不已、愤愤不平的言论时，回敬之最明智的办法就是用好守势语言。这时，谁是谁非不是三言两语就可以说清楚的，要有耐心，不要逞一时口舌之快，伤了与同事的和气。

第八章

与下属沟通的技巧

领导本身成功与否，完全取决于与下属沟通的能力。领导者经常与下属有效地沟通，可以拉近双方的心理距离。沟通过程中，领导应对下属的优点适时巧妙地赞扬，要慎用批评。领导者应把教训和命令转为留心与倾听，鼓励和调动员工的积极性。良好的沟通不仅能使领导者拥有号召力和凝聚力，更能够使其卓有成效地开展工作。

第一节　激励的技巧

表扬比金钱更能调动员工的积极性

对于员工来说，有两件东西比金钱更为重要——认可和表扬。金钱可能是调动员工积极性的有力工具，但表扬更有力。俄国文豪托尔斯泰说得深刻：“称赞不但对人的感情，而且对人的理智也起着巨大作用。”上司对下级给予赞美，是对其工作成绩的肯定，能鼓励下级充分发挥主观能动性和聪明才智，再接再厉，取得更大成果。

对于管理者来说，赞美、表扬下属是一小笔投资，只需片刻思索找到别人的优点，就能得到意想不到的回报。赞美员工的同时也是管理者与员工沟通情感、表示理解支持的最好方式，更是一种有效的推动力量，是鼓励员工士气，激励员工进取的有效手段。

威尔逊在美国加州经营着多家超市，每个月都会和不同分店的经理开会。一年夏天，由于市场疲软，威尔逊的几家超市业绩持续低迷。某日，威尔逊收到了最近一期的业绩报告。从业绩报告上威尔逊发现，虽然业绩改善不是很显著，但的的确确已有了进步。于是威尔逊在会议上便极力表扬业绩有进步的超市经理。

威尔逊的话音刚落，一位超市经理便主动站起来发言。他向威尔逊表示，他也打算在超市实行一些新政策，力求让下一个季度获得更多的利润。随后，其他的超市经理也相继发言，表明自己的决心和解决方法。这在以前是从来没有的。以前开会，都是威尔逊讲话，每个经理安静得像一尊尊雕塑。而今天对工作成绩的小小肯定，使威尔逊不需要提问题，他们便主动让问题浮出水面，并想方设法去解决它。这一良好结果是威尔逊始料不及的。

在现代社会，要想让员工尽心竭力地为公司服务，金钱奖励是一种办法，但善于表扬也会收到意想不到的结果。作为一名领导者，对你的下属进行真诚的赞美，对于创造一种融洽的人际关系，提升员工的工作主动性，都将起到积极的作用。

表扬员工，不仅要符合赞美的基本要求，而且需要领导掌握具体的赞美方法和艺术。只有赞美方法运用得当，才会起到事半功倍的效果。

1. 表扬要真诚

表扬要真诚，是指领导表扬的态度要诚恳热情，发自内心，不要冷漠无情，应付差事。领导只有以真诚的态度去表扬，才能唤起下属的温暖感、信任感和友谊感，并愉快地接受表扬。因此表扬时，领导对下属的成绩和优点，应满腔热情地表示赞扬，并热切地希望他能够把这些成绩和优点发扬光大。只有表扬在感情上很“热”，被表扬者才会受到感染，心里也才热得起来。

2. 表扬要具体

表扬只有言之有物，有血有肉，道出了被表扬者的心血和精力所在，才能使人意识到表扬者的观察细致入微，从而激发被表扬者的工作热情，产生精神动力。

领导如果使表扬具体化，就能收到良好的效果。比如，表扬某一下属很能干，不如说他某件具体事办得漂亮；对某个有才干的下属，空洞地说他知识丰富，专业能力强，不如说在某件事中，他的建议和主张对解决问题起了什么作用。社会心理学家海伦曾用大量的实验证明，表扬用语越具体，其有效性就越高。这是因为，表扬越具体，说明对人越了解，你对他的长处和成绩越敬重。这样，对方才感到你的表扬是诚实的，不是在吹捧，从而才有积极的效果。

3. 表扬要对事不对人

这种称赞可以增强对方的成就感。如：“你今天在会议上提出的维护宾馆声誉的意见很有见地。”这种称赞比较客观，容易被对方接受，同时也使对方感到领导对他的称赞是真诚的。

4. 表扬要及时

一个人工作表现好，取得好成绩，提出好建议等，领导都应及时给予肯定。每一个人在干完一件事后，都希望尽快了解它的价值和社会反响，如果得到及时肯定，会给他带来愉悦，使他的行为得以保持和再现。许多有经验的管理专家都重视及时表扬，提倡“一分钟表扬”，这种方法产生的效果是良好的。如果领导对好人好事漫不经心、视而不见，或认为这是理所当然的，不作任何表示，那么员工的好行为就难以持续下去，甚至会感到自己的好行为没有得到认可，产生“干好干坏一个样”的想法，导致消极因素的产生。

5. 表扬要适度

表扬要适度，是指中层领导表扬的人数、次数要恰当，表扬的标准要适中。

（1）实践告诉我们，领导一次表扬的人数必须掌握在一定数量范围内，过多或过少都不利于鼓励先进，调动积极性。

（2）领导表扬的标准过高，容易使下属感到高不可攀，望而生畏，从而失去争取表扬的动力；表扬的标准过低，容易使下属感到唾手可得，易如反掌，同样会失去调动积极性的作用。

（3）确定表扬的次数标准，要由当时当地的具体情况而定。事实表明，领导在特定时间内表扬同一个人的次数越频繁，表扬的作用也就越低。怎样才算次数得当呢？这要依这个下属的进步快慢而定。他进步快，表现较突出，对其表扬的频率可以高一些；反之，则应低一些。

传递积极的期望，会使员工发展得更好

著名的企业家艾柯卡曾说过：“一个经理人能够有效地激励他人，便是很大的成绩。要使一个公司有活力、有生气，激励就是一切。”大师的话可谓字字珠玑，道出了激励的重要性。

美国著名的管理学家托马斯·彼得斯建议，把能激发工作激情当成一个领导人的“硬素质”：他们在没当领导之前，能在他们的同事中激发工作热情；当了领导后，一样能在他们的下属中，甚至是在其他部门的同级人员中，激发热情、热心与积极性。

激励功能是一门领导艺术。领导者要想使自己的员工发展得更好，就应该给他传递积极的期望。赞美员工的同时也是领导者与员工沟通情感、表示理解与支持的最好方式，更是一种有效的推动力量。

心理学试验表明：在不被重视和激励，甚至充满负面评价的环境中，人往往会受到负面信息的左右，对自己作出比较低的评价。而在充满信任和赞赏的环境中，人则容易受到启发和鼓励，往更好的方向努力，随着心态的改变，行动也越来越积极，最终能作出更好的成绩。

赞赏的确能够鼓励他人前进。心理学家马斯洛认为，荣誉感和成就感是人的高层次的需要。一个人具有某些长处或取得了某些成就，他还需要得到社会的承认。赞赏的作用，就是承认他人的长处和成就。当一个人的行为受到称赞时，就会受到鼓舞，发挥更大的积极性，继续努力前进。

一位著名的企业家给员工讲述了这样一件事情。在他还是一名见习服务员的时候，常常对生活不满意。上班的第一天，他在杂货店里忙活了整整一天，累得筋疲力尽。他的帽子歪向了一边，工作服上沾满了点点污渍，双脚越来越疼。他感到疲倦和泄气，似乎觉得自己什么也干不

好。好不容易为一位顾客列完了一张烦琐的账单，但是这位顾客的孩子们却三番五次地更换冰激凌的订单，他已经到了忍耐的极点。这时，孩子的父亲一边给他小费，一边笑着对他说："干得不错，你对我们照顾得真是太周到了！"突然之间，他觉得疲倦消失得无影无踪了。后来，当经理问他对头一天的工作感觉如何时，他回答说："挺好！那几句话似乎把一切都改变了。"

赞美是对一个人的工作、能力、才干及其他积极因素的肯定。每一个人都有自尊心、荣誉感，当领导赞扬员工时，不仅使他感到他的价值得到承认和重视，同时也使他的自尊心和荣誉感得到了满足，从而使他产生积极进取的精神。他会以加倍的热情努力工作。这也正是公司和企业所梦寐以求的效应。

美国"化妆品皇后"玫琳凯很善于用赞美来激励自己的员工。玫琳凯公司里的一位推销员虽然很有能力，但由于她经验不足，因此两次展销会上都没有卖出什么东西。在第三次展销会上，她终于卖出了35美元的东西。虽然在大多数人眼中，这数目少得可怜，但玫琳凯反而表扬她说："你卖出了35美元，比前两次强多了，真是了不起！"

老板诚恳的赞扬，令这位推销员心里热乎乎的。通过自己的努力，她终于成为了一名著名的推销员，财富与名望都不断增加。

为了发挥激励的效果，领导必须确切了解员工的需要以及满足需要的手段。所谓激励就是尊重员工的各种需求，使员工心甘情愿地努力工作，进而发挥更高的效率和水平。人的潜力往往会大大超过表面的状况。激发员工的潜力和热情就成为激励的主要目标。正确有效地利用激励手段，常会产生意想不到的奇迹。

领导者要想让员工心甘情愿地为企业带来利润，往往只需做一件很简单的事，那就是及时对员工的工作给予正面表扬和评价。

作为一名领导，首先应该做到的是留意下属出色的工作，并加以赞许，这是一条很好的建议。你可以通过制定目标，让你的下属们明确地知道你对他们的期望是什么，他们怎样做才能获得奖赏，以此来促进下属的工作欲望，激发他们的工作热情。

让“正面的表扬和评价”产生效果，并非一定要针对出色的成绩。哪怕员工的成绩是微不足道的，给予正面的表扬，同样也可以让员工产生被肯定和被重视的感觉。正如著名行为学家赫茨伯格所指出的：“对一些小成就的及时肯定，会激励人们试着达到更大的成就。”因此，不论员工的成绩有多么小，优秀的领导者都会大方地给予正面的表扬和评价，肯定他们的员工。

激发干劲的策略：动员，再动员

每个人都有一定的荣誉感和满足感，所以，作为一个领导者，就要根据员工的心理特点，通过激励来发挥员工的积极性和创造性。当你的下属失去了干劲，意志消沉而无法执行上司交给他的任务时，就看你如何激励他们了。

一家食品公司的生产主管常会对其下属提出这样的要求：“现在我们公司面临着很大的危机，希望全体员工能够同心协力，扎紧裤腰带，共渡难关。相信我们会取得最后的胜利。”

刚开始这种动员颇有效果，可是，几个月过后，就没有人再理他了，为什么呢？可能是听腻了吧！于是，他又拿出一套新的口号激励下属。他为员工们树立了一个信条，叫作：“努力工作吧，全世界人民都在关注着我们。”结果全体员工都深深记住了，个个焕发出他们前所未有的新面貌。

一个人的热情不可能永远保持，它需要经常激发。一次动员后，当下属的干劲消减的时候，你应该给他们动员、再动员。这也很符合每个人的心理特点。在他们冲向成功终点的途中，他们需要一次一次地给自己打气，给自己鼓励。其实，这是一种精神食粮，我们每个人都不能缺少。

在企业里，一次又一次的不同形式的动员，员工们是不会厌烦的，因为每一次都给了他们很大的精神鼓励，给了他们巨大的力量，使他们在奋力拼搏的路上永不疲倦。松下幸之助有句名言：“领导者再强，但员工冷淡，仍难推动工作，必须设法使每个人都自认为自己是负责人。”

1926 年，日本松下电器公司首次在金泽市设立了营业所。有能力去主持这个新营业所的高级主管为数不少。但是，这些老资格的人如果有谁离开总公司，总公司的业务势必受到影响。

这时候，松下忽然想起了一个年轻的业务员，这个人的年纪刚满 20 岁。于是松下把他找来，对他说：“公司决定在金泽设立一个营业所，我希望你去主持工作。”

听了这番话，这个年轻的业务员大吃一惊。他惊讶地盯着松下说：“这么重要的职务，我恐怕不能胜任。我进入公司还不到两年，也没有什么经验……”刚进入公司的一个小职员，突然奉命去金泽设立一个营业所，也难怪他会感到困惑。

不过，松下觉得，这个年轻职员必定能够做到。松下基本上对他有信赖感。所以，松下以近乎命令的口吻对他说：

“没有做不到的事，你一定能够做到的！想想看，像加藤清正、福岛正则这些武将，在十几岁的时候就非常活跃了。他们在年轻的时候就拥有自己的城堡，统率部下，治理领地的老百姓。明治维新的志士们，不都也是年轻人吗？你已经超过 20 岁了，不可能做不到。放心，你可以做到的！”

松下说了很多这类鼓励他的话。这个年轻职员最后坚定地说：“我明白了，让我去做吧。承蒙您给我这个机会，我会好好干！”他脸上的神色和刚才判若两人，显出感激的样子。松下也高兴地说：“好，那就请你好好去做!”

这个职员一到金泽，立即展开活动。他几乎每天都写信给松下。他在信中告诉松下，正在寻找可以做生意的房子，之后又写信说房子已经找到。没多久，筹备工作已经就绪，于是松下从大阪派去两三个职员，开设了营业所。

即使年纪轻经验较少，只要好好去做，还是会成功的。松下电器公司后来在日本各地陆续设立了营业所，大致上都是以这种方式开设的。松下相信，一个优秀的员工在恰当的激励下，是可以完成任务的，而肯定下属能力的激励也真的使“经营之神”获得了成功。

身为领导者，如果你了解员工的本性，也就知道如何有效地激励他们。领导者只要常常巧妙地运用激励，就可以带领一支常战常胜的团队，达到任何想达到的彼岸。

激励妙招：充分发挥“胡萝卜”的效用

科学实验表明：任何工作，哪怕是一个人自己喜欢的工作，让他连续做上一段时间之后，他也会感到厌烦，没有动力。这并不是员工消极应付工作，而是正常的生理现象。要想消除这种现象，领导者就要采用激励的手段，充分发挥“胡萝卜”的效用，让员工重新鼓起斗志，燃起工作的热情，保持良好的状态。

同为激励手段的胡萝卜（正强化）和鞭子（负强化），胡萝卜比鞭子的威力更强大，效果也更持久。一根精心挑选的胡萝卜，既能够成为最有力的惩罚工具，也可以是最有效的激励手段。胡萝卜能够起到和大棒相同的效果，但它不会引起害怕和恐惧，反而会激励人的进取心。

美国著名的福克斯波公司，专门生产精密仪器设备等高技术产品。在刚成立不久的一天，公司在技术改造上遇到了一个难题。晚上，正当公司高层领导为此绞尽脑汁时，一位科学家闯进办公室阐述了他对这一难题的解决办法。领导听罢，非常认同，便想立即奖赏这位科学家。领导把办公桌的抽屉都翻遍了，总算找到了一根香蕉，于是他躬身对那位科学家说：“这个奖给你！”科学家为此十分感动，因为这表示他所取得的成果得到了领导人的认可。自此以后，香蕉演化成小小的“金香蕉”别针，作为该公司对科学成就的最高奖赏。

在没有别的东西做奖品的情况下，用一只香蕉作为奖品，这样做至少有两个好处：一是当事人的行为受到肯定后，有利于他继续保持这种行为；二是使其他人看到，只要有突出业绩就可以立刻受奖。这说明领导是可信赖的，因而大家就会争相努力，以获得肯定性的奖赏。

在工作中，倘若你能很好地掌握奖励的方法，就可以令你的部下为你尽心尽力地工作，为公司获取更多的盈利。

日本桑得利公司的老板井信治郎是个极善于应用奖励方法的人。

有一次，总务股的办事人员把一个不小心写错了价格和数量的商品寄出，井信治郎知道后，马上命令另一员工将它取回。这个员工发牢骚地说：“我怎么知道他投在哪一个邮筒？叫我做这种事，实在没有道理。”

“他大概是投在附近的邮筒中，附近的邮件全部集中在船场邮局，你快去取回！”经董事长的提醒，那个员工立刻前往船场邮局，不知费了多少唇舌，花了多少时间，总算把邮件取回，放在董事长的面前。

看到邮件的井信治郎露出欣喜的微笑，安慰那个员工说：“辛苦了！”接着就拿出非常贵重的礼物奖赏他。井信治郎经常一有机会就拿出非常贵重的物品犒赏员工，毫不吝啬。

井信治郎发奖金的方式也很特别。

他把员工一个个叫到董事长办公室发奖金，而且常常在员工答礼后，正要退出时，叫道：“稍等一下，这是给你母亲的礼物。”

待他要退出去时，又说：“这是给你太太的礼物。”

拿到了这些礼物，员工心想应该没有了，正要退出办公室时，又听到董事长大喊：“我忘了，还有一份给小孩的礼物。”

对于员工来说，在取得成绩后最想得到的就是上司对他的肯定，这让他们切实感受到自己的工作表现受到肯定与重视。但是当人的精神需要得到一定程度的满足以后，就很难再给他有效的激励。人在追求精神激励的同时，也有物质上的需要。因此，公司主管应当善于运用物质满足法来激励下属。

1. 用工资激励员工

所有员工都希望自己所在的公司效益好、薪水高，以此满足他们的日常消费。所以，领导要充分运用一整套工资的升降、相对稳定或临时浮动等制度来激励员工。如果工资等级差别明显，加薪具有诱惑力的话，那么，工资就是引诱驴拉车向前迈进的胡萝卜，具有明显的激励作用。

2. 用奖金激励员工

奖金是表示对超额劳动的报酬，它激励人们超额劳动的积极性。在发挥奖金激励作用的实际操作中，应注意以下三点：必须信守诺言，不能失信于员工；不能搞平均主义，奖金激励一定要使工作表现最好的员工成为最满意的人；使奖金的增长与公司的发展紧密相连，让员工深切体会到奖金增长与公司发展是息息相关的，从而为公司的发展尽心尽力。

3. 用股权激励员工

股权激励是把自己的工作与收益联系起来的好方法，如果工作出色的话，公司效益好，公司员工就会获得一定的股权。微软公司员工的工薪就是不高的工资加上股权激励，只短短的几年时间，微软公司就发展为世界知名的大公司，这与其激励机制是密不可分的。

满足员工的荣誉感，能密切上下级关系

从古至今，凡大政治家或事业上的成功者无不把精神奖励当作激励属下的重要手段。给能干的下属配备值得炫耀的物品，能给他们带来一种极大的荣誉感和自豪感。当他们得到这种奖赏后，会感到极有面子，为了维持这种面子，同时也为了回报给他面子的人，他必定要像以前一样工作，甚至比以前更加勤奋地工作。这也正是奖赏的本意。

对能干的下属配备值得炫耀的物品，是许多聪明的领导者都曾采用过的管理方法，清朝后期的封疆大吏曾国藩也曾经用这种方法激励过自己的将士。

那是曾国藩初练湘军，从太平天国军手中夺回了岳州、武昌和汉阳后，取得了建军以来第二次大胜利。为此，曾国藩上书朝廷，为自己的属下邀功请赏，朝廷对此也给予了恩准，给这些人都封了官。

但是，曾国藩并不认为这样做就够了，他还要给那些最勇敢的下属配备值得炫耀的物品，鼓励他们在作战时更加勇敢。

给下属们配备什么样的物品他们才会引以为豪呢？思来想去，曾国藩决定以个人名义赠送有功的将士一把腰刀，这既表达了自己与对方的特殊感情，又鼓舞了湘军的尚武精神。于是他派人锻造了50把非常精致美观的腰刀。

这一天，曾国藩召集湘军中哨长以上的军官在湖北巡抚衙门内的空阔土坪上听令，这些军官都穿着刚刚被赐予的官服，早早等候在那里，不知道曾国藩要发布什么命令。

正在大家胡乱猜疑的时候，曾国藩迈着稳重的步伐从厅堂里走了出来，他开口说："诸位将士辛苦了，你们在讨伐叛贼的过程中英勇奋战，近日屡战屡胜，皇帝也封赏了大家。今天召集这次大会，是要以我

个人名义来为有功的将士授奖。”

到这时，湘军军官才知道自己的最高统帅要为他们发奖，奖什么呢？谁能得奖呢？大家都在暗自思忖。

只听曾国藩大喊一声：“抬上来。”两个士兵抬着一个木箱上来，几百双眼睛同时盯住了那个木箱，士兵把木箱打开，只见里面装着精致美观的腰刀。曾国藩抽出了一把腰刀，刀面正中端正刻着“殄灭丑类、尽忠王事”八个字，旁边是一行小楷“涤生（曾国藩的字）曾国藩赠”。

旁边还有几个小字是编号。

曾国藩说：“今天我要为有功的将士赠送腰刀。”接着一一亲自送给功勋卓著的军官。

顿时，在场的人们心中涌动着不同的心情，有的为得到腰刀而欣喜，有的为腰刀的精致而赞叹，有的嫉妒那些得到腰刀的人，然而更多的人则暗下决心，在以后的战争中一定要冲锋陷阵，争取也得到这样一把腰刀。

就这样，曾国藩给他能干的下属配备了值得炫耀的物品，使受刀者受到了激励，而没有获得腰刀的将士也会向这些受刀者看齐，在以后的战斗中奋不顾身，以便得到这把值得炫耀的腰刀。曾国藩用腰刀达到了他激励将士的目的。

领导者满足员工的荣誉感，能消除员工对管理者的疑虑与隔阂，密切两者的关系，有利于企业内部的团结。除了业绩奖励之外，人性化的细小激励有时候会事半功倍。

现代社会中也有许多这样的事。老板给自己的下属配备手机，给他们一辆轿车，这都是为了给下属足够的面子，从而达到激励下属的目的。

一位在IBM工作了20余年的老职工的名片是这样的：精致的名片上是一个蓝色镶金边的盾牌，印着烫金的压纹字，那个盾牌是那位老职员25年工龄荣誉徽章的复制图样，上书“国际商用电器公司，25年的忠实服务”。IBM公司用这种“不引人注意的方式”向职员传递了对他25年辛勤工作的感激之情，实在是“礼轻情义重”。

每一个人都有自尊心、荣誉感，当领导赞扬员工时，不仅要使他感到自身的价值得到承认和重视，同时也要使他的自尊心和荣誉感得到满足，从而使员工产生积极进取的精神，以加倍的热情努力工作。这也正是公司和企业所梦寐以求的效应。

第二节　批评的技巧

讲究批评方式，促进下属改正错误

批评是工作中最难把握的一种表达方式。在职场中，我们常常会遇到这种情况：不讲批评方式，在公众场合倚理欺人，居高临下地指责、批评对方，试图把自己正确的观点强加给对方，结果往往事与愿违。

美国著名作家马克·吐温曾说：“批评只有一个目的与作用，那就是提醒犯了错误的人不要再犯。”批评下属时，要注意方法，讲究技巧，不能无视他人独立的人格和尊严，否则，不仅难以收到积极效果，而且还会影响自身形象，更会影响彼此之间的和谐关系。要想掌握正确的批评方式，需要注意以下几点。

1. 抓住错误的实质

批评是十分严肃的问题，一定要抓住错误的实质，有针对性地进行批评，不能凭主观臆断和想当然，更不能听信谗言，捕风捉影，道听途说，无中生有。因此，领导者在实施批评之前，一定要做深入细致的调查研究，找出问题的症结，并对产生问题的原因作具体分析，找出问题的主观因素及客观因素，然后再进行批评。这样做，才能保证批评的公正性，做到有的放矢，收到应有的效果。

2. 因人而异、对症下药

批评下属要注意根据不同对象采取不同的方法和语气。

对年轻人，批评时要语重心长，寄予希望；对中年人，要旁敲侧击，点到即止；对年长者，要巧妙提醒，声东击西，含蓄委婉；对那些蛮横的不讲理者，要理直气壮，以正压邪，在严厉批评之后再进行耐心的说服。

3. 要注意批评的态度和语言

批评人时要心平气和，做到诚恳、冷静、耐心，不能急躁，不能怨恨，更不能存心找麻烦。态度要温和，语言要中肯。当你心中愤怒、埋怨、焦虑，并想责怪对方时，最好是先克制一下情绪，整理一下思绪，甚至可以先听听音乐，散散步，看会儿电视，等冷静时再实施批评。

4. 批评要在私下进行

怎样批评，实际上是一种说服的技巧，是一门沟通的艺术。批评的目的在于打动对方，使对方认识到自己的错误，回到正确的轨道上，而不是贬低对方。即使你的动机是好的，是真心诚意的，也要注意方式和场合等问题。

不管你批评人的动机如何单纯，对待对方的心情如何诚恳，假若批评的方式、时机不当，对方不仅不会接受，还会对你抱有成见。所以，在批评别人时，一定要注意方式方法，避免使人误解或招致怒气。尤其要注意的是：批评要在私下进行。

5. 批评要带有教育的目的

员工做错了事要受到惩罚，这是正常的，也是改正错误所必需的，但是别忘了，批评仅仅是促进犯错者改正错误的一种手段和方式，而不是目的，如果被批评者在得到教训之后不再犯同样或类似的错误，就可以说批评的目的达到了。所以，批评的同时最好能对其今后的行动加以指导。对犯错者提供指导也能使他更加容易接受批评意见，所以，最好是双管齐下。

有褒有贬：在批评的同时，不忘对其成绩给予肯定

批评是引导，是一种警醒性的引导。因此，上司在对下属进行批评时，一定要讲究方式方法，讲究批评的艺术。这里有一个简单的妙方：有褒有贬。在批评他的错误和指出其不足的同时，不忘对他的成绩给予肯定。

对于每一个人来说，批评的同时别忘记表扬，表扬是批评的“润滑剂”。表扬是激励，而批评更重要的是引导。也就是说，先满足对方的自尊心，然后再把目标提高。如果只是纠正、警告的话，只会徒然引起下属的反感，不会有何效果。

麦金尼在1896年竞选美国总统时，共和党有一位重要人物替他写了一篇竞选演说，他自以为写得高明，便大声地念给麦金尼听。可是，麦金尼听了后，却觉得有些观点很不妥当，可能会引起批评的风暴。显然，这篇讲稿不能用。但是，麦金尼并没有直接指出这篇演说词的不足。他说：“我的朋友，这是一篇精彩而有力的演说。在许多场合中，这些话都可以说是完全正确的。不过用在目前这种特殊的场合，是不是也很合适呢？我不能不以我的观点来考虑它将带来的影响。请你根据我的提示再写一篇演说稿吧，然后送给我一份副本，怎么样？”

那个重要人物很高兴地照办了。最后，麦金尼依靠那篇新的演说词为自己拉了不少选票。

在表达否决之前，先对对方见解的优点或可行性进行肯定，然后再适时地陈述自己的见解。这样既不损伤他人的自尊心，又使自己的想法很容易被接受。戴尔·卡耐基说过：“当我们想改变别人的时候，为什么不用赞美代替责备呢？纵然别人只有一点点进步，我们也应该赞美他，只有这样才能激励别人，不断改进自己。”

身为管理者，针对员工的缺点和不足，我们也应该尽量采取保护员

工自尊心和自信心的态度和方法。把批评夹到值得表扬的事之间，就不至于让受批评者感到尴尬和难受，同时又不伤害其自尊。受批评者既明白了自己的错误之所在，又认识到自身存在的重要性，就会积极改正错误，更加努力地工作。

美国著名的女企业家玫琳凯在对待员工工作中出现的问题时，采取的做法就是“先表扬，后批评，再表扬”的“夹心饼”批评艺术。这就是说，无论批评什么事情，必须找点值得表扬的事留在批评前和批评后说，绝不可只批评不表扬，这是玫琳凯严格遵循的一个原则。

想要在批评中加入赞美的成分，就需要掌握以下技巧。

1. 用称赞打开对方的心扉

过分严厉地批评不但不会改变事实，反而只会招致愤恨。给予他人亲切的言词和称赞，对建立彼此的友好关系有很大的帮助。一位公司经理说：“称赞能使员工兴奋，也能使你发现对方的许多优点，而当你批评他时，他也会欣然接受。”如果你真想批评人，不妨用这样的话开始：

“小李，你所提出的建议很好，我们从中受益许多。不过，有一点……”

“小张，自从你进入公司以来，你的业绩一直非常优异，大家都是有目共睹的，只有一点要请你改善，相信你也能够做得更好！”

2. 当众赞美，私下批评

每个人都喜欢听赞美的话，而且如果这种话是当众听到的，就会更加觉得有面子。反之，有关批评的话要私下说，这样，除了能照顾到对方的面子外，对本身的形象也会产生好的影响。

3. 批评和表扬相结合

对于每一个人来说，批评的同时别忘记表扬，表扬是批评的“润滑剂”。表扬是激励，而批评更重要的是引导。有位棒球教练在纠正选手动作时，不说“不对，不对”，而说“大致上不错，但如果再纠正一下……结果会更好。”他并非否定选手，而是先加以肯定，然后再修正。

4. 以褒扬的方式结束批评

不能在友好的气氛下结束的批评，不能算是真正的结束。不要在事情还没有解决之前，就搁置下来，过后再进行一次讨论，而应该在有了结论之后即刻结束批评。你可以莞尔一笑：“我知道你是信得过的人。”或：“我相信你能抓住要领，好好干下去。”千万不要这样说：“以后不可以再犯错。”或：“我希望很快就能看到你好的表现，不然的话……”

批评人是一门艺术，做领导的需要掌握一些技巧，这样才能达到教育的目的，还不致使下属产生抱怨、抵触情绪，影响上下级关系和工作的质量。

纠正下属的过错时，把指责变为商量

心理学家研究表明，谁都不愿把自己的错处或隐私在公众面前曝光，一旦被人曝光，就会感到难堪或恼怒。因此在交际中，如果不是为了某种特殊需要，一般应尽量避免触及对方所避讳的敏感区，避免使对方当众出丑。必要时可委婉地暗示自己已知道他的错处或隐私，给他一种压力，但不可过分，只需“点到而已”。为了顾全他人的面子，当你准备指出别人的过错时，最好能把指责变为商量。

一个领导找下属谈话：“今天我们就这个问题作一些探讨。”“我觉得在这一点上你的做法似乎有些不妥。”这儿强调的是某一局部环节，而不是一览无余地推及全部。口气中带有商量、劝慰的味道。这样的批评容易让人接受，从而起到促使其正视问题、改正错误的作用。

但如果这样说：“我看你这辈子是不会好了！”“你真是屡教不改啊！”说者可能出于无奈，恨铁不成钢。但对听者来说，这无疑是一种宣判，很难让人从心底里接受，自然也起不到批评的作用。因此，在批评别人的时候，一定要给他留有余地，不要把事情做得太绝了，那样反而会适得其反。

当某个员工的错误妨碍了工作正常有序的进行时，我们需要对他进行批评，促使其改变态度和言行。不过，要注意讲究方式方法。

有个叫约瑟芬的食品店店员，在一次运货时因马虎而使食品店损失了两箱果酱。为此，老板对他进行了如下一番批评：“约瑟芬，你犯了个错。但上帝知道，我犯的许多错误比你还糟。你不可能天生就万事精通，只有在实际的经验中才能不断进步，而且你在这方面比我强多了。我还曾做过那么多愚蠢的事，所以我不愿批评任何人，但你难道不认为，如果你换一种做法的话，事情能够更好一点吗?”约瑟芬愉快地接受了老板的批评，从此做事认真多了。

食品店老板对店员的批评有一个突出的特点，那就是把他犯的错误和自己曾经犯过的错误结合到一起，一边批评一边作自我批评，让店员感到老板严厉中透着理解，责怪中透着信任，既不刺伤对方的自尊心，又很容易引发其认同感，让他在坦诚的气氛中接受了老板的批评。

一个管理者，在工作中免不了要批评人。但怎样批评、什么时候批评、批评时语气怎样，都与批评的效果有着十分必然的联系。在批评别人时，要多替对方考虑，给对方留有余地，这样才能够让下属心悦诚服地接受。

查尔斯·施瓦布一天中午路过他的炼钢车间，发现有几个工人在抽烟，而在他们的头上就挂着一块写有“禁止吸烟”字样的牌子。这位老板怎么对待他的伙计们呢？施瓦布深谙批评之道，他走到这些人跟前，递给每人一支雪茄，说：“年轻人，如果你们愿意到别处去吸烟，我将非常感谢。”胆战心惊的工人们心里有数，头儿知道他们坏了规矩，但他什么也没有说，相反送给每人一支雪茄，他们感到了自己的重要，因此也更加敬重自己的上司，并且他们以后再也没在车间抽过烟。

批评之前，要尽量创造一个和谐的气氛。做错事的一方，很可能会产生不由自主的抵触情绪。即使他表面上接受，内心里却不见得赞同。

所以，先让他放松下来，然后再开始你的批评，这样才能达到比较好的效果。

从某个角度来说，批评的目的在于使被批评者觉悟，从而纠正自己的行为。批评人不能把人看死，不能把话说偏。正确的批评方法是，批评时注意把握分寸，措辞严厉但不过头，给被批评者留有改正错误的机会。

间接批评，收到预期效果

要想使你的批评收到预期效果，首先就要让对方听进去话。很显然，那种不顾对方的心理感受，任由自己喋喋不休的批评方式，是无法实现这一目的的。所以，间接批评不仅是出于照顾对方的自尊心，更主要的是，它能实现你想得到的预期效果。

批评是一门艺术，但如果只是粗暴、简单地运用批评，不仅不能有效地促进下属改进工作，反而会严重损伤他们的积极性和自信心。因此，我们必须善于运用批评技巧，通过批评来达到目的。

1. 批评别人从批评自己开始

作为上司，批评之前首先要学会自我批评。批评需要营造行之有效的氛围，在冷冰冰的气氛里很难收到良好的批评效果。批评下属之前先谈一谈自己从前犯过的类似错误，一方面可以为对方提供活生生的例证，让他从例证中认识到犯错的严重后果；另一方面也可以带给对方一定程度的认同感，拉近彼此的心理距离，营造出心胸开阔、坦诚相见的批评氛围，从而使对方更容易接受。

2. 侧面批评更有效

发现下属的缺点和错误，本着对事业负责的态度，提出批评，这也是你应该做的事情。但是，要达到既使下属改正缺点，又不伤上下级感情的目的，就要讲究批评的技巧，把握批评的方式，否则将会事与愿违。

一次，张震将军视察某部“红一连”。连长、指导员汇报道：“连队四年达标，年年先进。”

张震将军问连长：“你们达的什么标?”连长支吾。

又问指导员、教导员，也答不上来。再问团长、政委，结果也一样。

张震将军生气地说：“达的什么标都不知道，还达什么标？有个旧戏，叫《法门寺》，台上的人在上面一喊，下边的人不管听懂还是没有听懂，也跟着‘嗯’地答应一声，然后一声声传下去，一声声往下‘嗯’。我们可不能搞法门寺作风。”

张震将军通过类比的方法，对军队中的错误作风进行了尖锐的批评，既给官兵留了一定的面子，又把错误的性质刻画得入木三分，达到了很好的批评效果。

3. 批评要尽量“对事不对人”

美国著名管理学家斯蒂芬·罗宾斯一再强调，训导应对事不对人。作为领导者，批评要尽量“对事不对人”，也就是多从事情找原因，少从个人找原因。下属做错了事应该受到批评，可问题的关键在于批评是针对下属做错的事情还是下属本人。领导者一定要记住，批评员工是因为他违反纪律或业绩达不到标准，批评的目的是为了鞭策员工，激发员工的潜能，而不是对其进行攻击。

批评应该着重描述事实而不是判断或评价。无论管理者怎样心烦，训导也应该只针对工作，而不要针对个人。批评下属“笨”、“不够资格”等只能起反作用。这样的训导会刺伤下属的感情，以至于下属忽略了绩效的问题。

第三节　幽默的技巧

幽默是与下属交流的润滑剂

在说话艺术中，幽默是运用意味深长的语言再现现实生活中喜剧性的特征和现象来传递某种特殊信息的一种表达技巧。懂得风趣幽默的人，往往三言两语，就妙趣横生，不仅使人忍俊不禁，而且能使人领悟到其中蕴涵的智慧和哲理。

幽默能显示出一个人的风度、素养和魅力，让人在忍俊不禁、轻松活泼的气氛中工作和生活。幽默是一种高深的说话艺术，它不仅能给周围的人带来欢乐和愉快，同时也可以提高个人的语言魅力，为谈话锦上添花。

作家冯骥才在美国访问时，一位美国朋友带着儿子去看他。他们谈话间，那个壮得像牛犊的孩子，爬上冯骥才的床，站在上面拼命蹦跳。如果直截了当地请他下来，势必会使其父产生歉意，也显得自己不够热情。于是，冯骥才便说了一句幽默的话："请你的儿子回到地球上来吧！"那位朋友说："好，我和他商量商量。"结果既达到了目的，又显得风趣。

从语言的运用上来说，冯骥才只玩了个"大词小用"的花样，把"地板"换成了"地球"，如此一来，这句话的幽默效果就凸显了。

不论在任何时候、任何场合，幽默都能帮助我们打开沟通的大门。只要你稍微留意一下，生活中到处都可以发现许多不易为人察觉的幽默。在日常生活中，一句妙言、一则笑话或者是一段小故事就能够让我们消除紧张、化解矛盾、摆脱尴尬、永葆和谐。正如爱默生所讲："如果你想统治这个世界，就必须使这个世界有趣。"

幽默是人际交往的润滑剂，它能使双方在笑声中相互谅解和愉悦。心理学家凯瑟琳说过："你能使周围的每一个人甚至是整个世界的人都对你有好感。只要你不只是到处与人握手，而是以你的友善、机智、幽默去传播你的信息，那么时空距离就会消失。"幽默能够引发喜悦，带来欢乐。幽默可以改善自己的人格和品质。幽默在文明社会中已经成为人们精神生活的一个重要方面。

调查发现，白领人群的压力七成来自办公室。调查也发现，晋升快、薪水涨幅大、同事好评如潮的领导人八成善用幽默，所以，你应该让自己在八小时以内做一颗开心的糖豆，保持轻松的心态，用幽默调节职场空气。

其实，不论是老板还是其他领导，都可以在平淡无奇的工作中制造一些令人开怀的事情。

比如，下属近来"表现"良好，在会议中维护同仁，为同仁争取权益，领导者就可以在工作会议后，向他颁发一张电脑打印的"奖状"，并告诉他"同仁们觉得你近来表现良好，记嘉奖一次"。这将会促使下属更加尽心尽力地工作。

要想在下属心中留下好印象，幽默风趣是重要因素。幽默有助于心灵的沟通，拉近人与人之间的距离，是与人建立良好关系的不可或缺的黏合剂。尤其当一个领导要表达内心的不满时，如果能使用幽默的语言，对方听起来也会比较顺耳；当一个领导需要把下属的态度从否定改变为肯定时，幽默是最具说服力的语言；当一个领导和下属关系紧张时，即使在一触即发的关键时刻，幽默的语言也可以摆脱不愉快的窘境或消除矛盾。

所以，在人际交往中，不妨多多尝试幽默，它不仅可以弥补你口才方面的不足，还能成为你与下属沟通的助推器，提升你的人气。

运用含蓄幽默的语言，说出问题的关键

作家普里兹文曾经说过：“生活中没有哲学还可以应付过去，但是没有幽默则只有愚蠢的人才能生存。”幽默是一个人的学识、才华、智慧、灵感在语言表达中的闪现，是一种“能抓住可笑或诙谐想象的能力”。

恩格斯说过：“幽默是具有智慧、教养和道德上优越感的表现。”在现实生活中，领导者尤其需要幽默，表现其运筹帷幄、决胜千里的魅力。巧妙地运用含蓄幽默的语言，看起来是轻描淡写，但实际上却说出了问题的关键。

在《资治通鉴》中有这样一个故事：

宋太祖赵匡胤在臣子张思先面前说下大话：“因你这次为君为国作出如此重大贡献，我决议让你官拜司徒。”

张思先左等右等总不见任命下来，可是又不好当面质询，这会让皇帝面子上不好看，也可能此事就吹了。左思右想，他只能幽默一下，来个皆大欢喜。

有一天，张思先故意骑一匹奇瘦之马从赵匡胤面前经过，并惊慌下马向皇帝请安。赵匡胤问道：“你这匹马为何如此之瘦？是不是你不好好喂它？”张思先回答：“一天三斗。”赵匡胤问：“吃得这么多，为何还如此之瘦？”张思先回答：“我答应给它一天三斗粮，可是我没给它吃那么多。”于是，两人大笑不止。赵匡胤是个聪明人，马上有所顿悟，第二天就下旨任命张思先为司徒长史。

幽默的人说出话来虽让人感到如憨似傻，却因心境豁达，反而令人感受到他厚实的天性和无穷的智慧。

经多次心理测验证实，幽默感测试成绩较高的人，往往智商测试成绩也较高，而缺少幽默感的人其智商测试成绩平平，有的甚至明显缺乏

应变能力。

正如莎士比亚所说："幽默是智慧的闪现。"与幽默相联系的是智慧。对于一个才疏学浅、举止轻浮、孤陋寡闻的人来说，是很难生出幽默感来的。具体来说，产生幽默的条件至少应包括以下几个方面：广博的知识和深刻的社会经验；敏锐的洞察力和想象力；高尚优雅的风度和镇定乐观的情绪；具备良好的文化素养和语言表达能力。

英国大文豪萧伯纳的剧本《武器与人》首次公演即获得巨大成功。观众们要求萧伯纳上台接受群众的祝贺。当萧伯纳走上舞台，准备向观众致意时，突然有人对他大声喊叫："萧伯纳，你的剧本糟透了，谁要看？收回去，停演吧！"观众们大都以为萧伯纳肯定会气得发抖。哪知道，萧伯纳非但不生气，还笑容满面地向那个人深深地鞠了一躬，很有礼貌地说："我的朋友，你说得很好，我完全同意你的意见。"说着，他转向台下的观众说："遗憾的是，你我两人反对这么多观众能起到什么作用呢？你我能禁止这个剧本演出吗？"萧伯纳话音刚落，全场就响起了一阵快乐的笑声，紧接着是观众对萧伯纳暴风骤雨般的掌声。那个挑衅者只好灰溜溜地逃出了剧场。

幽默，是一种行为的特性。它是以一种愉悦的方式让别人获得精神上的快感。美国一位心理学家说过："幽默是一种最有趣、最有感染力、最具有普遍意义的传递艺术。"幽默的语言能使社交气氛轻松、融洽，利于交流。

总之，幽默不仅是一种说话技巧，更是一种智慧，这种智慧中蕴涵着宽容、谅解以及灵活的人生姿态。当你掌握了幽默这门人际沟通的艺术时，你会发现，它可以在任何场合中让你与人愉快沟通，并能发挥意想不到的作用。

说好幽默话语，摆脱尴尬局面

领导者在社交场合中，往往会遇到令人发窘的问题和尴尬的处境，那么怎样才能做到遇事不惊乱，从狼狈难堪的境地中解脱出来呢？运用急中生智的幽默是最好的方法。会说话的人会巧妙地用幽默轻轻拂去可能飘来的一丝不快，改变人们的心情和处境，建构起特有的幽默氛围，巧妙得体地摆脱自己遇到的尴尬场景。

1944年秋，艾森豪威尔亲临前线给盟军第29步兵师的数百名官兵训话。当时，他站在一个泥泞的小山坡上讲话，讲完后转身走向吉普车时突然滑倒。原来肃静严整的队伍轰然暴响，士兵们不禁捧腹大笑。面对突发情况，部队指挥官们十分尴尬，以为艾森豪威尔要发脾气了。岂料，他却幽默地说："从士兵们的笑声看来，可以肯定地说，我与士兵的多次接触，这次是最成功的了。"

在日常生活中，人们会参加许多社会活动，在这些活动中可能会遇到各种不同的窘况，当你面临这种窘况，而一时又找不到应对措施的时候，就可以想出幽默的语言来帮助你摆脱窘境。但要做到这一点，就需要冷静、乐观、豁达，使自己的精神处于一种自由、活跃的状态，说出机智而又幽默的语言，帮助你脱离困境。

与人相处的过程中，尴尬局面是不可避免的，假如你这时能来点幽默，就会在很短的时间内制造出热烈的气氛，摆脱窘境。就像富兰克林·罗斯福所说的那样："幽默是人际沟通的洗涤剂。幽默能使激化的矛盾变得缓和，从而避免出现令人难堪的场面，化解双方的对立情绪，使问题得到更好的解决。"

在南部非洲发展共同体首脑会议上，南非前总统曼德拉获得了"卡马勋章"。在获奖感言的开场白中，他幽默地说："这个讲台是为总统们设立的，我这个退休老人今天上台讲话，抢了总统的镜头，我们的总统一定很不高兴。”话音一落，笑声四起。

笑声过后，曼德拉正式发言。当讲到一半时，他发现讲稿的页次乱了，不得不停下来整理。这本来是一件有些尴尬的事情，但他却不以为然，一边整理一边脱口而出：“我把讲稿的次序弄乱了，你们要原谅一个老人。不过我知道，在座的一位总统在一次演讲的时候也曾把讲稿的次序弄乱了，但他却不知道，照样往下念。”整个会场哄堂大笑。

曼德拉面对尴尬和窘迫还用如此机智的方式自我解嘲，他的这种风趣便是我们常说的幽默。幽默语言可以使我们内心的紧张和重压释放出来，化作轻松的一笑。在沟通中，幽默语言如同润滑剂，可有效地降低人与人之间的“摩擦系数”，化解冲突和矛盾，并能使我们从容地摆脱沟通中可能遇到的困境。

在与下属的交往中，也难免会发生一些不必要的摩擦。这时，如果你从容地开个玩笑，紧张的气氛就能消失得无影无踪，而且对方还会被你的魅力吸引，被你的宽广胸怀感动，最后真正接受你。

不论你从事的是什么行业，幽默的力量都能为你的工作增色不少。它能帮助你含蓄而豁达地表现自己，帮助你成功地与人交往和沟通，帮助你在逆境中将困难一一化解。风趣幽默的语言往往能产生“四两拨千斤”的力量，达到举重若轻、一言九鼎的交际效果。

自嘲是一种充满魅力的交际技巧

幽默的一条重要原则，就是宁可取笑自己，绝不轻易取笑别人。海利·福斯第曾经说过：“笑的金科玉律是，不论你想笑别人什么，先笑自己。”自嘲，也是自知和自信的表现，本身也是一种幽默。

自嘲是在自己尴尬的处境下，诙谐地为自己进行辩解或嘲讽的一种说话方法。自嘲时，自暴其丑显示了一个人的大度和坦诚。勇于暴露自己的问题，揭露自己的短处，这样的人往往被人视为可信的人。自嘲术的使用，使人能轻松、愉快地正视自己的弱点，摆脱困境，增强自信心。在与下属相处的过程中，它能有效地协调自己与下属之间的紧张关系，张扬解嘲者幽默风趣的个性。

姚丽丝是一家大公司公共关系的协调人，在一年半之中，她连续雇用并训练了三位秘书，但最后这三位都离职他就。

“这是怎么回事?”她开始怀疑自己，“为什么我连一个秘书也留不住?”

在一位下属面前她看清了自己。“这三位秘书都是在公共关系方面找到了更好的工作，我应该感到骄傲，因为我帮她们往上爬。”

“我的困扰就在于入错行了，”姚丽丝打趣地说，“我应该去当老师。我教得太好了，下次我不应再把秘书训练得这么好。”

在职场中，自嘲作为一种工具，自有独特的功效。善于自嘲的领导总能受到下属的欢迎。笑自己的长相，或笑自己做得不很漂亮的事情，会使我们变得较有人性，并给人和蔼可亲的感觉。

幽默一直被人们称为只有聪明人才能驾驭的语言艺术，而自嘲又被称为是幽默的最高境界。在职场上，能在和人相处的过程中恰当地运用自嘲者，一定是智者中的智者。

一位发胖的女演员拿自己的体型开玩笑：“我不敢穿上白色游泳衣在海边游泳。我一去，飞过上空的美国空军一定大为紧张，以为他们发现了古巴。”一句自嘲摆脱了窘境，大家反而觉得这位胖女士有可爱的性格和豁达的心胸。

由此可见，适时适度地自嘲，不失为一种良好的修养、一种充满魅力的交际技巧。自嘲，能制造宽松和谐的交谈气氛，能使自己活得轻松洒脱，使人感到你的可爱和人情味，有时还能更有效地维护面子，建立起新的心理平衡。

说好幽默话的诀窍：幽默要适“度”

领导和下属谈话时，可以适当点缀一些俏皮话、笑话、歇后语，从而取得良好的效果。只要使用得当，就能把抽象的道理讲得清楚明白、诙谐风趣，产生一种吸引力，使下属愿意和领导交流。

想说好幽默的话，就得掌握其中的诀窍。那么怎样说好幽默的话呢？

1. **使用双关语言**

使用双关语言是产生幽默的最常见的方法。所谓双关，也就是你说出的话包含了两层含义：一是这句话本身的含义；另一个是引申的含义，幽默就从这里产生。也可说是言在此意在彼，让听者不只从字面上去理解，还能领会言外之意。

2. **正话反说**

正话反说就是字面上赞同对方，而真正的含义又促使人不得不在笑声中醒悟，从而达到了说服、教育的目的。

秦朝的优旃是一个有名的幽默人物。有一次，秦始皇要大肆扩建御园，多养珍禽异兽，以供自己围猎享乐。这是一件劳民伤财的事，但大臣们谁也不敢冒死阻止秦始皇。这时能言善辩的优旃挺身而出，他对秦始皇说：“好，这个主意很好，多养珍禽异兽，敌人就不敢来了。即使敌人从东方来了，下令麋鹿用角把他们顶回去就足够了。”秦始皇听了不禁破颜而笑，并破例收回了成命。

优旃之所以成功地劝服秦始皇，主要是使用了幽默的力量。他的话表面上是赞同皇上的主意，而实际意思则是说，如果按皇上的主意办事，国力就会空虚，敌人就会趁机进攻，而麋鹿是没有能力用角把他们顶回去的。

2. 仿拟

仿拟即故意模仿套用已有的固定语言形式来叙说的一种表达方式，主要特点是套用现有的词、句、篇等语言形式来揭示所描述事物的内在矛盾，创造出新的意境。

苏轼有位姓刘的朋友，因晚年患病，鬓发、眉毛尽皆脱落，鼻梁也快要断了。一天，苏轼同许多朋友相聚饮酒，这位姓刘的朋友建议大家各引古人语相戏。苏轼对这位姓刘的朋友说："大风起兮眉飞扬，安得壮士兮守鼻梁！"满座大笑。

苏轼仿的是汉高祖刘邦的《大风歌》："大风起兮云飞扬，威加海内兮归故乡。……安得猛士兮守四方。"的首尾两句，两相对照、趣味盎然。

3. 有意曲解

所谓曲解，就是歪曲、荒诞地进行解释，以一种轻松、调侃的态度，对一个问题进行广泛地解释，将两个表面上毫不沾边的东西联系起来，造成一种不和谐、不合情理、出人意料的效果，从而产生幽默感。

经理见一个烟鬼总是在工作时抽烟，便想了一个办法，在墙上写了几个大字：

"工作时不准抽烟！"

谁知这烟鬼依然如故。经理只好当面指指墙上的字对他说："先生，呶。"

"看见了，经理。"烟鬼说，"您瞧，我从来都是在抽烟的时候放下工作的。"

4. 夸张

将事实进行无限制的夸张，造成一种极不协调的喜剧效果，也是产生幽默的有效方法之一。

马克·吐温有一次坐火车到一所大学讲课。因为离讲课的时间已经不多，他十分着急，可是火车却开得很慢，于是他想出了一个发泄怨气的办法。

当列车员过来查票时，马克·吐温递给他一张儿童票。这位列车员也很幽默，故意仔细打量，说：“真有意思，看不出您还是个孩子哩。”

幽默大师回答：“我现在已经不是孩子了，但我买火车票时还是孩子，火车开得实在太慢了。”

火车开得很慢确是事实，但绝不至于慢到让一个人从小孩长成大人。这里便是将慢的程度进行了无限制的夸张，产生了特殊的幽默效果，令人为之捧腹。

一个领导者不仅要善于幽默地调侃他人，也要能接受他人的幽默调侃，如此才能赢得友谊，成功建立社交关系。

另外，需要提醒大家的是，职场上的幽默有一些潜规则，如果你触犯了这些潜规则，不但不能让人开心，反而会让对方反感、误会。这些规则包括：

（1）工作场所尽量不说黄色笑话，特别是在女下属面前，她们可能会觉得被骚扰。

（2）不要拿下属工作上的表现来讲笑话。

（3）避免讲关于宗教、种族、国籍、性倾向等方面的笑话。

（4）尽量只开关于自己的玩笑，这样下属会觉得你容易接近，因而乐于接近你。

（5）如果要开比较亲近的下属的玩笑，尽量拿那些无伤大雅的小事来说。

总之，幽默应掌握恰如其分的尺度，还要因时、因人、因地和因内容而定，避免误入禁区。做到了以上几点，你在职场上就会获得更好的人缘。

第九章

团队中的沟通技巧

有效的沟通在团队的运作中起着重要的作用。良好的团队内部沟通，有助于使员工认清团队所面临的形势，理解上司的各种难处，激发团队成员的工作热情，从而使团队拧成一股绳，充满竞争力。对于领导者来说，如何与团队进行沟通，又如何教育员工互相进行沟通，将决定团队的工作效率和结果。

第一节　解决问题的技巧

有效沟通，是解决问题的最佳方式

一个优秀的企业强调的是团队的精诚团结，这其中，如何沟通是一个大学问。对于企业管理者来说，要尽可能地与员工们进行交流，使员工能够及时了解管理者的所思所想，明确责权赏罚，从而使团队在工作中发挥出更大的效能。

企业的成员来自四面八方，如何搞好员工的沟通，是摆放在每一个管理者面前的艰巨任务。一切能力卓著、成就斐然的领导者都有一个共同的特征，那就是十分注重与员工在细节问题上的沟通和理解，由细节的沟通和理解达到整体的沟通与理解。做好大面的沟通，可有效防止矛盾复杂化，而做好细节问题的沟通，却可以解决沉积的矛盾和问题，用最小的成本来团结别人、吸引别人、调动各方面的积极性。

温切尔甜甜圈的主管弗尼的事例就给了我们一个很好的启示。温切尔甜甜圈是属于丹尼餐厅集团的分支机构，弗尼上任时，正逢企业严重亏损期，对公司的情形和未来，员工无不忧心忡忡，士气全无。

当弗尼认识到要摆脱困境就必须一步一步地把市场夺回来时，他的策略就是与每一位员工进行面对面的交谈，向他们说明自己的理想、角色以及未来公司的发展前景，然后他要求每个人都说出公司目前的优缺点，以及如何才能做得更好。他在与员工接触时，都是以个人的身份和员工作一对一的交谈，这样员工才会记得他，才会和其他伙伴与顾客做同样的交流。总之，他的方式从来不是一种控制，而是设法谋求员工的支持，并愿意通力合作以完成任务。

正是通过这种与员工面对面的沟通，协调了内部的意愿，从而使得所有的员工协调一致地为了公司的共同目标而努力工作。这就是弗尼获取成功的关键。

对于管理者来说，有效地与员工进行沟通是非常关键的工作，甚至在某种程度上它直接关系到企业生死。沟通的好与坏，直接影响着员工的使命感和积极性，同样也直接影响着企业的经济效益。只有保持沟通的顺畅，企业的管理者才能及时听取员工的意见，并及时解决上下层之间的矛盾，增强企业的凝聚力。

此外，良好的团队内部沟通，有助于使下属认清团队所面临的形势，理解上司的各种难处，形成上下一条心，使团队拧成一股绳，有序、有节、有度、有竞争力。管理学专家亨利·法约尔曾说："沟通决定了管理。"领导与员工之间的有效沟通是任何团队管理艺术的精髓。

身为领导，你必须经常依赖他人的大力支持和合作，才能完成使命。因此，你本身成功与否，完全取决于你能否与团队成员进行顺利的沟通。良好的沟通不仅能保证你的交流顺畅，也会为你的工作表现加分。

巧施策略，化解部属之间的冲突

有人的地方就有矛盾。作为一个领导，每天要处理的诸多事情中，下属之间的矛盾是难以避免的。如何调解下属之间的纠纷，实在是一个棘手的问题。处理得好，化干戈为玉帛，共同进步；处理不当，一旦因公事纠纷引起私人恩怨，恐怕日后在工作上就会成为难以解开的心结。

"公说公有理，婆说婆有理。"下属之间的纠纷有时不易分清和处理。如两个下属因私事交恶，互不理睬，而作为公司领导的你成了双方拉拢的对象。你本来是深明公私分明之理，但问题是两位下属将事情弄得混淆不清，令你不知如何是好。此时你既不可袖手旁观，又不要深陷其中。保持客观、淡化事态、妥善解决才是最佳选择。

经理吴锐正坐在办公室里处理文件，一阵激烈的争吵声打断了他的思路。他实在听不下去了，就拉开了办公室的门，只见他的两个部下小赵和小李正脸红脖子粗地嚷嚷着什么。“别吵了！”吴锐打断了他们，“告诉我究竟是怎么回事！”“我实在不能忍受小李了，”小赵说道，“他给我的数据总是出错，这一次更是错得离谱。我看他这个人一贯对工作不负责任。”

小李反唇相讥：“胡说，我是有一两次弄错过数据，可是问题不在我，是电脑统计时出的错，你凭什么说我对工作不负责任！再说你不也经常出错吗？你有什么资格对我指手画脚。”

吴锐把小赵和小李两个人叫进自己的办公室，他这样对他们说：“你们俩争论的问题我已经清楚了。我想说的是，这件事情到此为止，谁也不要再提了。错误是在所难免的，我本人有的时候也会犯错误。因此关键是找到错误的原因，并在今后的工作中避免再犯错，而不是非要争个谁是谁非。你们在一起共事的时间也不短了，我希望你们能够以大局为重，不要让个人之间偶尔发生的不愉快影响工作。”

吴锐超脱于局外，冷静观察和思考，对下属动之以情，晓以大义，达到了调解二人之间矛盾的目的。团队中的人际关系是十分微妙的，尤其是在有利害关系的下属之间，时常容易发生大大小小的矛盾冲突。对于绝大多数的冲突，管理者没有必要去追查事情的来龙去脉、前因后果，要做的事情只是告诉矛盾的双方就此打住，不要把事态扩大，而要以工作为重。

毫无疑问，对于各种人事矛盾，领导者当然必须迅速察觉、及时解决，但在具体处理时却必须慎重，不能简单地打压和放任。这里介绍一些处理矛盾和冲突的技巧。

1. **深入调查，当场解决**

这是指对不太复杂的矛盾纠纷，在深入细致地调查研究的基础上，由领导把矛盾纠纷的双方召集在一起，当面锣对面鼓，把矛盾揭开，把事实真相公开，当场把处理意见拿出来，让矛盾纠纷双方遵照执行。当场解决矛盾纠纷，要特别注意两点：第一，事实真相必须准确无误；第二，领导的处理意见要入情入理，客观公正。

2. **选择“冷处理”的策略**

“冷处理”就是让纠纷双方冷静下来。当事人正在气头上，让当事人暂时分开，或让其中一方先回避，整个过程中，需要领导者有足够的耐心。

由于人际关系矛盾不同于纯粹的工作纠纷，其中往往有着更为复杂的因素，所以，对待这方面的纷争就不能片面“求快”，而是应当把“求稳”放在第一位。在这种事情上，领导者应切记“事缓则圆”、“欲速则不达”的古训。

有一次，一家公司的销售部员工小马与小刘因为工作分配问题发生了纠纷，最后竟发展到剑拔弩张、水火不相容的地步。当这家公司的经理知道这一情况后，并没有急于把双方找来平息纷争。他首先做了一个“冷处理”：分别给他们俩各放一天假休息，让他们先平息各自的怨恨和火气。两人同时离职后，经理便开始着手调查发生纠纷的原因。经过召开座谈会、问卷调查、个别谈心等形式，弄清了矛盾纠纷的原委。

此后，经理找到两人，首先诚心诚意地做了一番自我批评，把引起矛盾纠纷的原因首先归咎于自己的工作疏忽；然后，他又分别与这两名员工谈心，帮助他们找原因、论危害，消除思想和心理上的隔膜，直至他们从思想上彻底想通，和好如初。

3. **保持中立状态，不能有偏袒**

处理冲突时领导一定要保持中立状态，不能有偏袒。偏袒只会使冲突激化，而且还可能产生冲突移位，冲突的一方很可能会把矛头转向你，使人际矛盾扩大，冲突趋于复杂。

以“参与式”沟通替代“专断式”沟通

被称为日本“经营之神”的松下幸之助，他的管理思想中倾听和沟通占有重要的地位，他经常询问下属：“说说看，你对这件事是怎么考虑的?”他还经常到工厂里去走走，一方面便于发现问题，另一方面有利于听取工人的意见和建议。韦尔奇也是沟通理论的忠实执行者，为了充分了解下情，他喜欢进行“深潜”。可见，掌握与团队成员沟通的技巧和艺术，对领导者无疑有着举足轻重的意义。

有管理学者曾说，员工不仅仅是一双手，而是有思想、有创造力的集体，他们能够主动改变公司的各个方面。毋庸置疑，真正能够推动公司发展的创新大都来自于第一线的头脑；一个公司经营的萎缩，也都从员工思想的僵化开始。因此，领导的任务之一，就是激活员工的思维活力，打开言路，建立起一个充满想象空间的平台，使员工成为有思想的实践者。

沃尔玛公司的股东大会是全美最大的股东大会，每次股东大会公司都尽可能让更多的商店经理和员工参加，让他们看到公司的全貌，做到心中有数。创始人萨姆·沃尔顿在每次股东大会结束后，都和妻子一起邀请所有出席会议的员工约 2500 人到自己的家里举办野餐会，在野餐会上与众多员工聊天，大家一起畅所欲言，讨论公司的现在和未来。为保持整个组织信息渠道的通畅，他们还全面收集员工的想法和意见，通常还带领所有人参加“沃尔玛公司联欢会”等。

萨姆·沃尔顿认为：让员工们了解公司业务的进展情况，与员工共享信息，是让员工最大限度地干好其本职工作的重要途径，是与员工沟通和联络感情的核心。而沃尔玛公司也正是借用共享信息和分担责任，满足了员工的沟通与交流需求，达到了自己的目的：使员工产生责任感和参与感，意识到自己的工作在公司的重要性，感觉自己得到了公司的尊重和信任，从而积极主动地争取更好的成绩。

管理其实很简单：只要与员工保持良好的沟通，让员工参与进来，自下而上，而不是自上而下，在企业内部形成运行的机制，就可实现真正的管理。

实际上，每个人的知识、经验和能力是有限的，只有博采众长，发挥团队力量，才能从各个层面上不断完善决策，确保其正确可行。集思广益，广泛地听取别人的意见，对于成功决策是大有裨益的。

第二节 协调关系的技巧

描绘团队愿景，激发员工的热情

领导者要十分清楚团队的愿景是什么，然后将愿景告知部下。愿景是潜藏在人们心中的一股力量，领导者应为组织成员提供一个清晰而明确的愿景，并倡导组织成员为实现愿景而实施变革。

在进攻意大利之前，拿破仑还不忘鼓舞全军的士气："我将带领大家到世界上最肥美的平原去，那儿有名誉、光荣、富贵在等着大家。"拿破仑很准确地抓住了士兵们的期待，并将之具体地展现在他们的面前，以美丽的梦想来鼓舞他们。

一个吸引人的愿景是成功的一半，它能够充分激发组织成员的热情，形成一股势不可挡的力量。领导必须在愿景和愿景实现的可信度之间建立明确的联系，使组织成员相信这个愿景是可行的，并且使组织中的每个成员都承担起应有的责任，组织目标才能实现。

台湾悦智顾问公司董事长黄河明曾说过："领导者的主要任务是分享愿景，带领团队追求共同的目标，并协助员工发展其能力。"

黄河明刚到惠普台湾公司任职时，IBM 控制了中国台湾 60% 的市场份额，惠普只是第三四名，黄河明的目标是要取得第二名。他意识到，要达到目标就必须想方设法调动员工的积极性。为此，黄河明给了整个项目管理团队各种奖励与升迁机会。但他发现，仅有奖励和升迁，并不能留住员工。

经过深刻的自我反省，黄河明得出了自己的结论：要给员工适当的引导，这个适当的引导就是为员工设立更具挑战性的目标。目标愿景不应只与企业利润有关，还要结合员工的个性与梦想。所以在1994年，他为公司提出新的愿景：超越IBM，企业形象在中国台湾地区进入前十名，成为本地优秀学生的最佳选择和最令人推崇的科技公司。

为此，他开始注意提升公司形象，关注惠普在新闻媒体中出现的频率。他还提倡员工选择自己喜欢的工作，支持、协助员工发展其多方面的能力，改善公司薪酬福利。

上述措施的结果便是员工满意度从50%提高到72%，而且培养了一大批人才。截至2000年，惠普台湾公司业绩不仅超过IBM，还有二十多位员工被派往惠普亚太区任职。

愿景最有价值的特色之一，就是它像一块坚固的磁石，具有吸纳和联合他人的强大作用。愿景越宏伟，就越能激发自身的内在潜能；愿景越具有挑战性，就越能激发参与者的拼搏。珀拉罗伊德公司的创始人艾德恩·蓝迪就此说过："你的首要任务就是使人们感受到远见的重要性及不可或缺性，这将把每个胜利者内心的无穷动力激发出来。"

如何描绘团队愿景，并无一定之规。一般来说，它分为三个阶段：告知、宣传、共同创造。

1. 将愿景告知下属

所谓"告知"，首先要求领导十分清楚团队的愿景是什么，然后将愿景告知下属。在这个过程中，传达信息的方式要直接、清晰和一致；领导者对于公司的现状一定要说实话；可以描述细节，但不要描述太多的细节。因为愿景只是一幅想象的图景，需要人们根据各自的偏好进行想象。

2. 多进行正面宣传

在宣传阶段，领导应保持与组织成员的沟通，帮助他们自发地投入，而不要操纵他们；不仅要较具体地勾画出愿景，而且要把重心放在愿景所能够为组织及其成员带来的好处上。简言之，要多进行正面宣传，反馈积极的信息。

3. **推动共同愿景的实施**

所谓“共同创造”，已经是具体实施的阶段，也就是每个人开始为愿景而工作的阶段。一个组织的改革，若没有中层领导者的参与和推动，根本无法完成。而领导者在推动建立共同愿景时，也应注意一些方法与技巧。

（1）以个人愿景为团队愿景的基础。史密斯说：“组织变成了人们自我实现的工具，而不只是他们隶属的机器而已。”这就是说，只有当团队成员不把自己视为团队的附属物的时候，他们才可能将共同愿景视为个人愿景的体现，并为建立共同愿景而贡献自己的智慧与才能。

（2）用过渡的远景来鼓舞士气。共同愿景应是组织发展的远大目标，能反映组织中各个成员的个人愿景。但情况往往是，如果共同愿景的目标过高，与现实之间的距离过大，就有可能使组织成员觉得目标高不可攀而失去信心。因此，作为组织的领导者，一方面应将共同愿景具体化；另一方面可将共同愿景“阶段化”，即设定一些过渡性的阶段目标，以便让员工们看到未来发展的可能性及实现远大目标的可行性。

闲谈能够增进了解，加深沟通

有效的交流和沟通，能够促进组织内部成员的相互理解和默契程度，是做好工作的必要前提。是否善于与内部成员交流感情，沟通想法，是领导能力的体现之一。作为领导，并不是每时每刻都必须考虑工作才算尽心尽职，他应该向人们展示他不同的侧面，如生活、情趣、感情等。这样，人们才能与他产生共鸣。在这些展示中，闲谈是必不可少的。

我们谈到沟通时，就会联想到开会、座谈、学习文件等，但是常常会忽略一个很细微却很有效的方式：闲谈。在日常生活中的谈话可统称为闲谈。闲谈之所以能够有效地增进了解，加深沟通，是因为它所营造的那种平和的气氛，可以使人精神上松弛，更容易接受外来的信息。

一般来说，人们总是喜欢通过闲谈来反映某种情绪要求，不善言谈的人常对周围的人事变化、生活琐事一无所知。不屑闲谈的领导会被人认为“难接近”、“很清高”，这是感情沟通的障碍，因为人们总是对严肃的人敬而远之。假如你在吃饭时与大家谈谈食品营养、各种菜式，与女下属谈谈环境、卫生、孩子教育，与男下属说说桥牌、围棋、足球，那么他们在感情上与你的呼应是非常明显的。

社会心理学调查证明，对强人、能人所表现出来的亲切随和，人们格外感兴趣。因为他们出色的工作已经产生了与众不同的影响，所以人们更希望能与他们在感情上有所沟通，否则就会产生相距甚远、不可企及的想法，逐渐产生隔阂。

美国前总统里根是个人缘不错的人，爱开玩笑，不摆架子。一次，有记者夸奖他的新西服很漂亮，里根说，不是新的，已经买了四年了。回到白宫，里根又打电话给记者，说，我纠正一下，刚才记错了，不是四年，是五年。他并不觉得为这样的琐事打电话有什么不好，而很多人却从这样的琐事和闲谈中，感觉里根很随和，容易接近。

借着闲谈、聊天，可以向对方倾诉自己的感情，让对方了解自己的想法，并了解对方的感情。这是人与人之间最普遍、最有效率的情感交流方法，对人际关系的建立帮助很大。另外，又可因为杂谈或聊天，缩短彼此的心理距离，从而使人际关系得以滋润。

管理专家们观察到，那些业绩杰出的公司都有一个共同特征，那就是笑声源源不断。一个笑声不断的工作场所，或者随处可见同伴之间谈笑或杂谈的工作场所，其士气肯定旺盛无比，这样的例子相当之多。

美国的迪斯尼制片公司规定，从董事长到一般职员，只佩戴没有职称的标牌，为的是大家交谈时可直呼其名，类似于平时的闲谈，以减少心理压力，更随便一些。还有一家公司将公司餐厅里的小圆桌搬走，换上一种长条桌，目的是让素不相识的人增加相互接触的机会，而小圆桌则总是那么几个熟人坐在一起。

国外一些优秀企业在营造合适的氛围方面想出了不少好点子。奥田是丰田公司第一位非丰田家族成员的总裁，在长期的职业生涯中，他赢得了公司内部许多人士的深深爱戴。他有 1/3 的时间在丰田城里度过，常常和公司里的多名工程师聊天，聊最近的工作，聊生活上的困难。另有 1/3 的时间用来走访 5000 名经销商，和他们聊业务，听取他们的意见。

寒暄是闲谈的一种方式。寒暄式的交谈，既表现出对对方的关心，又表示出自己愿意与之保持良好关系的愿望。有些人为了在寒暄中表示亲近，花费大力气记住别人的姓名，结果自然容易得到别人的好感。

休息时间中的闲谈也很重要。领导者在午休时和员工一起轻松地聊天，话题不妨放在个人的梦想、公司将来的计划上，甚至只是空想也可以，从谈话之中，一定可以得到启发。常有人说，人与人之间会借着天南地北的闲聊而产生出亲切感。

互相谈些有趣的话题或做些无所谓的闲聊，确实可以促进彼此之间亲切的感觉，相反，若没有说这些闲话的机会，彼此间的关系就会越来越疏远。那些听起来毫无价值的闲话，对于建立良好的人际关系非常有价值，可以说是人际关系的润滑油。

闲谈可能产生一些弊病，如小道消息、捕风捉影等，但作为一种社会互动形式，它们是必然存在的。领导者应合理使用，扬长避短。闲谈就如同一张巨大的信息网，会有各种信息传来，只要反应敏锐，捕捉及时，对管理工作肯定大有裨益。

如何做好跨部门沟通

随着经济的发展，现在的企业管理越来越层次化，企业内部跨部门之间的沟通愈加频繁。在实际工作中，我们每天花在沟通上的时间很多，跨部门沟通通常要占到沟通的一半以上，沟通无处不在。有效的沟通能提高工作效率，降低企业的运营成本。

在实际的跨部门沟通中，我们应该怎么做才更好呢？有关专家指出，在跨部门沟通中，对于同一个问题，每个人都有自己的想法，这往往并没有对错，只是双方看问题的角度不同，或者是双方对同一问题的表述不同。所以，在跨部门沟通中出现分歧是正常的，这就需要将沟通的双方拉到一起，站在同一个位置看问题，抑或是把自己转到对方的位置上，抑或是把对方转到自己的位置上。

我们都知道，一个习惯的养成因人而异，最少也需要几周的时间。那么，对于一个团队来说，领导要经常培训员工如何跨部门沟通，这需要很长的过程，直到最终形成一种习惯。

希丁克是韩国队的荷兰籍教练。他上任之前，韩国队球员在比赛场上几乎没有什么沟通。虽然韩国队的速度快，组织力也不错，但球员们之间整天不说一句话，只会拼命奔跑。诚实的训练态度虽然好，但是没有交流，对团队协作不会有任何帮助！

为了解决队员间沟通不足，希丁克提出了一系列要求：

不许球员间再使用“大哥”这样的称呼，“运动场上的对话不许使用尊称！”他还要求年轻球员不论在战术训练还是在比赛中，都要经常和前辈开口说话。吃饭时，要前后辈穿插坐在一起，希丁克也和球员坐在一起，随意地交谈。按摩时也不分辈分，而是谁先到谁先按。安排宿舍时，他故意把前后辈球员安排在一个房间，让他们相互了解。

如果比赛中球员半句话不说，只是奔跑，他就会大为发火……

同时，希丁克还强调每一个团队成员要主动和他双向沟通。他要求球员们该追问的就要追问到底：“不要只按主教练的意思去做，假如与你自己的想法不符，该追问主教练的，照样要问！”他认为，只有这样才能给球队带来发展。

只要一有空，希丁克就会大声喊：

“大声说话！喊出来！”“……要不停地怀疑和追问，为什么要做这种训练？……凭什么主教练的话就要无条件服从？……”

通过一系列的“沟通训练”，希丁克顺利地把球员与球员之间、球员和教练组之间的自上而下的“垂直式沟通”，灵活转化为自下而上的“水平式沟通”。

顺畅的双向沟通模式形成后，希丁克所强调的“享受比赛”和“用脑踢球”的观念开始在韩国队中形成气候，训练场上的气氛马上欢快起来。

跨部门沟通通常具有业务协调性质。它能够加强各部门之间的了解，协调工作，互通信息，增强团结，克服本位主义，减少扯皮现象等。想做好跨部门沟通，需要掌握以下几条原则。

1. 永远不厌其烦

跨部门沟通的一个重要原则就是永远不要嫌麻烦。不要以为开完会就没事了，事后应该保持联系，主动了解其他部门的工作进度，掌握最新的情况。不要被动等对方告诉你问题发生了，而是要主动而持续地沟通，预防问题的发生。

领导所表现出的积极态度，可以让其他部门感受到你对这件事情的重视，间接地带给他们压力，让他们清楚地知道，必须尽力完成工作、达到目标。

不过，也不要忘了关照本部门员工的状况，或许他们在与其他部门沟通时遇到了某些困难，你可以主动询问员工，是否需要你出面联系，解决问题。

2. 拓宽部门员工的视野

领导应该尽可能使自己的成员多了解团队之外的重要信息，帮助他们扩大视野。学习以组织整体的观点去思考问题，不要将眼光局限于自己的团队之内。这样，在与人合作时自然不会过于本位主义，能有效减少部门之间的冲突。

3. 把握好沟通细节

安排好不同的部门间沟通的顺序非常重要，杂乱的沟通次序往往会让员工不知所措。在沟通的时候还要保持沟通的一致性，以保证每个员工对企业的信任。

第十章 与客户沟通的技巧

要与客户建立良好的关系，最快捷的办法就是了解对方的兴趣爱好，然后有的放矢，讨论对方感兴趣的话题。这样常常会激发对方一吐为快的冲动，渐渐获得对方的好感。表达方式同样非常重要。同样的一句话，不同的人用不同的方法和语言表达出来，效果是不完全一样的。学会运用一些表达的技巧，才能使客户乐意答应自己的请求。

第一节　获得客户好感的技巧

说话有亲和力，更容易赢得对方的好感

具有良好的人际沟通和亲和能力是我们每个人都梦寐以求的，良好的人际亲和力能给我们带来种种好处，它不仅使我们获得更多的友情，还使我们获得更多的人际资源，让我们获得意想不到的好前途和机会。

亲和力，它是指“人与人相处时所表现的亲近行为的动力水平和能力”。在交际应酬中，人们往往会因为彼此间存在着某种共同之处或近似之处，从而感到相互之间更加容易接近。而这种相互接近通常又会使交往对象之间萌生亲切感，并且更加相互接近，相互体谅。

任何人总是关心着自己最亲近的人，一旦发现别人也在关心着自己所关心的人，大都会产生一种亲近感。交际就可以利用人们的这种共同的心理倾向，从关心他最亲近的人切入，拉近交际的距离。

田中义一是日本很有名气的政治家，他非常善于利用人们的亲近心理，营造温馨的交际环境，取得预期的交际效果。有一次，他到北海道进行政治游览，有位穿着考究、看来很像当地知名人士的男子走出欢迎行列向他表示问候。田中义一急忙走上前去，紧紧握住那人的双手，十分热情地说道：“啊，您辛苦了。令尊还好吗?”那个男子感动得一时说不出话来。田中义一的政治游览，也因此大获成功。事后，田中义一的随从对主人的亲密举动十分不解，忍不住问道：“那人是谁?”田中义一的回答出人意料：“我怎么知道，但谁都有父亲吧!”

田中义一的交际取得成功，在于他选择了一个比较好的交际切入

点，即在男子心目中迅速建立亲情意识，使男子觉得他是一个值得信赖、和蔼可亲的人，从而在心理上对田中义一产生了认同感。

对于服务人员，尤其是销售人员而言，具备良好的亲和力是做好工作的必然要素。一个被我们所接受、喜欢或依赖的人，通常对我们的影响力和说服力也较大。人们不会向自己所讨厌的人买东西。所以，一个销售员能否很快地同客户建立起良好的友情基础，与他的业绩绝对紧密相关。

约翰是一位儿童图书推销员，他的业绩总是排名第一。同事阿法尔十分好奇地问："你的制胜法宝是什么？"约翰只是说了三个字"亲和力"，阿法尔并不完全明白，于是请求跟着约翰一起上门推销。

他们去的第一家，孩子正在客厅地板上玩玩具。约翰跟家长打过招呼，简单道明来意后，就趴在地板上对小家伙说："小朋友，你叫什么名字？……你好啊，布兰尼。你肯定是个乖孩子，对吧？啊！你手里的小轿车可真漂亮！"然后，约翰就让布兰尼和他一起爬回到座位上，而孩子的父母正在一边看着这一切。

"布兰尼，我有些小礼物要送给你，猜猜看，是什么？"说着，约翰就从包里掏出一大把棒棒糖。孩子十分开心。之后，在介绍儿童图书的过程中，他一边吃着棒棒糖，一边积极地回答约翰的提问，表现出对图书的喜爱。

选择一些巧妙的时机进行适当的活动，绝对有助于建立紧密的人际关系。如帮助对方的子女做点事；亲近对方敬仰或熟识的人；恰当地称赞对方，特别是当着别人的面称赞他；等等。

一位真正成功的领导在于他掌握了语言亲和力。必须从以下三个方面着手，提高自己的语言亲和力。

1. 配合别人的感受方式

人与人的相互了解是建立亲和力的前提条件，而相互的了解则必须通过有效的沟通来实现。因此，要想建立亲和力，必须找到沟通的法宝。

每个人都以不同的方式来感受这个世界，一般说来有三种主要的感受方式：视觉型、听觉型与触觉型。

一般情况下，视觉型的人比较喜欢的是快节奏，说话很快，思考也很快，喜欢阅读图表，而且行动力强；听觉型的人喜欢的是比较有秩序的生活，说话较慢但很有条理，喜欢交谈与聆听，行动力稍次；而触觉型的人很重视感觉，爱好舒适，说话有时是不看对方的，速度也比较慢。

知道了这些之后，我们在与对方交谈的时候，就可以观察一下对方是什么型主导的，之后配合他的特性来进行沟通。

这个技巧需要不断练习才能更好地掌握。

2. 配合别人的兴趣与经历

利用物以类聚的原理来增进彼此间的亲和力也是一种有效的方法，也就是找出及强调我们与对方之间类似的经历、行为或想法。因而在沟通时，应该多注意对方的一些小细节，找出任何可能与他们有相似性的地方。

比如，你上门拜访时，看到阳台上有很多盆栽，就可以问："您对盆栽很感兴趣吧？"看到溜冰鞋、钓竿、围棋或象棋，都可以拿来作为话题。天气、季节和新闻也都是很好的话题。谈话的关键在于对方感兴趣的东西，要做到这一点，就必须依靠长年的努力来充实自己。

这样，在交谈中你会得到很多关于他的信息，这就是进一步交往的时机了。

3. 使用"我也……"的句子

如果对方的经历或见解中有与你类似之处，你可以多使用一些具有神奇力量的短话，它就是"我也……"

例如："啊，您去过泰山啊，我也去过呢！是去年 8 月的事了。您是几时去的呢？""您认为产品的质量是最重要的，对吧？我也这么想，因此您可以比较一下我们的产品与其他同类产品的质量。"

有了这几条，你的语言亲和力就很快建立起来了。

谈论对方最感兴趣的话题

有一句堪称处世经典哲学的话是："见人说人话，见鬼说鬼话。"这不是对处世圆滑者的讽刺，却恰恰说明了人际交往中的一种做人手段，那就是要在不失原则的情况下迎合别人的情趣或口味，即看人说话，如此才能让你大受欢迎，人缘奇佳。

美国耶鲁大学教授威廉在他的《论人性》一文中曾说："我8岁的时候，有一次到姨妈家里去度周末。晚上，有一个中年人来访，他与我姨妈寒暄了一阵之后，便把注意力集中到我的身上。那时我正对帆船十分着迷，这位中年人就劲头十足地同我讨论起帆船来。我兴奋极了，甚至当他走的时候心里还恋恋不舍，盼望他明天再来。我对姨妈说：'这个人真好，他对帆船那么有兴趣！'可是姨妈却淡淡地说：'他是一个律师，才不会对帆船感兴趣呢。'我非常诧异，说：'那他怎么会和我谈得那么起劲呢？'姨妈的回答使我永远也忘不了。她说：'因为你对帆船有兴趣，他就谈一些使你高兴的事。他这样做是为了使自己受欢迎。'"

打动人心的最佳说话方式就是：与他谈论他最感兴趣的话题。因为有兴趣就有感情，有了感情什么事也就都好办了。所以，要与人建立良好的关系，最快捷、最深入的办法就是了解对方的性格特征、兴趣爱好，然后有的放矢，讨论对方感兴趣的话题。

人际关系大师卡耐基指出："我们要对他人真诚地感兴趣，聆听对方的谈话，就对方的兴趣来谈论以及鼓励他人谈论他自己。"当我们对他人真诚地感兴趣的时候，自然而然就会去关注他的一举一动。那么他的每一个细节都有可能是我们与他交谈的切入点。

罗斯福就是这样一个典型，不管对方的身份是什么，他总能和对方侃侃而谈，他的诀窍就是在开口和对方说话之前通过各种途径获取对方的个人资料，最重要的是了解对方的兴趣所在。罗斯福总是这样总结他的经验："只有谈论他所喜欢的事情，才能抓住他的心，让他先高兴起来，然后接近他就比较容易了。"

如果我们在求人帮忙时更多地强调自己对对方的敬重和仰慕，或者是充分展示自己对某一项事业纯粹的兴趣与热爱，就比较容易使对方产生认同感，拉近彼此的心理距离。以这种方式提出请求，往往令对方乐于帮忙。

杜维诺先生想把自己经营的面包推销到一家大饭店，他经常出现在饭店老板出席的场所。他甚至在该饭店住了下来，以便成交这笔生意，但是，杜维诺的这些努力都未见成效。

经过调查，杜维诺发现饭店老板是一个书法协会的骨干会员，他对这个组织极为热心。不论会员们在什么地方举行活动，他都一定会到场。

当杜维诺再次见到饭店老板时，他聪明地把话题扯到书法协会和书法上，那个一年来未能被开启的话匣子终于打开了。他还留了一张会员入会申请表给杜维诺。那一天，虽然杜维诺没有提及面包的事情，但是饭店的工作人员却打来了电话，让他把面包样品和价目表送过去。一切就这样简单地成交了。

"想想吧，我整整缠了他一年，为此付出了大量精力。"杜维诺感慨地说，"不过感谢上帝，我找到了他的兴趣所在。"

兴趣是开启人内心的钥匙，所以，寻找对方的兴趣点才是解决问题的关键。共同的兴趣与爱好，能在人的心理上诱发出特殊的吸引力，从而促进交谈双方相互接近。只有双方有了"共鸣"，才能够沟通得深入、愉快。

其实，只要双方留意，就不难发现彼此对某一问题有相同的观点，在某一方面有共同的爱好和兴趣，有某一类大家都关心的事情。例如，与养鱼种花者谈摆弄花草、饲养金鱼之乐；与爱好音乐、体育者谈论体育，欣赏音乐；与集邮者谈集邮之道。这样，常常会引起对方的兴趣，激发对方一吐为快的冲动，这样才能够渐渐获得对方的好感，进而帮助我们自己。

快速提问，五分钟让人对你感兴趣

无论你的产品多么好，你的服务多么棒，如果你不能与顾客接上话，交易就无从谈起。要想让人快速地对你感兴趣，就要想方设法向别人“提问”。

以一个一般人都会感兴趣的问题吸引对方，从而开始交谈，是一种技巧。也可以采取“连珠炮式”提问法，一开始就提出一连串问题，使对方无法回避。

一位成功的推销员在推销书籍时常用“连珠炮式”提问法。在见到潜在顾客时，他总是会从容不迫、平心静气地提出三个问题：

“假如我送给您一套有关个人效率的书籍，您打开后发现内容非常有趣，您会读一读吗？”

“假如您读过后，很喜欢这套书，您会买下来吗？”

“假如您没有发现书中的乐趣，您把书重新塞进这个包里，把它给我寄回来，可以吗？”

他采用这个技巧时，几乎就没有失败的例子。因此，这个方法已经成为一个标准，很多图书销售公司在培训推销员时，这个方法是推销员必须掌握的。

在接近陌生人的过程中，起主要作用的不是理性，而是情感。人们在购买一样东西时，很多时候是受到好奇心的驱使，才会作出购买的决定。好奇心是人们普遍存在的一种行为动机，抓住这一点，利用好奇心，就可以让你在最快的时间内接近对方。

引发好奇心是销售中最应掌握的心理技巧。比如：你在向客户介绍产品时，尽量介绍新的功能和用途，尽量从边缘模糊的功能说起，引起客户的好奇心。用词的新颖也是引起好奇心的手段之一。

其实，与陌生人接近并不是一件非常困难的事情。你可以利用提问的方式，用对方感兴趣的话题作为发问的方向，使对方对你瞬间产生兴趣。

经人介绍，“日本推销之神”原一平前去拜访一位建筑企业的董事长渡边先生。可是他并不愿意理会原一平，一见面就给他下了逐客令。原一平并没有退缩，而是问他：“渡边先生，咱们的年龄差不多，但您为什么能如此成功呢？您能告诉我吗？”

原一平在提这个问题时，语气非常诚恳，脸上表现出来的与心里想的一样，就是希望向他学习其成功的经验。面对原一平的谦虚渴求，渡边先生不好意思回绝。于是，他就请原一平坐在自己座位的对面，把自己的经历开始向原一平讲述。没想到，这一聊就是三个小时，而原一平始终在认真地听着，并在适当的时候提了一些问题，以示请教。

最后，原一平并没有提到保险方面的事情，而是对他说：“我很想为您写一份有关贵建筑公司的计划，可以吗？”渡边已经被原一平的诚心求教打动了，自然点头答应。

原一平花了整整三天三夜，把一份建筑公司的计划书做了出来，这份计划书内容非常丰富，资料详实，而且建议也非常有价值。渡边先生依照原一平的这份计划书，结合实际情况具体地操作起来，结果效果显著，业绩在第三个月后就提高了30%。他非常高兴，把原一平当成了最好的朋友。

当然，他的建筑公司里的所有保险，都在原一平这里下保单了！

每个人都有好为人师的本质，特别是自认为经验丰富和取得了一些成就的人。当我们用“求教”的方式向对方提问题时，就可以把心与心之间的距离拉得很近。你求教之后再进入你的正题，向对方提出你的真实意图，往往能收到奇效。

向客户提问的技巧具体分为以下几方面。

1. 前奏

前奏就是告诉客户，回答你的问题是必要的或至少是没有坏处的。例如，向客户了解项目预算，一般的客户都是不愿意告诉你的。这时你可以加一个这样的前奏：“为了给您推荐一个最适合的方案，请您告诉我这个项目大概的投资水平好吗?”通过前奏就能有效地提醒客户，了解项目预算是必要的，客户就有可能作出正面的回答。

2. 反问

如果客户向你提出问题而你却不知道怎样回答，这时你有两种方式可以选择：①实事求是，切忌不懂装懂；②反过来提问客户，让客户说出他是怎样看待这个问题的，这通常就是他希望得到的回答，你也就正好可以据此投其所好了。

3. 同一时间只问一个问题

通常你可能会同时提出几个问题请对方回答，而他往往只会记得其中的一个，或觉得无从谈起。所以，同一时间只问一个问题才是最好的选择。

第二节　赢得客户支持的技巧

怎么说比说什么重要

在与客户沟通时，由于语言表达的不同，因此，对同一事物，同一种意思表示，会生发出不一样的感觉，从而作出不同的选择。即使同一件事情，只要改变一下表达方式，听者的感觉就会有所不同，从而影响他们的行动。

例如：在一个加油站，每升汽油卖 8.60 元，但如果以现金的方式付款，可以得到每升 0.60 元的折扣；在另一个加油站，每升汽油卖 8.00 元，但如果以信用卡的方式付款则每升要多付 0.60 元。显然，从任何一个加油站购买汽油的经济成本是一样的。但大多数人认为：第一个加油站要比第二个加油站更吸引人，因为此加油站是与某种“收益”联系在一起的，而另一加油站则是与某种“损失”联系在一起的。

通常，言辞中的技巧运用得当与否，关系到事情的成败。一家保险公司的广告词是这么说的：“买我们公司的保险，您每天只需要缴纳 27 元，就可得到一生的保障”。每天 27 元，一年 365 天下来将近 1 万元，要是交 20 年，就是 20 万元。但是这和“买我们公司的保险，您只需缴纳 20 万元，就可得到一生的保障”的广告词相比，肯定是前者听起来更便宜、更划算，更容易使人接受。巧妙地改变表达方式，影响消费者的选择，这种手法在广告宣传中经常被用到，而且效果很好。

在与客户沟通时，除了要认真想好每句话，在表达时更要注意自己说话的语气和语调，因为你说话的方式不同，给对方的感觉也会不一样。

一家植物商店里，一位顾客正在打量着一株非洲紫罗兰。

顾客："我一直想买一棵非洲紫罗兰，但听说开花很难，我的一位朋友家的非洲紫罗兰就从没开过花。"

推销员："是的，您说得对，很多人的非洲紫罗兰开不了花。但是，如果您按照要求去做，它肯定会开花的。这个说明书将告诉您怎样照管非洲紫罗兰，请按照上面的要求精心管理，如果仍不开花，可以退回商店。"

你看，这位推销员先对顾客的话表示赞同，接着解释了非洲紫罗兰不开花的原因，最终让顾客心情愉快地改变了对商品的误解。同一件事，用疑问或肯定的语气讲述，给人的印象会相差很远。自信的、肯定的言辞，有着强烈的感染力，是一种合理的夸张技巧。

不仅要会干，也要会说。问题不在于你说了什么，而在于你是怎样说的。在与客户交往的过程中，表述的不同关系到交往的功效。通常，只要稍微改变一下说法，即可产生完全不同的效果。

激发出同情心，争取利益就容易成功

在请求别人解决问题时，应该调动听者的同情心，使听者首先从感情上与你靠近，产生共鸣。这就为你解决问题打下了基础。人心都是肉长的，只要你将受害的情况和你内心的痛苦如实地说出来，处理者是会动心的。

人，总是爱同情弱者，哭有时也是很有作用的。别吝啬你的眼泪，因为它也是一种武器，如能使用得当，这种武器照样可以取得意想不到的效果。

宋太宗年间，转运使曹翰因罪被罚到汝州。曹翰苦思返京之策。一天，宫里派了个使者到汝州办事，曹翰哪里肯放过这个机会。他想办法见到了使者，流着泪对他说：

“我的罪恶深重，就是死也赎不清，真不知怎样才能报答皇上的不杀之恩，现在只有在这里认真悔过，来日有机会一定誓死报效朝廷。只是我在这里服罪，家里人口太多，缺少食物活不下去了，我这里有几件衣服，请你帮我抵押一万文钱，交给我家里换点粮食，好使家里大小暂且糊口。”

说到伤心之处他越发泪流不止。

使者回宫后如实向太宗做了汇报。太宗拿过包袱打开一看，只见里面有一幅画，画名为《下江南图》，画的是当年曹翰奉宋太祖旨意，任先锋攻打南唐的情景。

太宗看到此图想起曹翰当年的功勋，心里很难过，怜悯之情油然而生，决定把曹翰召回京城。曹翰的眼泪战法最终取得了成功。

每个人的心灵都有其柔软的地方，再强势的人也有他人不易察觉的弱点，这就是同情心。亚瑟·盖兹博士在他那本精彩的《教育心理学》中说：“所有人都渴望得到同情……从某种观点来看，为真实或想象的不幸而‘自怜’，实际上是一种世界性的现象。”你如果能看透一个人是不是具有同情心，然后再把他的同情心激发出来，你就能如愿以偿。

举例来说，主动向朋友诉说自己的苦恼，使人感到你也有弱点，也需要慰藉，这是一种接近他人的最好做法。而给予别人以慰藉，是善良的人引以为荣的，不少人正是利用人的同情心来谋求自己平时谋取不到的利益。

中国营销专家袁雪峰讲过这样一件事：在一次培训会后，主办方刻意安排了一次“慈善募捐活动”，一名爱心大使讲述了远在西藏偏远山区的一个极其贫苦的村庄，那里不通路，没有电，由于缺水，一年才洗一次澡，连学校都是用牛粪盖的。他说得声泪俱下，大部分在场的人都被感动了，然后爱心大使开始问：“相比我们舒适的生活，我们是不是应该给予他们一点点的帮助，哪怕是小小的帮助？”大家齐声回答：“是。”于是开始现场发起捐款，全场的人都捐了钱，包括并不富裕的袁雪峰自己。

有时人们示弱并不是因为他们真的软弱，而是为了以此来激发别人的同情心，它是人们争取利益的一种谋略。所以，你如果与人交往，想要通过对方的帮助来达到什么目的，最好的办法就是激发对方的同情心。

不管使出什么招，只要让对方对你产生同情之心，你就快接近成功了，然后再进一步，对方就自然而然地会为你说话，帮你办事了。所以说，如果能够调动对方的同情心，直击其心灵最薄弱的环节，那么，再难解决的问题也会迎刃而解。

做一个“听话”的高手

一般的推销员在推销产品时，70%的时间是他在讲话或介绍产品，顾客只能得到30%的讲话时间。因此，这样的推销员业绩平平。顶尖的推销员早就总结出了一条规律：如果你想成为优秀的推销员，建议你把70%的时间让顾客讲话，你倾听；30%的时间自己用来发问、赞美和鼓励对方说。

是的，几乎所有的推销大师都在建议我们：要倾听、倾听、倾听！倾听可以让你的订单来得更多，倾听让你身边的人更喜欢你，倾听让你的顾客更信任你。倾听是一种个人的修养，倾听更是一种推销手段。世界上的难事之一便是闭上嘴巴。假如你不张开耳朵，不适时地闭上嘴巴，你就会失去无数机会。千万不要太忙于说话，要学会“听话”。

在一次推销中，推销大师吉拉德与客户洽谈顺利，正当要签约成交时，对方却突然变了卦。当天晚上，吉拉德按照客户留下的地址，找上门去求教。客户见他满脸真诚，就实话实说："你的失败是由于你没有自始至终听我讲话。就在我准备签约前，我提到我的独生子即将上大学，而且还提到他的运动成绩和他将来的抱负。我是以他为荣的，但是你当时却没有任何反应，而且还转过头去用手机和别人通话，我一恼就改变主意了！"

此番话重重提醒了吉拉德，使他领悟到"听"的重要性。他认识到，如果不能自始至终倾听对方讲话，认同别人的心理感受，难免会失去自己的客户。

一位顾客在某商店购买了一套西服，由于掉颜色的问题，要求退货。售货员便和他争执起来。商店经理听到争吵声，连忙赶过去。

由于商店经理经验丰富，非常懂得顾客心理，他三言两语便使已经被售货员气得发疯的顾客恢复了平静。

原来，经理赶到顾客面前后，先是微笑和诚恳地听完顾客的抱怨和发泄。等顾客说完，他又让售货员说话。当彻底了解清楚争吵的来龙去脉后，经理真诚地对顾客说："真是万分抱歉，我不知道这种西服会掉颜色。现在怎么处理，本店完全听从您的意见。"

顾客说："那么，你知道有什么办法可以防止西服掉颜色吗？"

经理问："能否请您试穿一周，然后再作决定？如果到时候您还不满意，那么我们无条件让您退货。好吗？"

结果，顾客穿了一周后，西服果然没有再掉颜色了。

怎么做一位"听话"的高手呢？上面的商场经理给出了一些启示。经理之所以能够让已经暴跳如雷的顾客很快平静下来，关键在于，他能够认真地倾听顾客的不满。

愤怒的客户会面红耳赤，大声说话，甚至有些语无伦次。接待这类客户时，绝对不要和他们对骂，应表示同情和理解，注意倾听，运用良好的技巧让客户恢复平静，并且有效地处理他的问题。

学会倾听是非常必要的，客户势必不会总是重复同一问题。如果你心不在焉，听而不闻，就很可能漏掉一些重要的信息，以致失去成交的机会。所以，倾听技巧非常重要。好的倾听技巧主要有以下几种。

1. 确认

在客户讲话过程中，可能会有一些词语你没有听清，也可能有一些专业术语你不懂，这就特别需要向客户进行确认，进一步明确客户所讲的内容。

2. 澄清

客户说的某一句话可能存在着两种或多种意思，千万别自以为是，只按照自己的好恶去理解，这容易产生误解。对不能充分理解的地方，一定要及时地与客户进行交流，澄清事实。对容易产生歧义的地方，要及时地与对方沟通，以便充分了解客户的真正想法。

3. 停顿

当客户讲完以后，你不要心里想什么就急着说出来，静静地等个三五秒钟。说话前的停顿有三重特别的好处：第一，如果客户只是暂停下来整理思绪，你就避免了打断他说话的风险。第二，你的沉默表示你对客户刚刚说的话非常重视。对客户的言论表示慎重，这是一种最大的恭维。第三，给自己留下思考的空间，可以准备如何应对客户的发话。

4. 反馈

在倾听的过程中，要积极地向客户反馈，适时点头说“是”或“对”等字眼，以表示“我用心在听您说话”。这时，你脸上表现出的热忱，会让对方产生“我所说的话他全听进去了”的感受。你要不断地让他意识到你始终都在认真地听他讲话。如果你不给对方任何回应，势必会给客户造成心理压力，他自然就不愿意继续讲下去了。

正确对待客户的投诉

处理客户投诉是客户管理的重要内容。出现客户投诉并不可怕，而且可以说它是不可避免的，问题的关键在于，如何正确看待和处理客户的投诉。

一位入住酒店的客人发现房内的床弹簧坏了，便到总台请求帮助。在总台小姐的一再保证下，客人愉快地出去游玩了。但等这位客人回来时，发现床还是坏的，便再次询问总台。总台小姐向客人表示深刻的歉意后，请求客人再凑合一晚。客人虽有不满，但还是勉为其难地答应了。万万没想到的是，第二天回来后，他所提出的问题依然没有得到解决。这时，总台小姐却以工程部太忙为由拒绝了客人的请求，并拿出维修工具请客人自行解决。在此情况下，这位客人能不愤而投诉吗？

对待投诉，首先要做的是想办法解决它。只是说声“对不起”远远不够。很多公司企图实现零事故发生率。在一个充满不确定因素的世界里，这样的目标不太现实。在任何情况下，都应该有一个应急方案。准备得越充分，客户抱怨的机会就越少。

一个公司只有为客户提供积极有效的服务，才会有越来越多的客户留意到这家公司与其他竞争者之间的区别。企业家认为，商家与客户的关系不是敌我关系，如果视客户为敌人，只能是自掘坟墓。挑剔的客户是我们的老师，投诉的客户是我们的朋友。

投诉对你绝对是一件好事。这里面又有不同的情况：一是工作确有缺陷；二是沟通不充分，产生误解。这两类投诉都值得热烈欢迎。工作有缺陷的，通过批评加以改进；过去有误解的，通过沟通消除了隔阂。

客户投诉，不管是有理由的还是无理由的，身为服务人员，即使面对再刁难的客户，也要耐心解释。这是最基本的要求。从事服务行业，几乎没有不被投诉的。面对一般的客户投诉，我们要做到让客户愤怒而来，满意而归；对个别比较难以理解的客户，我们的处理可能还不能达到客户理想中的结果，但不论怎样，你一定要展示自信，显示实力，使他相信你能解决这个问题。

管理大师彼得·德鲁克告诫我们：“衡量一个企业是否兴旺发达，只要回头看看其身后的客户队伍有多长就一清二楚了。”每一位商家就是为其身后源源不断的客户队伍而孜孜不倦地开拓市场。没有疲软的市场，只有疲软的产品；没有最好，只有更好。发现问题是成功地解决问题的一半。挑剔的客户是我们最好的老师，客户抱怨是送给我们最好的礼物，他帮助我们找到了问题、完善了产品，使我们不断成长和进步。

明基上海分公司曾遭遇过3个夜晚更换100台显示器零件的事情。有名客户是网吧业主，他买了100台明基的纯平显示器，但在使用一段时间后发现已经有5台坏掉了。

对于这样一件大事，明基上海分公司派出工程师来到这家网吧现场了解情况，确定是由于电压过高引起的问题。为了让用户能够正常使用显示器，工程师带了100支电容前往更换所有显示器的电容。因为网吧在白天要正常营业，工程师不得不从中午一直等到晚上12点才开始工作。就这样，工程师用了3个夜晚才将100台显示器的电容更换完。

美国商人马歇尔·费尔德认为：“那些购买我产品的人是我的支持者；那些夸奖我的人使我高兴；那些向我埋怨的人是我的老师，他们纠正我的错误，让我天天进步；只有那些一走了之的人是伤我最深的人，他们不愿给我一丝机会。”投诉对客户来说也是有成本的，客户不辞辛苦地向商家投诉，反映了客户对商家的信任和厚爱，希望商家做得更好。当企业采取补救措施后，得到客户的谅解，客户才有可能进一步发展与企业的关系。

在 IBM 公司，40% 的技术发明与创造，都来自客户的意见和建议。从客户投诉中可以挖掘出“商机”，寻找市场新的“买点”。所以说，客户的投诉是一种不可多得的“资源”。

第十一章

领导沟通的障碍与克服策略

有调查表明，工作中70%以上的障碍是由沟通不畅引起的。例如，企业中执行力差、领导力不高等问题，归根到底，都与沟通能力的欠缺有关。作为一个领导，要充分认识影响有效沟通的因素，并找到克服沟通障碍的策略，最终实现与人的有效沟通，提升自身的领导力水平。

第一节 影响沟通的因素

沟通主客体之间的差异

沟通的过程就是传递信息的过程。由于沟通双方在价值取向、表达能力、理解力、所处职位和沟通方式上均有差异，沟通的效果也会好坏不一。

人们对人、对事情的认识不同、观点不同、信念不同以及个性差异会造成沟通的障碍。人们对于信息的获取存在知觉偏差，会有选择性地接受外来的信息，符合自己利益需要或者价值取向的信息很容易接受，反之则不容易接受。同时，语言表达、交流和理解的差异也会造成沟通的障碍，同样的词汇对不同的人来说含义是不一样的，同样的语言用不同的方式表达出来的含义也不一样。

1990 年 1 月 25 日晚 9：34，一架飞机因为燃油耗尽，坠毁于长岛，机上 73 名人员全部遇难，主要原因是飞行员和地面机场航空交通管理员之间的沟通不畅造成的。他们所使用的母语不同，表述和接收信息不准确，致使发生误解，管理员没有及时批准降落，导致灾难发生。“燃料快用完了”、“燃料不足”、“燃料危机”、“情况紧急”等由于文化、传统和职权等表现出了歧义，如果设置为 A、B、C、D 等危机的等级，通过简单的、量化的精确表述，就可以避免一场人间灾难。

世界是多元的。每个人的成长背景、性格、人生经验、教育程度、价值观念都是不同的，这导致对同一信息的阅读有不同的理解。在这种情况下，求同存异是最好的做法。领导者在与他人或部属的沟通过程中应该选择措辞并组织信息，使信息清楚、准确，易于别人理解。另外，领导者还要考虑接受信息的听众，使所用的语言适合接受者，才可提高理解效果。有效的沟通不仅需要信息被接受，更重要的是使信息被理解。领导者应尽量寻求与对方在经验阅历、知识专业、思想认识、信念追求、气质性格、情绪心理等诸多方面的共同之处、相似之处、相通之处、接近之处，在此基础上，求得思想认识上的统一和目标行动上的统一。

沟通效果取决于相互信任程度

沟通是信息发送者与接收者之间发送与接收的过程，信息传递是双向的，因此沟通双方的诚意和相互信任至关重要。当面对来源不同的同一信息时，人们一般更愿意相信他们认为最值得信任的那个来源的信息。相互猜疑和不信任只会增加抵触情绪，减少坦率交谈的机会，也就不可能进行有效的沟通。因此，领导者要通过自己的言行，建立广泛的信任度，为实现有效沟通、提升领导力奠定基础。

建立信任是与公众进行危机沟通的最重要的基础。信任来自很多方面，最重要的是诚实。“9·11 事件”后，纽约市长朱利安尼向公众承认他也害怕，他也不知道下一步会发生什么事。他的痛苦是诚实的，也是真实的。他没有试图控制公众的情绪，也没有试图保持完全的冷静。这样反而使公众更信任他，使他能更有效地帮助公众消除过分的忧虑。诚实和公开有助于建立信任，使沟通更有效。

人们往往会有这样的感觉：和自己信得过的人在一起工作会感到心情愉快，从而干劲倍增。这是因为互相之间彼此信赖。要想在企业内建立起彼此信任的良好氛围，除了员工之间彼此信任，下属对领导信任，还要做到领导对下属信任。

作为领导，要尽可能多与大家进行交流和沟通，最好是一对一、面对面的互动沟通，使员工能够及时了解管理者的所思所想，领会上级意图，明确责权赏罚。员工们参与得越多，知道得越多，理解就越深，对团队也就越关心。一旦他们开始关心，就会爆发出以前没有的热情和积极性，形成强大的力量，任何艰难险阻也不能阻挡他们。这正是沟通的威力所在。如果领导不信任自己的下属，不让他们知道团队的现状或工作的进展，甚至员工主动提问也不回答，那么，员工就会感觉自己被当作“外人”，轻则会带着情绪工作和生活，造成团队部门的工作质量下降；重则使管理者和被管理者形成相互不信任的敌意，产生严重隔阂，无法达成共识，甚至产生“窝里斗”，消耗团队的能量。

没有坦诚的沟通，管理者便无从管理好员工。良好、有效的沟通，能消除所有的误会和隔阂。循序渐进地进行坦诚的沟通，会为你、你的员工或你的公司开启成功之门。

沟通方式直接影响沟通效果

领导的工作千头万绪，需要沟通的事情也很多，因此，一定要明确沟通的内容和要达到的沟通目的，从而选用不同的沟通方式。因沟通对象、沟通任务、沟通目标、沟通环境的不同，正确运用灵活多样的形式，对于提高沟通质量、增强沟通效果有着十分重要的积极作用。一是要因人而异，二是要因事而异，三是要因地制宜，四是要因势利导。沟通方式使用不当，可能会带来沟通的障碍。

1. **要因人而异**

在选择沟通的具体形式时，一定要因人而异，必须在沟通中充分考虑到沟通对象在世界观、人生观、价值观和个人性情、态度、兴趣、爱好、习惯等诸方面的具体情况，运用适合具体当事人的正确沟通形式，不能千人一面。

领导在与人交往的过程中，还要注意观察对方，要摸准交谈者的性格特征。若对方性格坦率、耿直，你的谈吐就要简洁，“迂回作战”往往适得其反，会引起隔阂；若对方自尊心强，爱面子，你提出问题，特别是不同意见时，就应该缓和婉转；如遇到的是个比较固执，喜欢抬杠的人，当他啰嗦、重复，甚至出言不逊时，也不要急，而要冷静、耐心，见机行事，适时提出中肯之词，这样就容易让对方产生信任感。在谈话时，或直陈己见，或委婉作答，都要分析对象，看准时机，一语中的，才能使交谈畅通无阻。

2. 要因事而异

必须根据具体的沟通任务、沟通目的去设计和不断完善整个沟通过程的具体沟通形式，并注重沟通形式的权变，不能万事面前一法通用。

3. 要因地制宜

必须充分考虑沟通环境、沟通时机对沟通行为、沟通效果可能产生的各种影响和制约，当沟通环境发生变化时，沟通的形式也要相应调整，不能“一条道上走到黑”。

4. 要因势利导

关键在于对沟通过程中所要解决的问题的正确分析和准确把握，必须根据沟通过程中发生的情况变化，做到审时度势，灵活运用符合实际情况的沟通形式，决不能一成不变。

当然，具体采取何种沟通方式，还要看针对的问题，在不同的问题上要采用不同的沟通方式，这样既能提高效率，也可以充分实现无缝对接式沟通。

环境对沟通有直接的影响

环境因素可以增加沟通双方的紧张感和不舒适感，从而使话语从一个人传递到另一个人时发生歪曲或者改变。环境因素包括物理环境和社会环境。

物理环境：主要指环境的舒适度，包括光线、温度、湿度、噪声等。

社会环境：主要指环境的隐私及安全性。

具体说来，环境的干扰包括噪声、缺少沟通的渠道和距离。

噪声的干扰

噪声是影响沟通的一切消极、负面因素。通常可以把沟通噪声定义为妨碍信息沟通的任何因素。它存在于沟通过程的各个环节，并有可能造成信息损耗或失真。典型的噪声主要包括发送噪声、传输噪声、接受噪声、系统噪声、环境噪声和背景噪声及数量噪声七大噪声。

环境的噪声对沟通有直接的影响，这既包括物理的噪声，如会议中的开小会或者周边交通工具的声音，电话线路或者网络线路阻塞或者信号微弱；也包括一些人为的噪声，如一项新政的推出总会有一些不同意见，或多或少影响到其他受众的判断，甚至一些有意为之的行为则会对沟通的效果产生实质性的影响。因此在沟通过程中，一定要充分考虑噪声对沟通效果的影响。比如，通过电子邮件发送会议通知，就需要考虑对方有可能没有看到邮件。一项重大决策在推出之前，一定要广泛征求意见，并取得认同。

在沟通过程中，选择不适当的时间、地点等，都会直接影响到信息的传送。在午休时间谈论下一步的工作计划，在大办公室里谈论薪酬问题，都是不合适的。

正因为受特定人际关系和场合的制约，有些话只能在某些特定场合说，换一个场合就不行。同样一句话，在这里说和在那里说也有不同的效果。因此，在人际交往中，说什么，怎么说，一定要顾及场合、环境，才有利于沟通。

缺少沟通的渠道

缺少沟通的渠道，例如没有正式的会议和电话等。沟通没有固定的模式，要依据不同的对象来制定，而且还要适应不同的沟通渠道。有时候，发送者明确了信息的真正含义，但是如果选择了错误的沟通渠道，就会造成沟通不畅。例如，如果是传递一个私人信息，打电话或者登门造访会比书面的方式更恰当、更有效。而如果传递一个正式的任命，显然书面的方式应该是必然的选择了。

距离的影响

从心理学的角度来讲，一个人与另一个人的亲密程度往往视其与对方的距离而定。空间距离较近，心理距离也较近；空间距离较远，心理距离则较远。彼此缩短距离的同时，双方的戒备心理也开始放松，而且有产生亲密感的心理倾向。

这也是心理医生选择空间小而隔音的房间进行心理咨询的原因。心理医生在小的空间面对患者，一方面能让患者有安全感，更重要的是，能缩小彼此的心理距离。

商务交涉也是如此。如果把对方从会议室拉到饭店甚至小小的酒吧，到最后交涉往往能够成功。

如果空间距离过大，就会使沟通很困难，因为没有面对面的沟通，一旦出现问题，就很难解释清楚。

沟通时机影响沟通效果

沟通的合适时机指已经具备沟通的客观环境条件，且双方都愿意进行对话的时候。一个人还没从车祸丧子的悲痛中解脱出来，你却上门托他给你的儿子做媒说媳妇，无疑你会碰壁的；领导正为应付上级检查而忙得焦头烂额，你却找他谈待遇的不公，显然你要吃“闭门羹”，甚至遭到训斥。掌握好沟通的时机，才能提高办事的成功率。

一般说来，把握好沟通时机要抓住以下关键点。

请求要在对方情绪好时提出

人的情绪有高潮期，也有低潮期。当人的情绪处于低潮时，人的思维就显现出封闭状态，心理具有逆反性。这时，即使是称赞他，他也可能不予理睬，更何况是找他解决问题。而当人的情绪高涨时，其心理状态与处于低潮期正好相反，此时，他比以往任何时候都和颜悦色，宽宏大量，能接受别人对他的求助，能原谅一般人的过错；也不过于计较无妨的言辞。因此，在对方情绪高涨时，正是我们与其谈话的好机会，切莫坐失良机。

称赞要当场传达

员工某项工作做得好，领导应及时夸奖。耽搁的时间越长，奖励的效果越差。在每天工作结束前，领导应尽可能花上短短几分钟对表现好的员工表示称赞，或者通过走动式管理的方式看看员工，及时鼓励员工等。错过时机的恭喜，不仅无法传达你的心意，甚至会被当作是讽刺或社交辞令。

道歉要在事发当天

如果你与他人发生纠纷，即使你认为自己没有错，但在下班回家的时候，只要一句道歉“今天给你添麻烦了”，第二天，你们的关系就会大为不同。道歉时间宜早不宜迟。如果错过时机再道歉，不仅难以启齿，而且会让听者认为你没有诚意，失去应有的效果。

沟通要经常、及时

班子成员之间，要有事多商量，畅所欲言；没事多走动，沟通感情。沟通不及时，相互之间思想交流少，情况传递少，就难以做到心心相印、息息相通。不能平时不沟通，只在民主生活会上和考核班子时才谈心交换意见。要做到日常情况经常通气，紧急情况及时通气，重要情况提前通气。越是在工作忙的时候，班子团结形势好的时候，越要注意随时谈心交心，沟通思想，交换看法，不断增强班子的凝聚力。

任何沟通都是有时间限制的，整个沟通必须在沟通的有效期完毕，否则，就会失去沟通的意义。

没有认清沟通目标

《孙子·谋攻篇》中说："知己知彼，百战不殆。"对于沟通亦是如此，只有了解自己要进行沟通的目标，才可能进行有效的沟通。

在企业中进行沟通，首先要了解自己的沟通目标。例如，一位主管因为业务的进展需要与老板沟通，那么，他在推开老板办公室门之前，就必须理解自己的目的，是仅仅汇报业务的进展，还是讨论业务的发展；是为显示自己的功劳，还是为了推卸责任；是简单的汇报，还是寻求新的指示；是给老板报喜，还是报忧；是为了申请更多的资源作准备，还是直接提出要求；是沟通业务本身，还是借此机会谈论其他问题……所有这些思考，都需要在真正开始沟通之前，进行深思熟虑。

无论是与上级、平级、下级，还是与客户进行沟通，每位领导人都需要在沟通之前用心地思考：这次沟通的目标是什么？我要实现什么样的结果？

很多领导人就是由于在沟通过程中没有清楚地思考自己的沟通目标是什么，从而导致沟通的失败。

某公司总经理从外地出差刚回来，人力资源部主管就连忙向其汇报刚完成的绩效考评结果。从整体上看，公司前阶段的绩效状况欠佳，尤其是销售部门的绩效考评结果相当不理想。面对这个重要问题，总经理觉得有必要立刻找销售主管谈一谈。当天下午，销售主管就来到了总经理的办公室。在沟通过程中，总经理一个劲地强调要提高销售量，最后竟然不知不觉地谈到了这次出差的一些感受和家庭情况。在下班铃声的催促中，他们"愉快"地完成了这次沟通。

上述的沟通之所以不成功，是因为当事者没有理清及抓住沟通目标，有些泛泛而谈，结果毫无效果。

泛泛而谈几乎是很多沟通中常见的现象。实际上，它也是沟通的

“一大忌”。要知道，绩效沟通需要花费企业大量的时间成本，而泛泛而谈式的绩效沟通却丝毫不能为企业夺回这些成本，对企业的发展当然是极为不利的。

就目标来讲，企业开展绩效沟通是期望通过此次沟通能够使员工绩效得到改善，从而推动企业整体的绩效改善。但这只是一个大目标或者“模糊目标”，在这种目标引导下的具体行动当然也就显得有点“模糊”。真正有效的绩效沟通应该在沟通之前就本次沟通确定一个明确具体的目标，如期望通过本次沟通获取什么信息，向员工传递什么信息，需要达成怎样的效果等。

沟通目标应尽可能细化，由易而难，由浅入深。沟通目标可以分为初级目标、中级目标和最终目标，目标设计越具体、越细化，就越容易实现沟通。例如，经理人与客户沟通的最终目标是促成某项交易，但是他的初级目标可能是先让客户对公司及员工产生好感，然后再进一步向客户展示公司的专业能力，让客户感受到公司的高品质服务，最后才是与客户协商交易的数量和价格。

沟通最忌“不充分”

在沟通中，有一个很重要的“六倍原则”，就是说重要的信息要沟通六遍以上，才能够让员工完全理解和记住。这也就意味着，领导需要拿出实际行动，多花些精力在沟通上。这就是沟通习惯的养成，也是团队沟通文化形成的基础。

沟通中的一个重要原则就是“充分沟通”。难道沟通了六遍还不够充分吗？不一定。这里的充分是指不仅要有足够的沟通次数，还要每次沟通都有效果，即每次都要有明确进展的反馈和结果。尤其是涉及几个沟通对象时，更要追问落实到何时、何人、何种程度。主管常常容易犯一个错误：沟通就是发布命令或告知；或者沟通就是“我知道了”，而没有回应。实际上，要想沟通有效，就要正确地理解对方的意图，再给予对方积极的反馈。

沟通要有时间表

既然说沟通是一种文化，那么就要形成沟通的时间表。比如：每月的例会、周会、周汇报等形式，都是具有时间表性的沟通方式。对新任主管而言，在团队中注意给沟通做好时间表是大有裨益的。比如：一个项目在开展后，多少天至少要沟通一次；一个项目完成后，要在一周内进行工作汇报和总结；每天下班以前，沟通第二天的工作内容和外出活动。有了时间界定的沟通，既有助于将沟通变为一种习惯，也方便主管有效地监控下属的工作，还能促进内部的经验交流。

沟通时间表不仅适用于部门内部，也适用于部门外。在跨部门沟通协作中，虽然你无法规定其他部门的时间，但不妨采用“人盯人”的沟通战术，每个时间段，本部门的一个员工都要和其他部门的员工进行沟通，以达成团队间的合作。

沟通要耐心细致

领导要善于把握沟通全过程的关键环节、重点环节，“把事情考虑得更细致，把问题分析得更细腻，把工作落实得更到位”是最能实现成功沟通的捷径，尤其是需要重点阐述、反复讨论的问题，一定要把握好时机，把握好状态，把握好切入点，能细化的则尽量细化，要深化的则尽力深化，不能把自己的感受和理解简单地认为就是下属的感受和理解，也不能把自己明白的事情简单地认为下属就一定明白了，既要不厌其烦、耐心细致，又要周密思考、主动沟通。

反复交流是实现深入沟通的有效办法，一时难以达成共识的事情，不能急于求成，要善于给下属留有自我消化、自我反省、不断深化的空间。

第二节　沟通障碍的解决策略

学会控制情绪，不让冲突升级

领导与下属之间的成功沟通，特别是基于教育、批评、帮助为目的的沟通，不得有半点的急躁情绪和简单草率。消除急躁心理首先要防止厌倦情绪，不能把与下属之间的沟通当成烦心事，既不能把简单的事情复杂化，也不能把复杂的事情简单化，因厌倦、怕麻烦而方法简单，甚至态度粗暴，是实现有效领导的最大阻碍。

2006 年网络上盛传的“邮件门”事件，曾一度引起轩然大波。仔细分析，这起事件源自“沟通不当”。

2006 年 4 月 7 日晚，EMC 大中华区总裁陆纯初回办公室取东西，到门口才发现自己没带钥匙。此时，他的私人秘书瑞贝卡已经下班。陆纯初没有联系到瑞贝卡。数小时后，陆纯初还是难抑怒火，于是在 4 月 8 日凌晨 1 点通过内部电子邮件系统用英文给瑞贝卡发了一封措辞严厉且语气生硬的谴责信。这封信翻译成中文如下：

瑞贝卡：

我星期二曾告诉过你，想东西、做事情不要想当然！结果今天晚上你就把我锁在门外，我要取的东西都还在办公室里。问题在于你自以为是地认为我随身带了钥匙。

从现在起，无论是午餐时段还是晚上下班后，你要与你服务的每一名经理都确认无事后才能离开办公室，明白了吗？

英文原信的口气比上述译文要激烈得多。当发送这封邮件时，陆纯初同时传给了公司几位高管。

面对大中华区总裁的责备，两天后，秘书回了更加咄咄逼人的邮件。原文如下：

首先，我做这件事是完全正确的，我锁门是从安全角度上考虑的，一旦丢了东西，我无法承担这个责任。

其次，你有钥匙，你自己忘了带，还要说别人不对。造成这件事的主要原因是你自己，不要把自己的错误转移到别人的身上。

第三，你无权干涉和控制我的私人时间，我一天就八个小时工作时间。请你记住，中午和晚上下班的时间都是我的私人时间。

……

在瑞贝卡回邮件后不久，这封“女秘书 PK 老板”的火暴邮件被数千外企白领接收和转发，几乎每个人都不止一次收到过邮件，很多人还在邮件上留下诸如“真牛”、“解气”、“骂得好”之类的点评。

作为“邮件门”事件的直接后果，瑞贝卡很快辞职。而在事件的后续跟踪中，网络有传言，陆纯初也由于此事件很快就被 EMC 调离原任。

简单地看，这很像是一场“冲动的惩罚”。陆纯初被锁在门外，可见心情很差，气愤情绪高涨，他想到的是发脾气。因此，他才会在半夜三更发邮件指责“肇事者”。结局很惨，两败俱伤。作为在企业或部门中担当重任的领导人，尤其不能纵容自己情绪化做事。

为了避免情绪影响沟通，要以平等的心态来沟通。自我优越感在沟通的时候会流露出炫耀的语气，给其他沟通者带来不快，并可能因此使其他沟通者产生抵触情绪。领导人的心态放平了，会使沟通更有效。

麦金尼任美国总统时，一项人事调动遭到许多政客的反对，在接受代表询问时，一位国会议员脾气暴躁，粗声恶气，开口就给总统一顿难堪的讥骂。但麦金尼却视若无睹，不吭一声，任凭他骂得声嘶力竭，然后才用极温和的口气说：“你现在怒气应该平息了吧？照理你是没有权利这样责问我的，但现在我仍愿意详细解释给你听……”

这几句话把那位议员说得羞愧万分。其实不等麦金尼总统解释，那位议员已被他折服了。也许你以为麦金尼总统是个“没有脾气的人”，恰恰相反，他是个脾气极大的人，只是他有一股比脾气更大的自制力，能将脾气暂时压住。

试想，如果麦金尼得理不让人，利用自己的职位和得理的优势，咄咄逼人地进行反击，那么对方绝不会服气的。由此可见，当双方处于对抗状态时，得理者的忍让态度能使对立情绪“降温”。

领导者不应主动使冲突升级。作为领导者，在遇到对下属工作不满意，甚至与下属有冲突时，化解冲突应该是主要目标，而不是使冲突升级。因此，沟通前要调整好自己的情绪，不要让个人的喜怒哀乐影响沟通的过程，避免造成“冲动的惩罚”。

学会控制情绪，还要注意平时的训练，做到以下几点。

1. 学会放松

当你感觉过分紧张、烦恼、恐惧时，可采用深呼吸的方法放松自己，即深深地吸气，慢慢地呼气，使自己的身心放松。也可以采用自我暗示的方法，如反复默念：“我现在放松了，我的全身处于自然的轻松状态。”还可以通过回忆过去成功的体验来鼓励自己。

2. 学会转移

当火气上涌时，有意识地转移话题或做其他的事情来分散注意力，可使情绪得到缓解，如打球、散步、听流行音乐等。

3. 学会宣泄

遇到不愉快的事情及委屈，不要埋在心里，要向知心朋友或亲人诉说或大哭一场。这种发泄可以释放内心郁积的不良情绪，有益于保持身心健康，但发泄的对象、地点、场合和方法要适当，避免伤害别人。

4. 学会幽默

幽默是一种特殊的情绪表现，也是人们适应环境的工具。具有幽默感，可使人们对生活保持积极乐观的态度。许多看似令人烦恼的事物，用幽默的方法对待，往往可以使人们的不愉快情绪荡然无存。

和人沟通，不要和人抬杠

固执高压式沟通是沟通障碍的一种。所谓固执高压式沟通，是指沟通的一方以顽固的心态和强势的语言与人沟通，令对方备感不适，难以接受。其突出表现为：在交流态度上自以为是，固执己见，不肯让步和妥协，直到对方被自己说服才罢休；在交流过程中咄咄逼人，气焰嚣张，惯用旧事小癖压制对方，以达到自己的目的。固执高压式沟通的心理基础是自恋，它使人在沟通中不善换位思维，因而不能宽容别人，而总是苛求别人。惯用固执高压式沟通的人，会变得越来越不做自我反省，而是惯于在背后说风凉话，或公开抱怨和指责别人。

2002年发生的“砸奔驰事件”在国内外反响强烈。在接连几个月里，国内外的媒体几乎都被发生在武汉的“砸奔驰事件”所深深吸引，并对之进行了连篇累牍的报道。

事情的经过是这样的：武汉一位姓王的先生买了奔驰后，发现车子存在严重故障，在多次向奔驰公司要求换车均遭到拒绝后，王先生一怒之下砸掉了奔驰汽车。

奔驰公司在这一事件中的表现与其作为国际知名品牌的形象严重不符。奔驰公司多次就砸车事件发表声明，所有声明都含有对消费者的指责，并对消费者行为做了令人难以接受甚至反感的定性。

奔驰公司在危机事件中完全不从他人的角度考虑，既没有任何承担责任的姿态表示，又没有派专业公关人员及公司管理层出面与消费者进行充分沟通，而改由专业技术人员和法律人员与消费者接触。在其发布的多份声明中，都是对用户无端的指责和威胁。这使公司很快在公众中形成难以磨灭的傲慢自负的形象。

有的人在和他人交谈时，时常把它看成是一种竞赛，一定要分出个高下。工作中只要是对方的利益或意见与自己的发生冲突，就要发挥自身特长，把对方卷入争辩中，不把对方辩得脸红脖子粗、哑口无言绝不罢休。如果将这样的本事运用到辩论会、谈判桌上，这种人或许是个人才，但是在工作中，这种人往往会遭到失败，因为他们没有意识到，办公场所并不是辩论赛场，也不是谈判桌，与你打交道的，并非是想与你在口才上一较高下的辩论者，也不是与你争夺利益的人，他们只不过是你工作中的一些伙伴。即使你在争辩中赢了他们，向他们证实了你的观点的正确性，又有什么实际意义呢？只不过落得个善辩的“光荣称号”罢了，后果却是大家对你敬而远之。

为了与他人有更好的沟通，竞赛式的谈话方式必须被舍弃，而采用随性的、不具侵略性的谈话方式。这样，当你在表达意见时，别人就比较容易听进去，而不会产生排斥感。真正善于说话的人都明白“放弃也是一种成功”的道理。有些事情如果你非要辩解清楚，不仅达不到目的，反而会让自己伤筋动骨。争辩不可能消除误会，只能靠技巧、协调、宽容以及用同情的眼光去改变别人的观点。

如果你和他人有冲突，那么你要做的就是消除你们之间的隔阂。如果是你错了，就要有认错的勇气，表明自己在以后的工作中会以此为鉴。假若是他人的原因，那么你可以找个适当的时间和场合，以婉转的方式把自己的想法与他沟通一下。这样既可以达到相互沟通的目的，又可以给对方一个体面的台阶，有利于恢复你和他之间的良好关系。

对于成功者而言，他们通常的做法是：从长远利益考虑问题，力戒因小失大。所以，我们应尽量以愉快的心情来处理碰到的各种问题。即使心中有怒，最好能忍在心里，不要体现在沟通中，用理智来抑制感情，这样才能使大事化小，小事化无。

主动认错比为自己争辩更有效

一个人做错了一件事，最好的办法就是老老实实认错，而不是为自己辩护和开脱。日本最著名的首相伊藤博文的人生座右铭就是“永不向人讲‘因为’。”这是一种做人的美德，也是一门为人处世的最高深的学问。

人无完人，没有人会不犯错误，包括领导者在内。不认错和狡辩对自己的形象有强大的破坏性，因为不管你口才如何好，又多么狡猾，你的逃避错误换得的必是“敢做不敢当”、“没担当”之类的评语。之后，别人不敢信任你，于是抵制你，拒绝和你合作。而最重要的是，不敢承担错误会成为一种习惯，使自己丧失面对错误、解决问题的机会。所以，不认错的弊大于利。

既然错误是不可避免的，那么可怕的并不是错误本身，而是怕知错不肯改过。戴尔·卡耐基曾说过：“即使傻瓜也会为自己的错误辩护，但能承认自己错误的人，更会获得他人的尊重，而且有一种高贵怡然的感觉。”

1946 年，51 岁的松下仍全身心地投入工作，他要求员工做到的自己首先一定做到。有一次松下对员工讲：

“新年一开始，我就下定决心以身作则，上班绝不迟到。那么，上班的第一天——1 月 4 日，我一大早就赶到梅田车站。原先说好是有汽车来接，不料等了又等，总是不见汽车的踪影。看看时间差不多了，我只好乘上电车，可是电车刚刚开动，又看见汽车了，我连忙下车改乘汽车。赶到公司一看：糟糕！还是没有来得及，迟到了 10 分钟！

“在这具有非常意义的复兴的第一年，我原本非常希望能以身作则，偏偏一开始就出现了差错。追究原因，发现并非不可抗拒的因素，而是人为的疏忽所造成。于是我深切地感觉到：对于各位员工以及公司，我必须负起责任。现在我公布有关这件事的人员姓名，每人减薪一个月。而我自己，身为董事长，也难辞监督不严之责，因此，现在也将本月薪水如数奉还公司，以表示谢罪之意！”

松下批评自己，并不会降低他的威信，反而赢得了无价的公正。松下幸之助说：“偶尔犯了错误无可厚非，但从处理错误的态度上，我们可以看清楚一个人。”只有那些能够正确认识自己的错误，并及时改正错误以补救的人才会受到别人的欢迎。

其实，如果能坦诚面对自己的弱点和错误，再拿出足够的勇气去承认它，面对它，不仅能弥补错误所带来的不良后果，在今后的工作中更加谨慎端正，而且能加深别人对你的良好印象，从而很痛快地原谅你的错误。

捷蓝航空是美国最廉价的航空公司之一。2007 年 2 月 14 日，这家以亲和客户闻名的航空公司经历了一场暴风雪的洗礼。这导致捷蓝航空 250 次国内外航班被取消，旅客被延误在纽约肯尼迪机场长达 11 个小时，很多商业会议、蜜月假期都因为这场风暴带来的航班延误而被迫取消。之后，捷蓝航空公司股价一度急挫近 8%。

此刻，无疑是对企业领袖最具挑战的时刻。捷蓝航空的执行总监大卫·尼尔曼没有过多的犹豫，他在最短的时间内做了两个创意举动：在最有影响力的视频网站上发布道歉视频，并参加电视节目致歉。他的道歉词很简短："我们感到羞愧。你们本应享受更好的服务。可上星期，我们让你们失望了。"

这几句话非常巧妙，尼尔曼没有过多强调客观原因，也没有为自己开脱，在诚恳道歉的同时，他再一次强调了捷蓝航空服务至上的宗旨。

尼尔曼之所以能如此言简意赅地表达歉意，是因为他在道歉之前和消费者进行了充分的沟通。同时他还宣布：将向所有被取消航班的乘客退还总计 1000 万美元的机票款，同时支付免费机票和顾客当日因延误所造成的所有开支，并从此后开始实行"顾客权益保障条款"。

几个月之后，美国一家最著名的市场调查公司的数据显示：捷蓝航空再次获得低票价航空公司最高客户满意度。

尼尔曼坦然承认错误的经验值得借鉴。领导者必须明白：在任何情况下，坦然承认错误比为自己争辩有用得多。主动承认错误，本身就表现了你的勇气与责任感。

话不在多，而在于能说到点子上

很多单位的领导都有过这样的经历：开会时自己在台上滔滔不绝、慷慨激昂，台下的人则有的窃窃私语，有的闭目养神，能够真正听自己讲话的没有几个。为什么会出现这样的现象呢？其中的原因之一就是领导讲话的方式不吸引人，如有的讲话拖拉，有的脱离开会的主旨，有的废话连篇……

一般情况下，领导干部在与下属的沟通中，除非下属主动与自己沟通，大多数情况下领导干部是居于主导地位的。作为沟通中的主导方，领导必须直白明了地陈述自己的意思，力求意思明确、语句清楚、内容完整、词达其意，不能绕弯子，给对方造成理解上的误区，形成语言交流障碍。一是在表述主题思想、中心论点时必须旗帜鲜明，不得模棱两可，让人无所适从，甚至误导沟通对象的思维和判断；二是在言辞用语、表达意思方面不得含糊其辞，甚至词不达意，要善于根据对方的理解、判断能力和交流习惯，选择和使用有利于别人正确理解的表述方式和用语习惯，必须让沟通对象听得明白，理解得正确，领会得准确；三是在讨论关键问题时不得回避矛盾，要善于把问题摆到桌面上来，真正抓住关键，突出重点，接触问题的实质，真正抓住问题的本质，一针见血，一语中的。

在社交场合，许多领导者在交流思想、陈述观点、发表见解时，为了使对方能够很快了解自己的说话意图，领会要领，往往使用高度概括、凝练的语言，提纲挈领地把问题的本质特征表达出来，以达到一语中的、以少胜多的效果。

美国总统哈里·杜鲁门一生中最推崇简洁的语言，他曾说过："一个字能说明问题就别用两个字。"而这也是许多政治家所认同的方法。例如，在第二次世界大战期间，美国人担心日本夜间空袭，于是政府部门颁布了灯火管制命令："务必做好准备工作。凡因内部或外部照明而显示能见度的所有联邦政府大楼和所有联邦政府使用的非联邦政府大楼，在日军夜间空袭时都应变成漆黑一片。可通过遮盖灯火结构或终止照明的办法实现这种黑暗。"

当富兰克林·罗斯福获悉这项指令后，他换上了自己的命令："要求他们在房屋里工作时必须遮上窗户；不工作时，必须关掉电灯。"

哪一种说法听起来更有说服力呢？第一个命令冗词赘句，给听者增加了理解的负担，只有在删掉那些官样文字后才能明白这条命令。罗斯福的话简短明了，并以谈话的方式表达。更妙的是，罗斯福让活生生的人参与具体的工作，通过这种方式使这条命令更加具有活力。

在社交活动中，简洁的语言常常能比繁杂冗长的话语更吸引人。它体现出说话人分析问题的快捷和深刻，是其认识能力和思维能力高超的表现；它能使听者在较短的时间内获得较多的有用信息，有助于博得对方的好感。现代化社会节奏快、时间观念强，说话简洁会给人一种生机勃勃的现代人的感觉，尤其为人推崇。所以我们要努力培养简洁精炼的言语风格。

我们在说话时要记住简明扼要、引人注目这几个字。在话未出口时，先在脑子里构思一个轮廓，然后再按次序有条不紊地说出来就行了。如果我们使用的是电话交流的方式，最好事先把要谈的事情逐一列出，写在一张纸上，然后说："我知道您很忙，有这么几件事需要和您讨论……"这样一来，对方就很容易接受，从而愿意和你交谈。另外，谈事情要开门见山，语言表达简明扼要，这样也能提高办事的成功率。

化解牢骚，促使员工心平气和地工作

在任何一个公司，员工都不可避免地存在着牢骚、抱怨的情绪。领导者有责任随时解决这些问题，否则会造成隐患和不稳定因素。

许多误会、矛盾乃至冲突都源于人际关系沟通障碍。一项调查表明，员工中有 80% 的抱怨是由小事引起的，或者说是由误会引发的。对于这种抱怨，领导不能掉以轻心，一定要给予认真、耐心的解答，因为有时误会造成的裂痕是永远无法弥补的。另外 20% 的抱怨往往是因为公司的管理出了问题。对这种抱怨，领导要及时与员工进行平等沟通，先使其平静下来，然后采取有效措施，尽快加以解决。沟通在一定程度上可以化解下属的抱怨情绪，任何轻视沟通的念头都是错误的。

华为总部有几个年轻的财务雇员有一次在电梯里大发议论，抱怨公司为什么不在研发基地设一个账务系统，害得他们常常为了出差结账报销的事在基地和总部之间跑来跑去。电梯行至总裁办公室所在的第7层，电梯门打开，任正非从电梯角落里慢慢踱出电梯外。这些年轻人吓得面面相觑，他们光顾着口舌之快，没注意到总裁就在电梯里。

但是仅仅十来天后，那几个在电梯里发牢骚的员工被告知：研发基地的账务系统建立起来了，他们以后可以不必来回两头跑了。华为后来还专门设立了一个意见收集中心，收集员工中的抱怨和意见。

假如有人发牢骚，需赶紧找出他的不满之处。实际上，从反面想一想，员工的牢骚正如客户的牢骚一样，也反映出了管理工作中存在的问题。作为管理者，应当马上找到员工不满和抱怨的根源，并努力去解决，这样，员工才能心平气和地去工作，从而更好地为公司服务。

如果员工的牢骚和抱怨得不到领导的重视，不能得到有效化解，消极的情绪便会扩散，像瘟疫一样腐蚀所在组织的肌体，使组织丧失战斗力。领导者要想真正解决问题，消除抱怨，还必须采取实际行动。

麦当劳公司是享誉全球的知名大企业，其领导层很重视上下沟通，他们认为好的沟通决定公司的经济利益。

麦当劳公司在上下沟通管理的探索中也曾处于尴尬境地。由于麦当劳的事业迅速壮大，属下员工也越来越多，企业高层忙于决策管理，在一定程度上忽视了上下的沟通，致使美国麦当劳公司内部的劳资关系越来越紧张，以致爆发了劳工游行示威，抗议工资太低。

针对员工中不断增长的不满情绪，麦当劳公司经过研讨形成了一整套缓解压力的“沟通”和“鼓舞士气”的制度。麦当劳公司认为，与员工的沟通是极其重要的，它可以缓和管理者与被管理者之间的冲突，提高员工的积极性。为了加强员工之间的交流，麦当劳公司推行一种“传字条”的方法。麦当劳餐馆备有各式各样的联络簿，如服务员联络簿、接待员联络簿、训练员联络簿等，让员工随时在上面记载重要的事情，以便相互提醒、注意。

麦当劳公司的做法成功地缓和了劳资冲突和对立，赢得了公司员工对公司的忠诚。

如何对待员工的抱怨，不仅是检验领导处事能力和水平的一个重要

方面，同时，对进一步改进工作方法、充分调动下属的积极性、提高下属的工作效率，都具有十分重要的意义。领导者处理抱怨时需要注意以下几点。

1. 端正态度莫压制

下属有了抱怨，可能会出现一些偏激的言行，对此，领导一定要沉着冷静，保持良好的心态，切不可暴跳如雷、怒气冲天；也不可简单地对下属的抱怨进行批评，或者盲目地予以禁止。这将会引起下属更多的抱怨，甚至会引发上下级之间更大的矛盾，从而给部门和公司带来不稳定的因素。

2. 排查原因明端详

领导得知下属的抱怨后，就要反复地调查、认真地分析下属抱怨的原因。

（1）从主观上找原因，看是不是因为自己工作的失误而造成下属的抱怨。如果是领导自己的原因，就一定要本着有错必纠的原则，勇于进行自我批评，立即纠正自己工作中的失误。

（2）从客观上找原因。下属对公司的政策不理解、对上司的意图不明确，都会产生抱怨；有一些下属则完全是因为心胸狭窄，或者因为个人利益受到影响而对上司产生抱怨。

如果是下属的原因，就一定要摆明事实、讲清道理，帮助下属准确地理解上级的意图。

3. 开展必要的思想教育工作

牢骚的出现也不应都是管理者的错，有时候管理者的做法很公平，也很科学，仅仅是为了公司的整体利益而牺牲了个别员工的小利益，可能有些员工一时会想不开，作出抵触的行为，这时候就应当对员工进行耐心的说服，使他明白公司的用心。如果是个别下属无事生非，就一定要对其进行严肃的批评教育，促使他明白纪律和制度的严肃性，从而消除侥幸和得寸进尺的心理，以积极的态度和崭新的精神面貌努力完成领导交给的各项任务。

第十二章

领导沟通的危机化解

危机对于一个组织来说，可能是灾难，也可能是转机。当危机到来之时，领导者应当从容应对。这要求领导者具有多方面危机决策的素质与能力。作为组织的领导者，能否与媒体进行良好的沟通，对摆脱危机起着十分重要的作用。领导者必须自觉提升媒体素养，努力提高引导舆论的能力和水平，从而把危机有效地转变为工作的转机。

第一节 危机沟通的原则和步骤

什么是危机沟通

危机沟通是指以沟通为手段、解决危机为目的所进行的一连串化解危机与避免危机的行为和过程。就处理企业危机而言，危机沟通是危机管理的核心，也是危机得以解决的根本。

危机应该被广泛地定义为“干扰事务自然流程的任何事件，而且如果对其缺乏及时的认识和正确的处理，将会危害到一个组织的存在”。而所谓的危机管理，主要是针对危机的发生和演变进行沟通，继而采取相应的措施。因此，在应对突发性危机时，及时的沟通——而非整套的危机管理方案，是真正解决难题的关键。可以说，没有及时、有效的沟通，即便再完美的计划，也因无法实施而失去价值。

无论是厂矿事故、有缺陷的产品、技术失败、公司管理方法分歧，还是诉讼或其他严重问题，企业危机都要求公司领导不仅能及时并有效地根据情况作出反应，而且还要告诉人们该怎么做。如果不能清楚并且迅速地传递信息，将会使公司的名誉陷入危险，并严重危及公司的竞争能力。

危机沟通可以降低企业危机的冲击，并存在化危机为转机甚至商机的可能。如果不进行危机沟通，则小危机就可能变成大危机，对组织造成重创，甚至使组织就此消亡。危机沟通既是一门科学，也是一门艺术，它可以降低危机中的危险成分。

危机沟通的对象

企业沟通的对象大致涵盖四大方面：被危机所影响的群众和组织、影响公司运营的单位、被卷入危机中的群众或组织、必须被告知的群众和组织。依据此种划分，企业的危机沟通对象其实也就是和企业有关的人和组织。企业如果不能够与它们进行很好的沟通，必然会产生不同类型的危机。

危机沟通的内容

危机沟通包含两个方面的内容：一是危机事件中组织内部的沟通，包括企业内部管理层和员工等。二是组织与社会公众和利益相关者之间的外部沟通，包括直接消费者及客户、政府权威部门和行业组织、新闻媒体和社会公众等。

危机沟通的作用

危机沟通的作用是：帮助公众理解影响他们的生命、感觉和价值观的事实，让他们更好地理解危机，并作出理智的决定。危机沟通不是只告诉人们你想要他们做的事，更重要的是告诉他们，你理解他们的感受。

危机沟通的重要原则

对于任何企业来说，危机管理随时都有可能发生，那么，企业领导如何才能做好危机管理？其实，企业领导只要做好自律工作，危机并不怕，而且如果处理得当，危机还可以转化为契机。企业领导要做好危机管理，以下原则值得参考。

1. 24 小时内启动危机管理机制

在网络时代，就企业响应危机的速度来说，24 小时是个极限，因为“丑闻”会在 24 小时内扩散到全球各个角落，所以，企业领导应在获悉危机发生后的 24 小时内启动危机管理机制，并做好准备工作。

2. **对危机实行“集权管理”**

缺失权威必然引发混乱，所以，企业领导者应在危机乍现之时便赋予危机事件管理者充分的权柄，对危机实行“集权管理”。凡涉及危机事件管理的一切工作，危机事件管理者都拥有决策的权力。甚至有的时候，连企业最高领导者也应接受危机事件管理者的建议，为纾缓危机贡献心力。

3. **坚持核心立场**

企业危机一旦爆发，企业领导应在最短的时间内针对事件的起因、可能趋向及影响作出评估，并参照企业一贯秉承的价值观，明确自己的“核心立场”。在整个危机事件的处理过程中，均不可偏离初期确定的这一立场。

“核心立场”法则强调企业领导对危机事件的基本观点、态度不动摇。这种核心立场不应是暂时的、肤浅的、突兀的，而应是持久的、深思熟虑的、与企业长期战略和基础价值观相契合的。

4. **保持信息对称**

即在危机处理过程中，应努力避免信息不对称的情况。理想的状态是，在对内、对外两个层面上，保持信息渠道的双向畅通。从操作的层面看，信息对称法则的操作要诀是：

（1）有信息比没信息好，充分的信息比片面的信息好；

（2）无论如何也不可让内外受众在失控状态下胡乱猜测；

（3）保证对内、对外发布的所有信息都是经过精心准备、严格审核的，不能信口开河、即兴发挥；

5. **统一口径**

“单一口径”不仅包括了企业对外的言论发布，也涵盖了企业对内的解释说明。对于同一危机事件，企业内部竟传出不一样的声音，这是危机管理的大忌，不仅会令原本简单的事态趋于复杂，更会暴露出企业内部的“矛盾”，甚至可能由此引发新的危机。所以，对内必须排除那种未经授权便擅自发声的情况；对外则根据事前的部署，由危机事件管理者指定的发言人发布信息。

6. 与媒体建立战略合作关系

危机处理的核心内容是信息传播管理。媒体是危机传播的主要渠道，向公众传播危机信息也是传媒的责任和义务。危机发生时，企业领导应与媒体，尤其是相关主流媒体建立战略性的合作关系，监控好舆论导向，并及时公布信息，有效引导舆论方向。当危机降临时，不仅使危机的负面影响降至最低，还可扭转乾坤，借势扩大企业的美誉度。

7. 维护企业的“最高利益”

“最高利益”法则是指企业领导在管理危机事件时的“倾向性”。协调各方利益并不意味着“无原则的平衡”，有所侧重本就是合理的。如雀巢公司在“转基因诉讼”一事上所表现出的强硬态度，就充分体现了“最高利益”法则。

8. 管理决策应以危机波及者为基准

即企业围绕危机事件所做的一切管理决策，都应以企业、受众、危机波及者为决策之基准点，进行全方位的考量和筹谋，“平衡”企业利益、客户利益、合作伙伴利益乃至舆论界利益。这要求企业决策者、危机管理者具有战略能力、大局意识，以及企业作为社会公民的责任感。

危机过程中的沟通步骤

为了避免危机可能造成的任何损失，领导者需要建立危机沟通计划，具体分以下六个步骤。

1. 成立危机沟通小组

公司应该选派高层管理者组成危机沟通小组。如果公司内部的公关经理不具备足够的危机沟通方面的专业知识，他可以找一个代理者或者独立的顾问。小组其他成员应该是公司主要部门的负责人，涵盖财务、人力资源和运营部门。

2. 选定发言人

在危机沟通小组里，应该有专门在危机时期代表公司发言的人。首席执行官可以是发言人之一，但不一定是最主要的。一些首席执行官是很出色的生意人，但并不健谈。形象沟通常常和事实沟通一样强有力。因此，沟通技巧是选择发言人的首要标准之一。

3. 大力培训发言人

实践证明，大部分领导者并不知道如何将最重要的信息向公众传达。而对发言人的培训，能让你的公司和员工学会如何妥善应对媒体，最大可能地使公众的说法或分析家的评论与你所期望的一致。

4. 预先演练

如果你想抢先行动、未雨绸缪，那么就要把危机沟通小组集中起来，预先讨论如何应对所有潜在的危机，有备而战总比被动应付要好得多。

5. 确定关键信息

要做到让你的听众简单明了地收到信息，并对危机情况有清楚的认识；要确保给每个听众的主要信息不超过三条，也许还需要为具有专业素养的听众提供相应的信息。

6. 决定信息沟通方式

进行危机沟通的方式有很多，你可以亲自向相关者简要介绍情况，也可以将信息以邮件、通讯或者传真的方式发送给他们。对于媒体，可让其参加公司举行的一对一的情况介绍会或新闻发布会等。选择的方式不同，产生的效果也不同。因此，领导者要熟知每一种沟通方式的优缺点。

第二节　危机沟通中与媒体沟通的技巧

媒体的分类

面对传媒领域所发生的巨大变化，如何找到与媒体有效沟通的策略，显得十分重要。而要掌握技巧，首先应该对媒体进行细分和研究。

1. 平面媒体

这是指以纸张为载体发布新闻或者资讯的媒体。比如报纸、杂志等传统媒体，是通过单一的视觉、单一的维度传递信息，因而被称作平面媒体。这里的“平面”是广告界借用了美术构图中的“平面”概念，因为报纸、杂志上的广告都是平面广告。

（1）报纸

从平面媒体来看，在华南地区，《南方周末》、《21 世纪经济报道》等全国性主流报纸凸现了媒体本身应有的特质。在北方也有一些民营企业控股的媒体，其经营也开始呈上升的态势。而区域性的媒体，比如江苏的《现代快报》、浙江的《都市快报》、北京的《京华时报》、上海的《青年报》等都以灵活的营销方式，大胆创新的内容，夺走了一些老牌报纸相当的市场份额。

（2）杂志

无论是专业类、大众类还是财经类杂志，由于其资源投入的低门槛性，使得新杂志如雨后春笋般出现。

除此之外，一些国外的传媒巨头也开始进入中国。比如《福布斯》杂志、《财富》杂志、《哈佛商业评论》、《商业周刊》（中文版）等。

2. **立体媒体**

电视、互联网等媒体通过视觉、听觉等多维度地传递信息，被称作立体媒体。平面媒体和立体媒体没有严格的定义，只是从信息传递、传播的维度和方式上来区分。目前，以纸张为载体的媒体面临着来自网络媒体的强大挑战。

（1）电视媒体

电视媒体是指以电视为宣传载体进行信息传播的媒介或平台。电视媒体与平面媒体、广播媒体、网络媒体、户外媒体和手机媒体共称为六大媒体。

（2）网络媒体

网络媒体指的是：一定的组织或个人，在以计算机为核心的各种多媒体交互式数字化信息传输网络上建立的提供各种新闻与信息服务的相对独立的站点。

与传统的音视频设备采用的工作方式不同，网络媒体依赖 IT 设备开发商们提供的技术和设备来传输、存储和处理音视频信号。

危急时刻新闻发言人与媒体的沟通

世界上几乎每天都有突发事件发生，突发事件的构成有以下几个特征：明显地威胁到或将要威胁到现存的正常秩序，包括社会秩序、政治秩序、经济秩序等；损害了或可能会损害公众的生命财产安全，影响了公众的依法活动；具有极强的不确定性；必须在时间压力和难以判断的情况下迅速作出反应，采取应对措施，以恢复正常的社会系统。

在突发事件发生时，组织是信息的持有者和社会稳定的指挥者，而新闻发言人是组织部门的代言人，对外发布信息。要尽快与媒体沟通，向记者提供准确、详细的信息，取得媒体对组织的信任，使媒体以主流的信息引导舆论，安抚民众，以正视听。

在平时召开新闻发布会，人们不会把太多的精力注视在新闻发言人身上，但是有突发事件时，全国甚至全世界的目光都集中在新闻发言人身上了。这时，发言人说什么，怎么说，充分体现了发言人所代表的这个组织的观点和做法。

1. 最早、最先、最快说出事情的真相

在危机发生时，前24小时是黄金时间。如果组织在危机发生时显得被动、封闭、缺乏信息，那么突发事件所造成的负面影响往往大于事实本身。研究表明，当发生突发事件时，公众并不是非常理性的，他们往往对不是那么真正危险的事情感到恐惧。很显然，使公众知道更多的信息有很多好处，这有助于建立公共秩序，使组织政策和指导能够广为人知，增强公众信心。

2. 以人性化的方式表现出对事件的关心

在突发事件中，公众受到伤害，他们感到恐惧、愤怒和困惑。新闻发言人与媒体沟通的最终目的是取得公众的信任。如果发言人只是嘴里说关心，而身体语言很麻木，就很容易给人作秀的感觉。如果发言人在事情发生后的新闻发布中，表现出人性化的关怀，公众就会感到与他的价值观比较吻合，而且比较认同他讲的话。

3. 要向媒体传递有力的主信息

新闻发言人与媒体沟通，并不只是站在那里回答记者提问。如果只是回答问题，就会被记者牵着鼻子走。新闻发言人是发布信息的，因此必须非常清楚自己的主信息。要有力地传递主信息，就必须明确自己的受众是谁，是本市的人还是世界各地的人；他们现在的看法是什么。在不同的情况下，传递的主信息是不一样的。只有在了解前两者的基础上，才能总结出要发布的主信息，而且要简单、可信。主信息不能太长，否则信息容易失控。如果主信息在最终的媒体报道中是主导的，沟通的目标就达到了。

突发事件中新闻发言人与媒体的沟通是一项很有挑战性的工作，也是实践性很强的工作，只有不断实践，才能做到自信、自如。

提高在危机事件中面对媒体的能力

危机事件的爆发常常成为舆论关注的焦点、媒体捕捉的新闻素材。在危机事件中，领导人要通过正确、有效的新闻发布与信息传播扭转危机，摆脱被动。领导人在危机事件中要平息事端、释疑解惑、疏导情绪、化解矛盾，这不仅是一种智慧，更是一种能力，它需要一定的应对媒体的经验、方法和技巧。

领导者应注意培养自身的危机沟通素质。凡中外成功的危机沟通案例都有一个共同的特征，即组织领导人亲自出马，勇于展现自己敢于负责、有能力、有决心、有诚心解决危机的形象。这种做法容易得到公众的同情和理解，取得公众的信任。因此，领导者自身危机沟通素质的高低直接影响到危机沟通的成败。一般来说，从事危机沟通者应具备以下能力。

1. 当机立断，迅速控制事态的能力

突发事件的出现，要求领导者立刻作出正确反应并及时控制局势，否则会扩大突发危机的范围，甚至可能会失去对全局的控制。因此，领导者已不可能像正常情况下按程序进行决策论证和选优。突发危机决策活动中，领导者应快速反应，果断行动，这是解决突发事件时效性的要求，也是突发事件决策的主要特征。这种处理结果的风险性要求领导者在作出决策时要抛开个人得失，敢于承担责任，在危机处理中具有高超的领导艺术。

2. 打破常规，果敢行事的能力

突发事件的前途往往扑朔迷离，犹如处于瞬息万变的战场上的军队，需要强制性的统一指挥和力量凝聚。所以，对突发事件的处理需要灵活，要改变正常情况下的行为模式，由领导者最大限度地集中决策使用资源，凭借决策经验或采纳某些建议，迅速作出决策并使之付诸实施。

3. 完成使命，忍辱负重的能力

领导者作为危机决策和危机管理的核心，往往是各种矛盾的焦点，其承受的压力也是最大的。因此，领导者必须具有强烈的使命意识，在危机处理中能够超负荷工作，有时甚至忍辱负重。比如基层领导干部在受到闹事群众的围攻时，要不厌其烦、耐心细致地做群众的工作，要讲究临危处置艺术，力求最大限度地减少损失或负面影响，而不能莽撞从事、激化矛盾。

4. 提高面对采访的能力

接受采访是领导干部向公众传递信息，沟通情况，展示观点，树立形象最直接、最有效的途径。

领导干部在面对采访时，要注意以下方法和技巧：

（1）精心准备。要明确接受采访的目的、自己要达到的预期效果，要确定公开信息的底线。

（2）以平等、谦逊、积极的心态接受采访。要清楚自己面对的是社会公众，要将自己置身于访谈语境之中，这样才会有正确、平和的心态。

（3）要在采访中表现出自信、真诚和自然。领导干部应该有独特的判断力和分析问题的角度、深度，加上诚恳与亲和的表达，一定会取得良好的效果。

（4）要掌握回答问题的基本技巧。可以从回答记者提问，巧妙地过渡到你想要表达的内容，并列举生动的事实，最后归纳出结论。

5. 提高应对负面报道的能力

正面报道与负面报道是一个问题的两个方面。在舆论宣传过程中，需要保持合理适度与相对平衡，充分发挥正反两方面报道的功效，为我所用。

保持适量、适度的负面报道，对于改进工作、遏制不正之风、加强对权力的规范运作等，会起到很好的作用。所以，对一些符合事实真相，出于改进工作为目的的监督报道要虚心接受。如果出现了明显歪曲事实、扩大事态、造成恶劣影响的报道，就应当采取一些措施，消除其负面影响。例如，通过与媒体人员的交流寻找解决问题的方法；提供有说服力的新闻稿做到真正让事实讲话。一些批评报道播发后多多少少会对负责具体工作的领导干部造成一定的影响。此时，一味指责媒体，敌视记者，很可能会对自身形象造成更大的损害。最好的办法是，静下心来查找问题，努力改进工作，与媒体合作；必要时，可与媒体协调，通过媒体挽回形象。

危机沟通需要克服的误区

危急时刻考验的并不只是领导者自身的能力，还有领导者的意识。在面临重大危机与灾难时，企业领导者应该避免各自为战的个人英雄主义的误区，迅速与其他社会机构、社会组织密切合作、协同作战。同时，迅速拿出应对措施，很好地承担起企业的责任和义务，展现自身在危机与灾难管理中的企业领导力，并借此提升企业在公众心目中的形象。

另外，有远见卓识的企业领导者还应该在危机或灾难发生之前，尽可能地建立相应的应急机制：充分预估到未来遭遇某种灾难或危机之后可能出现的资源等瓶颈，建立一套富有战略意义的时间表来指导各项灾后或危机之后的事务处理工作。更重要的是，在人力所及的范围内尽可能消除导致灾难的各种潜在误区。

1. 不要过度反应

在危机发生后，要告诉自己：镇定，镇定，再镇定！充分了解事实后，作出适当的反应。在与公众或媒体沟通的过程中，一定要确定自己的“反应度”，不要过度反应。否则可能会人为地把事情闹大。

2002 年 9 月 16 日《中国电脑教育报》第 485 期中发表了《当心耕

升显卡退化》的文章。当天下午，耕升负责北京市场推广工作的销售经理在草草打了一个电话质问《中国电脑教育报》的一位部门主管之后，便很冲动地写了一篇关于耕升4500T显卡不存在问题的澄清文章，并且发到了网上。结果耕升显卡的“造假”新闻终于得到了彻底的扩大，导致耕升显卡成为众多媒体竞相批判的对象。

事情发生不久，耕升就发布了一款产品，说是与之前出问题的产品不一样了。这款产品出来后，立即被媒体予以高度关注，结果发现资料参数与产品功能的实际意义根本不相符，因此彻底丧失了消费者的信任。

实际上，《中国电脑教育报》的本意只是想从一个客观的立场对耕升显卡做一个评论，并不想让事件扩大。但是耕升的销售经理过于激动，一有风吹草动，便如临大敌，在没有对事态作正确评估的情况下，便贸然出手，结果把一件小事情弄得满城风雨，欲罢不能。可以说，是耕升的区域经理的过度反应害了耕升。

2. 不要过度承诺

由于危机的突发性和不可预期性，决策者必须在得到专家意见后尽快与公众和员工沟通。但是，很多信息往往是有局限性的，也是不准确的，因此，领导者必须及时告诉公众，告诉员工，事情并没有像预期那么顺利。如果不把这些坦率地说出来，就会威胁到那些认为事情进展得很顺利的人的安全。

你需要对公众公开，但同时你也需要谨小慎微，小心说话，不然会使你显得缺乏专业精神，使你的承诺失去了可信度。这里不仅仅是过分承诺的问题，更是尊重公众的智力和判断力的问题。

3. 不要敌视媒体

有的领导认为媒体前来采访就是出难题，有意找麻烦。因此，许多单位乃至领导对媒体的采访能躲就躲，或应付了事。记者受到冷遇，没有获得期望采访的成果，没有得到应有的尊重，各种负面报道纷纷出笼也就不难理解了。作为现代领导，懂得利用媒体、善于同记者打交道应该是其充分履行职责的一项基本功。

清华大学国际传播研究中心主任李希光说：“记者既不是朋友也不是敌人，记者应该是政府官员、新闻发言人的挑战者，同时也会给大家带来机遇。懂得如何与记者交流，建立伙伴关系，政府与媒体就能达到双赢。”他说，大家要学会为记者服务，给记者提供帮助也是在帮助自己，相反，妨碍记者也就是在妨碍自己。

因此，要善待新闻媒体，善于同媒体打交道，做朋友。要把新闻媒体和记者当作“合作伙伴”和“助手”，而不能把他们看作“敌人”和“麻烦”。平时注意与记者联系、交往、沟通，战时处理危机、和媒体打交道就会得心应手。

控制好局面，掌握主动权

危机沟通过程中，要尽可能掌握主动权，避免被动。而为了掌握主动权，危机的处理者要时刻保持主动沟通的意识。当第一时间不能迅速公开全部信息时，要尽可能地提供相关背景信息。一方面，要迅速以合作而不是防卫的态度，获得媒体和公众的初步认同；另一方面，前期的背景信息不仅可以为后期全面披露信息争取时间，而且也有利于媒体更加全方位地理解危机的性质，从而避免以偏概全的现象出现。

领导者在接受采访的过程中，要时刻牢记，你是控制者，你有权回答或者回避问题，你可以说自己想说的话，但要以尊重、礼貌、亲切的姿态进行，切不可恼怒、讽刺或失去自控。领导者应从以下几方面来控制局面。

1. 懂得如何回答问题

领导者在接受采访时妥善应答是与媒体成功沟通的关键。领导者在应答时应注意以下几点：

（1）认真思考在采访中可能面对的各种问题，预先做好准备，以免在回答时措手不及，说出不恰当的话。

（2）回答问题要简洁而直接，不要卷入可能离题或纠缠不清的问题。切忌重复采访者所说的不适宜的话，以避免被人断章取义，使公众误认为你同意或接受了采访者所说的那些不利于危机处理的话。

当记者要求你公开某些情况，而你不想或不能作出一些明确的回答时，可以采取避实就虚的手法，避免作实质性的回答。

1945年美国在日本扔下两颗原子弹后，美国新闻界的一个突出话题是猜测苏联有多少原子弹。当苏联外长莫洛托夫率代表团访问美国时，在下榻的旅馆门前被一群美国记者所包围，有记者问莫洛托夫："苏联有多少原子弹？"莫洛托夫绷着脸说："足够！"这样的回答避其话锋，保守秘密，同时又显示了苏联人民的自尊和力量。

（3）要尽量用真凭实据来增强说服力。这不但有助于新闻记者尽可能多地了解事实，还有利于建立你在该事件上发表的言论的可信度。

（4）懂得如何把问题的回答引向有利于组织的事实。这是一种技巧，可先接受问题，正面回答，然后转向与主题相关的某一事实，而这一事实有助于增强组织的信誉。

（5）变负面陈述为正面陈述。如果采访者以负面方式提出一个问题或陈述一件事，不要重复它，而要从正面陈述问题和事实。

（6）适当运用控制语句。新闻发布会永远是一个控制与反控制的构成，发言人要控制，媒体要控制，好的新闻发布会牢牢地被发言人控制住，不好的发布会是牢牢地被记者控制住。对于媒体的刁钻问题，要善于使用控制语句，这样可以使非常难回答的问题显得有理有据，如"我们也许忽略了这样一个事实……"或"关于这个问题，我们可以从另外一个角度看……"对于一些不愿意回答的问题，发言人可以这样回答："我不是回答这个问题的最合适的人选，我能说的是……"或者"现在不是回答这个问题的最合适的时间，一天之内，我会和你联系的。"

（7）出口应谨慎。信口开河是与媒体沟通的大忌，对不了解的问题不必仓促回答，更不要对充满变数的问题发表评论。

2. 合理利用选择权

领导者有权选择自己认为合适的环境接受采访；有权选择问题和提问者；有权选择能够提出切题的好问题的提问者，对那些尖刻刁钻的提问者，可以礼貌地拒绝；有权选择沟通时机，既要准备充分，又要反应及时，准备不充分可能会忙中出错，火上浇油，但如果反应太慢，就会让人感觉态度傲慢，给人留下不良印象，而且也会令谣言有可乘之机。

3. 要掌握好时间

一方面，在接受采访时，不要急于作答，在回答每个问题之前，先用 10 秒钟的时间来整理你的答案，“10 秒钟间隙法”对于防止不适宜词句的脱口而出非常有帮助；另一方面，要选择合适的时间接受采访，如果你认为目前接受采访并不是合适的时间，你完全可以提出另约时间。不要仓促回答问题，如果必要的话，可以表示关注和同情，但对未来的不确定的事项不要发表任何评论。

4. 要果断收尾

不但要重视开场白，同时也要重视结束采访的方式。要以明确的语句宣布此次采访即将结束，不要为额外的问题或某个小插曲而更改你的决定。结束采访要干净利落，但不要忘记在结束时对媒体表示感谢。

主要参考文献

[1] 范继龙．员工管理不可不知的135个细节．北京：当代世界出版社，2008

[2] 邢延国．卓越管理的88个黄金定律．北京：地震出版社，2010

[3] 王正善．说服心理与说服技巧．北京：科学出版社，2006

[4] 崔佳颖．360度高效沟通技巧．北京：机械工业出版社，2010

[5] 孙海宁，王洪平．管理要懂心理学．北京：北京理工大学出版社，2009

[6] 杨怀恩．中层领导沟通艺术．北京：中国时代经济出版社，2007